# 传说老北京

张卉妍　编著

浙江工商大学出版社
ZHEJIANG GONGSHANG UNIVERSITY PRESS

**图书在版编目（CIP）数据**

传说老北京 / 张卉妍编著 . — 杭州：浙江工商大
学出版社，2018.6

ISBN 978-7-5178-2281-3

Ⅰ . ①传… Ⅱ . ①张… Ⅲ . ①文化史—北京—通俗读
物 Ⅳ . ① K291-49

中国版本图书馆 CIP 数据核字（2017）第 161838 号

# 传说老北京

张卉妍 编著

| | |
|---|---|
| **责任编辑** | 沈明珠 |
| **封面设计** | 思梵星尚 |
| **责任印制** | 包建辉 |
| **出版发行** | 浙江工商大学出版社 |
| | （杭州市教工路 198 号　邮政编码 310012） |
| | （E-mail: zjgsupress@163.com） |
| | （网址 : http://www.zjgsupress.com） |
| | 电话 : 0571-88904980，88831806（传真） |
| **排　　版** | 北京东方视点数据技术有限公司 |
| **印　　刷** | 北京彩虹伟业印刷有限公司 |
| **开　　本** | 710mm×1000mm　1/16 |
| **印　　张** | 16 |
| **字　　数** | 229 千 |
| **版 印 次** | 2018 年 6 月第 1 版　2018 年 6 月第 1 次印刷 |
| **书　　号** | ISBN 978-7-5178-2281-3 |
| **定　　价** | 48.00 元 |

# 前　言

　　北京是一座有着三千多年历史的文化古城，是中国六大古都之一。在浩瀚的历史长卷中，在北京这座城里发生了太多的趣闻，流传着太多的传说。城门牌楼、王府民居、胡同坊巷……北京的每一寸土地、每一个角落几乎都承载着很多关于衣食住行、拼搏奋斗、喜怒哀乐、亲友爱情的传奇故事。

　　很多人之所以喜欢北京，尽自己最大的能力在北京扎根，不仅仅因为北京有全国最繁华的街道、最豪华的商场、最时尚的品牌，更主要是因为，在他们的心里，北京是一座有故事的城，是一本让人品不够的书，是一座承载传奇的文化宝库——燕、前燕、大燕、辽、金、元、明、清八个朝代的相继定都成就了她历史的厚重；什刹海、大栅栏、王府井、八王坟等地的繁华热闹成就了她的宜居宜玩；颐和园的传说、十三陵的神秘、八大处的善缘成就了她的多姿多彩……北京，有太灿烂的文明、太辉煌的历史、

太复杂的往事、太丰富的内涵，等着人去发现、欣赏、回味。

正是因了北京集厚重与时尚、繁华与落寞于一身，才让我们寻访北京、探索北京的旅程变得有趣而收获颇丰。因为喜欢，所以靠近；因为靠近，所以更爱。对于北京，很多人都存有这样的心理。

置身于北京这个文明的历史古都，很多人都想知道在她的身上曾经发生了什么样的故事传说，流传着什么样的趣闻传奇：北京城真的是"漂"来的吗？北京城为何也被称为"八臂哪吒城"？真有"推出午门斩首"这回事儿吗？什刹海、王府井这些老北京地名是怎么来的……这些有趣问题的答案，都可以在这本《传说老北京》里找到。

在《传说老北京》里，我们从老北京的历史典故、地名由来、名胜古迹、皇城内史、城门牌楼、胡同坊巷、会馆故居、风味饮食、民间风俗、商业传奇、民间工艺等方面对老北京的前尘往事进行了详细而有趣的介绍，寓教于乐，力争用最朴实、轻松的语言将各种趣闻传说向读者娓娓道来，让读者在一种轻阅读的氛围中，既能对老北京的风土人情有个清晰了解，又能愉悦身心，达到放松的效果。

我们不得不承认，如今，老北京的很多东西都已经随着岁月的更迭消逝或者正在消逝，这是无法更改的事实，也是时代的必然：许多胡同正随着高楼大厦的耸立而成片成片地倒下，许多昔日走街串巷吆喝叫卖的"磨剪子咧"悄然没了声响，许多老北京人独特的方言俚语正被新潮的网络语言所代替，许多朴实温暖的婚丧嫁娶习俗正在默默地被简化——这一切满含京味的事物的逐渐消亡，让我们在扼腕叹息的同时，也希望能够通过本书来回味一下曾经的北京味道。

# 目 录

## 第一章　老北京皇城传说

## 第二章　老北京地名传说

## 第三章　老北京名胜古迹传说

## 第四章　老北京城门牌楼故事

## 第五章　老北京胡同会馆故事

## 第六章 老北京风味饮食故事

## 第七章 老北京风俗娱乐故事

## 第八章　老北京商业传奇

## 第九章　老北京民间工艺故事

# 老北京皇城传说

# "八臂哪吒城"的传说

北京城作为历史古都，其整个城市规划历来都受到世人推崇，其格局被很多城市效仿、取经。很多人不禁好奇，如此街衢井然、城垣方正的繁华帝都是如何建造起来的呢？而且，后世人为什么称北京城为"八臂哪吒城"呢？

哪吒，是一个在民间流传甚广的神话人物，他功夫非凡，拥有三头六臂两足，可镇孽龙、除妖魔。面对如此厉害的一个神话人物，古代人是怎样把其三头六臂设计到北京城上的呢？这起源于一个传说。

据说在明朝时期，"靖难之役"之后，朱元璋的四儿子朱棣登上了帝位。为了建立功绩，便想在北京地界儿修建一座京城，于是就将这件差事派给了工部。工部的官员接到这件差事后，都十分着急，向皇帝递奏折说："北京这地方，原来是个苦海幽州，那里的孽龙十分厉害，臣子是降服不了的，请皇上另派军师们去吧！"皇帝是个十分开明的人，琢磨着工部大臣的话不无道理，北京作为一块难得的风水宝地，并且由孽龙压着，不派个上知

从中央电视塔俯瞰北京城

2

天文下知地理的厉害人物，是修不了这北京城的。

于是，在一次上朝时，皇帝问各位军师："我想修一座北京城，在座的谁能帮我去完成这件差事呢？"众军师都低头不语，踌躇不前。这时候，大军师刘伯温举步向前，说："微臣愿试一试！"二军师姚广孝看大军师出头了，不想落在其后头，便赶紧也站出来说："微臣也愿意一试！"皇帝听了，非常高兴，心知这两位军师都是众军师中数一数二的能人，于是便将修建北京城的任务交给了刘、姚两位。

刘、姚两位接了皇帝的圣旨后，都赶紧来到北京这个地方进行地形考察，琢磨着怎么建才能阻止孽龙继续在这儿猖狂。刘、姚两位都想争头功，于是刘伯温说："姚二军师，为了提高办事的效率，你看这样可不可以，就是你住城西，我住城东，咱们各自都想个建城的办法，七天后咱们再拿着各自的规划图在这里碰头，看咱俩的想法是不是一样？"姚广孝一听，正符合自己的心意，于是赶紧附和："大军师说得太有道理了，我非常赞同，咱们就这么办吧！"于是两位军师就分别住在城西、城东，每天各自出去察看地形。

刘伯温住在城东，他回去以后寝食难安，满脑子都想着规划图的事儿。可是接连考察、思考了三四天，也没琢磨出个道道儿来。姚广孝住在城西，他和刘伯温没什么区别，回去以后也是吃不下睡不着，老琢磨这北京城该规划成个什么样。就这样过了三四天，两个人都支撑不下去了，就迷迷糊糊地睡着了。在睡梦中，刘伯温好像听见有人在自己耳边说话。他仔细一听，这话音好像是"照着我画！照着我画"，睁眼一看，身边什么也没有。而姚广孝呢？睡着睡着也听见有人说话，话音也是说"照着我画！照着我画"，可醒来一看，也是什么都没看着。最终两个人心情都非常低落。

转眼间六天过去了，只剩下最后一天，可两人什么也没有画出来。刘伯温走出家门，准备去和姚广孝会合，这时候的他，边走路还边在心里琢磨着。正郁闷的时候，忽然看到前面走着一个红孩子。他走得快，这孩子也走得快；他走得慢，这孩子也跟着慢下来。这让刘伯温很好奇，这红孩子是怎么回事呢？为了一探究竟，刘伯温加快步伐追了上去。姚广孝这边呢，也是如此，他也看到了一个红孩子，也是一会儿快走一会儿慢走，于是也追了上去。结果，刘、姚二人追着追着就追到一块去了。再一看，正好是原来约好会合的地方。

姚广孝说："最后的期限到了，现在咱们可以各自把规划图画出来了吧！"刘伯温点头答应。于是二人便拿出纸张来，蹲在地上画了起来。他们一边画一边思考，正苦于如何落笔时，忽然二人的眼前同时出现了那个红孩子的模样：头上梳着小抓揪，半截腿露着，光着脚丫，穿的还是红袄红裤子。这件红袄很像一件荷叶边的披肩，肩膀两旁有浮镶着的软绸子边，风一吹真像是几条臂膀似的。二人猛一心惊：这不就是八臂哪吒吗?！于是，二人心里都对规划图有了数，谁也不说话，只静静地画起来。

刘伯温先从头画起，然后画胳膊和腿，一笔一笔全画下来了。而姚广孝呢？和刘伯温一样，也是先从头画，可是画到最后时，突然来了一股风把画纸吹起一角，他看到刘伯温那边已经快画完，怕被刘抢了头功，就没怎么在意，随手一笔画了下来，便缺了一点。画完后，两人交换图纸，同时笑了起来。原来，两张图一模一样，只是姚广孝这边，在西北角上往里少画了一点。刘伯温笑说："原来咱们画的都是八臂哪吒城！"

姚广孝让刘伯温解释下什么叫八臂哪吒城。

刘伯温说："这正南中间一座门，叫正阳门，是哪吒的脑袋；瓮城东西开门，就是哪吒的耳朵；正阳门里的两眼井，那就是哪吒的眼睛；正阳门东边的崇文门、东便门，东面城的朝阳门、东直门，是哪吒半边身子的四臂；正阳门西边的宣武门、西便门，西面城的阜成门、西直门，是哪吒那半边身子的四臂；北面城的安定门、德胜门，是哪吒的两只脚。皇城正门——天安门是五脏口，从天安门到正阳门中间那条长长的平道就是哪吒的食道了；而北京的胡同就变成了哪吒的大小肋骨了。"姚广孝听了，不禁点头。二人赶紧拿了各自的画去觐见皇帝。皇帝看了二人的规划图后，非常高兴地说道："二位真不愧为军师中的军师，竟然画出了如此栩栩如生的规划图！"

旁边的一位大臣说道："刘、姚二位军师的规划图可谓不分上下，皇上您打算采用哪一位的呢？"

皇帝说道："既然二位不分上下，那就东边的按大军师的图修，西边的按二军师的图修。"刘、姚二人听了都高兴无比。

于是，以八臂哪吒为蓝本的北京城就这样修建起来了。直到今天，北京城西北面城墙还是斜的，缺着一个角呢！这个角就是昔日风吹画纸使姚广孝少画的那部分，在今天积水潭的位置。

## 老北京城五大"镇物"都是什么

镇物，说白了就是镇宅之物，如钟馗像、天师像、七星宝剑等，除此之外，用神像、佛经、神符等供奉于家中，也能抵制邪怪侵犯，以取"以正压邪"之意。

在古老的封建时代，人们十分重视"镇物"的使用，常见的镇物有"泰山石敢当""厌胜塔""八卦牌""石狮子""兽面牌""桃符""镇符"等，主要用来保护城市平安。但在众多的镇物中，最有名的莫过于老北京城的五大"镇物"。

颐和园的铜牛是北方镇物

老北京城的五大"镇物"，出现于明清时期。当时，以道家金、木、水、火、土五行相克的理论，在北京城的东、南、西、北、中五个方位各设立了一个镇物，用以避邪除害，确保京城万寿无疆，皇权千秋永固。

### 1. 东方的镇物是金丝楠木

东方属木，镇物是广渠门外神木厂的金丝楠木。关于这金丝楠木，有很多比较"邪气"的说法，其中一个说法就是，别看如今那金丝楠木早已经腐烂了，但"精气神儿却一点都没散"，北京城别的地方老着火，就这个神木厂，从来没有发生过火灾，就是因为神木跟通惠河一块儿，把火给镇住了。

过去的神木厂，如今已经成为大北窑——北京有名的 CBD 商务区，很多大企业都驻扎在那里，经济态势非常好。难怪有人说："昔日神木厂，今日黄木庄；昔日休闲地，今日商务区。"看来这镇东之地，确实不是个平凡的地方。

### 2. 西方的镇物是大钟寺永乐大钟

西方属金，镇物是大钟寺的大钟。大钟寺原本叫觉生寺，清朝雍正十一年（1733 年）建，是皇帝祈雨的佛寺。乾隆八年（1743 年），从万寿寺移永乐大钟至觉生寺，至此，觉生寺更名为大钟寺。

永乐大钟，高 6.75 米，重 46.5 吨，有世界钟王之称。很多人可能会有疑问，如此重量的大钟，当时没有吊车，是怎样移动到觉生寺的？据说，为了搬动该钟，可是费了一番周折。先是一路打井若干口，于冬天时泼水结冰，将钟下垫圆木滚到觉生寺。然后先将钟滚到一个事先堆好的土堆上，再盖房子，立柱搭架，最后将钟下的土一点点地清除掉。这样，46.5 吨重的永乐大钟就悬挂成功了。

### 3. 南方的镇物是永定门的燕墩

南方属火，镇物是燕墩。燕墩，又被叫作烟墩，位于今天永定门外大街的路西。史料记载，燕墩始建于元朝，原本只有土台，明嘉靖三十二年（1553 年）以砖包砌。清乾隆十八年（1753 年）立石碑，其上有乾隆亲笔，满汉文对照的《御制皇都篇》碑文，是北京最著名的碑文之一。

### 4. 北方的镇物是颐和园的铜牛

北方属水，镇物是铜牛。铜牛位于颐和园内，卧伏在一座雕花石座上，神态生动，形似真牛，原材料为铜，因此得名为铜牛。铜牛建造于清朝乾隆二十年（1755 年），据传是为镇压水患而建。如今牛背上还铸有 80 字的篆体铭文《金牛铭》，所以铜牛又被称为"金牛"。

### 5. 中央的镇物是景山

中央属土，镇物是景山，也就是今天北京的著名旅游景点——景山公园。景山原是明成祖修建北京城时堆煤的地方，所以有的老北京人管它叫煤山。中央属土，需聚土而镇，以压制元朝王气。景山东坡下面有一棵古槐，那是明朝崇祯皇帝自缢的地方。景山算是北京城内最大的人工假山了，如今的她巍然矗立于京城中央，位居京城中轴线之上，是皇城故宫北边的一道重要屏障。


# 明朝永乐帝朱棣为何要迁都北京

明十三陵位于北京北面昌平区境内天寿山南麓，环葬着明代的十三位皇帝，统称十三陵，是中国帝王陵墓中保存得比较完整的一处遗址。明十三陵中的首陵，是成祖永乐皇帝的长陵。永乐皇帝在执政期间，做了几件大事，如派遣郑和下西洋、编纂《永乐大典》等，除此之外，他还有一大政事，那就是迁都北京。

关于明朝的都城地址，很多人都知道，朱元璋建立明朝的时候是以南京为都城的。在晚年时，朱元璋曾经想过将都城迁往北方，也曾派人去北方考察，但最终没有实施。朱元璋死后，建文帝即了位，但不久后就发生了靖难之役，迁都的问题当然更无从谈起。就这样到了明成祖永乐皇帝统治时期，迁都才又重新列入了议程，并得到了有力实施。

那么，永乐皇帝朱棣为什么那么坚定地将都城迁往北京呢？对此，后世人做过很多分析和研究，有人说：朱棣之所以迁都北京，是因为他做燕王的时候，曾经被封在北平，北平是他的故土，是他的根据地，即位后，

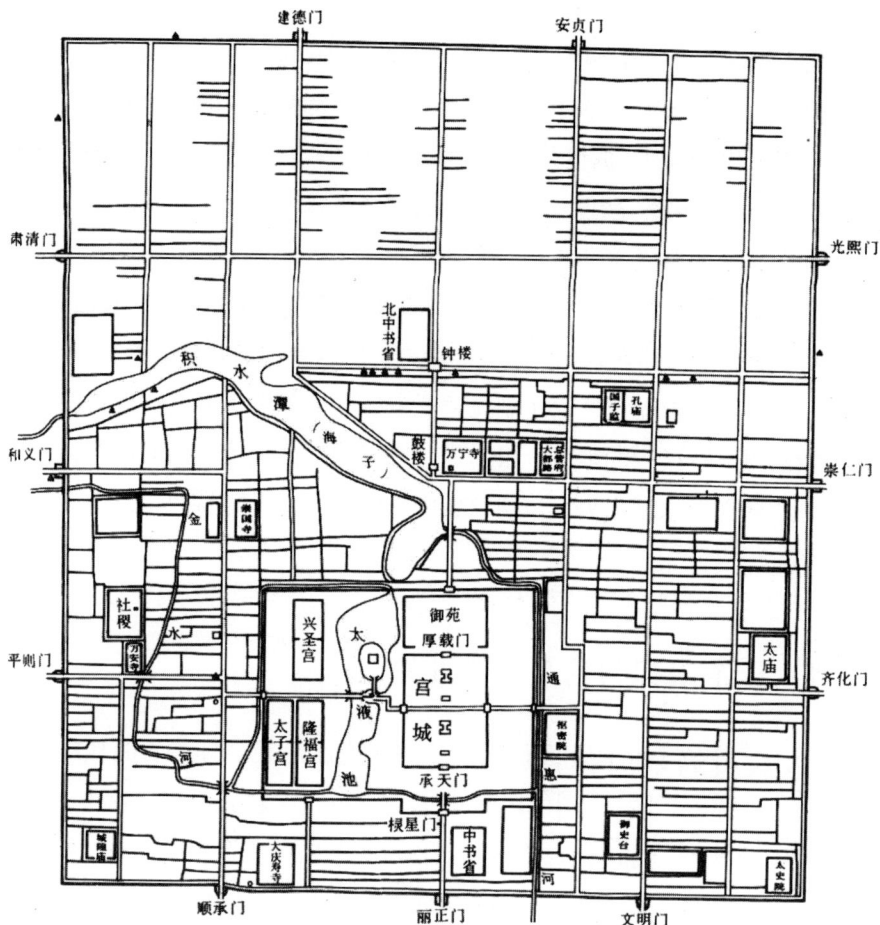

北京古城图

在根据地安家是理所当然的啊！不就是为了巩固兴王之地嘛！有人说：朱棣当时面临着北方的威胁，而北京靠近边境地区，如果在北京建都，便于防备北方。所以迁都北京是为了防御北方。有人说：朱棣迁都北京是为了躲避曾经的血雨腥风。我们都知道，朱棣是靠强取豪夺才获得帝位的，在争帝位的过程中，他的双手可谓沾满了别人的鲜血，虽然最后获得帝位，但终究内心不安。因这种不安心理，他便动了迁都的打算，来一个眼不见心不烦，或者叫眼不见心可安。

　　这三个原因是朱棣迁都的真实原因吗？我们不敢断定，但更权威的原因是下面这一个。

朱棣可是个十分聪明的皇帝，他之所以坚定地迁都北京，必有其深谋远虑之所在。大家想想，北京是个什么样的地方啊！它可是辽、金两朝的都城。不仅如此，北京还是元朝的首都大都的所在。元朝是一个什么样的朝代？元朝是一个以北京大都为中心，横跨欧亚的大帝国，它的版图在中国历史上可是相当大的，它不仅仅继承辽、金掌管了北京和以北的地区，同时以北京为中心掌管了江南、西南、东南广大地区。如此强大的一个国家都选择北京作为都城，这一事实不得不让朱棣有所考虑啊。

从历史来看，朱棣是一个有勇有谋的皇帝，他不甘于平凡，而想做一个有作为的帝王，想建立一个庞大的帝国，而迁都北京是他实现这一雄才大略的步骤之一。

无论朱棣在建立丰功伟业的过程中，做了多少错事，犯下了多大的罪行，但迁都北京无异是他的一个壮举，他的这一行为深深地影响了后世，改变了明朝的命运。

## 你知道八旗的来历传说吗

八旗是清太祖努尔哈赤独创的一种"军政合一""寓兵于民"的组织，遇有征伐，抽调旗下甲士组成军队，即通常所说的八旗兵。

关于八旗的来历，历来有很多传说，其中最有名的当数"从龙入关"的故事。

"从龙入关"故事里的"龙"说的是龙王的八个儿子，即八小龙。

在"入关"前，这八条小龙整日在家无所事事，相互争斗、吵闹不止。天上的玉皇大帝得知他们之间的争执后，就想派活给他们，以免他们闲得老是生事。于是，他叫来一个仙人说："人间有人不断地向我告状，说如今太阳和月亮总是不自主地缠在一起，这样整天都是白天，很久都见不到黑夜一次，人间的老百姓们因此生活得很艰苦。日头太毒，天气闷热，他们吃也吃不好、睡也睡不好，有的甚至因此而生了病。更惨的是，老百姓们赖以生存的庄稼都长不好了。我得赶紧想个法子，让太阳和月亮分开。这样吧，你把那爱闹的八条小龙叫来，我有事吩咐他们去做。"

仙人遵照玉皇大帝的谕旨，把八条小龙都叫到了天上。玉皇大帝对八条小龙说："你们中谁若能把天上的太阳和月亮分开，就算立了大功，我会重重地犒赏他！"

八条小龙听了，都想立大功，领命后就赶紧忙活起来。只见他们个个争先恐后，这个来那个去，搬月亮挪太阳。但不管费多大的劲儿，怎么也搬不动，八条小龙都急得抓耳挠腮，无计可施。

正在他们发愁的时候，他们的父亲龙王来到了他们面前，斥责道："亏你们每天有那么大的心劲相互吵闹，如今花费了这么长的时间，怎么还没有完成玉皇大帝交给你们的任务？"

八条小龙个个争辩着说："都怪那太阳和月亮太重了，我们连吃奶的劲都使出来了，整天都跟着月亮和太阳后面追，可就是追不上，有时追上了也是搬不动，还被他们给撞到一边去了。"

龙王问："你们是怎么去的？"

小龙们回答说："我们是一个接一个轮流去的。"

龙王听了大怒，呵斥他们说："你们真是一群笨蛋，连人间的老百姓都赶不上，老百姓都知道'人心齐泰山移'的道理呢！你们一个一个地轮流追，追到猴年马月也完成不了任务哇！如果你们团结起来，大家一起追，不就可以了嘛！"

小龙们听了父亲的话，个个愧疚不止，他们当即表示大家一起合力共同完成任务。于是他们重新回到了天上，相互结合在一起，排成汉字的"金"

**八旗的部分旗帜**

字。"金"字正好八画,象征着它由八条小龙组合而成。两条龙头合在一起,变成了金字头上的尖,他们齐心协力,像个楔子,在太阳和月亮之间一拱,就真的把太阳和月亮给拱开了。太阳和月亮分开后,由于太阳跑得快,很快就跑到前面去了,而月亮跑得慢,就落在了太阳后面,从此以后天天追着太阳跑。

这八条小龙完成任务后,都非常高兴,但也累得筋疲力尽,纷纷朝地上掉下去。就在这个时候,突然刮起了一阵奇妙的大风。也不知从哪儿刮来了八块颜色不同的大布落在了地上,这八条小龙正巧各自落在其中的一块布上,更加奇怪的是,他们竟然还长在了那些布上面。

后来,后金国将这八块带有龙图案的布当成了旗标,由于八条龙和八块布的颜色不同,所以才有了不同的旗色:白色的小龙落在黄布上,就变成后来的正黄旗;蓝色的小龙落在白布上,就变成后来的正白旗;黄色的小龙落在红布上,就变成后来的正红旗;树皮色的小龙落在蓝布上,就变成后来的正蓝旗;一条小龙,虽然落在了黄布上,但由于黄布外边镶上了一条红边,所以就叫镶黄旗;一条小龙,虽然也落到了白布上,但白布外边镶上了一条红边,所以就叫镶白旗;一条小龙虽然也落到了红布上,但由于红布外边镶了一条白边,所以就叫镶红旗;另外一条小龙也落在蓝布上,也是由于外边镶了一条红边,所以叫镶蓝旗。这些旗上都有一条小龙,也都有与"明"字搏斗的场面,还有云彩、火焰等。经过后世演化,逐渐发展为清朝的八旗制。


## 真有"推出午门斩首"这回事儿吗

在电视连续剧里或者小说里,我们经常会听到或者看到"午门问斩""把他给我推出午门斩了"类似的话语。这就给我们造成一种印象,即午门是古时候处决死刑犯的地方。

可是,事实上真是这样的吗? 真有"推出午门斩首"这回事儿吗?

午门是紫禁城的正门,位于紫禁城南北轴线上,建成于明永乐十八年

（1420年），清顺治四年（1647年）重修，嘉庆六年（1801年）又修缮。

午门在皇宫建筑中居于十分重要的地位，东西北三面城台相连，环抱一个方形广场。北面门楼，面阔九间，重檐黄瓦庑殿顶。东西城台上各有庑房十三间，从门楼两侧向南排开，形如雁翅，也称雁翅楼。在东西雁翅楼南北两端各有重檐攒尖顶阙亭一座。相对于其他诸门，午门的规模非常宏伟，建筑非常坚固，彰显天朝的威仪，显得非常庄严和神圣。

在历史上，午门的用途非常广泛，一般有如下几个：

第一个用途是，午门是皇帝赐发物品和颁发皇帝诏书的地方。皇帝在立春赐春饼、在端午节赐凉糕、在重阳节赐花糕的诏书都在午门颁发；另外，在每年的腊月初一，还要在午门举行颁布次年历书的"颁朔"典礼；遇有重大战争，大军凯旋，要在午门举行向皇帝敬献战俘的"献俘礼"。

第二个用途是，午门是彰显国威的地方。每逢重大典礼和重要节日，都要在午门陈设体现皇帝威严的仪仗。

第三个用途是，明朝皇帝处罚大臣的"廷杖"仪式也在午门举行。在明朝时期，一旦大臣触犯皇家尊严，便会以"逆鳞"之罪，被绑出午门前御道东侧打屁股，官方名称"廷杖"。

至于电视剧和小说里所提及的"斩死刑犯"的地方，则根本不是午门。一方面，午门的前面是皇宫的禁地，戒备非常森严，一般情况下闲杂人等

午门是故宫四座城门中最壮观的一座，历来是宫廷禁地，只有少数人在特定的情况下才能通过。特别是正中的门洞，为皇帝专用的御道。只有皇帝大婚时，皇后乘坐的喜轿可以由此进宫，或殿试钦点的状元、榜眼、探花由此出宫。现在，午门已成为从南边进入故宫参观的入口。

是不能靠近半步的，所以，不可能在这儿将犯罪的大臣斩首示众；另一方面，自古以来，在人们的心目中，刑场都是一个不吉利的地方，午门作为皇宫的正门，不可能成为不祥之地。那么斩死刑犯的地方是哪儿呢？据相关的史学家考证，死刑犯是在柴市（今天的西四）或者菜市口等地进行处决的。

为什么会有"推出午门斩首"这样的说法呢？这就涉及午门的第三个用途了。在明朝的时候，午门是"廷杖"触犯皇家尊严的大臣的地方。刚开始的时候，还只是象征性地打，发展到后来，竟出现了打死人的情况。例如，正德十四年（1519 年），明朝皇帝朱厚照要到江南选美女，群臣上谏劝阻，朱厚照大怒，下旨"廷杖"大臣舒芬、黄巩等 130 余人，其中的 11 人被当场打死。想想庙堂之上那些高官重臣，平日里哪个不是锦衣玉食、衣冠楚楚，一朝不慎触犯皇家威严，被捆倒在地，拖出午门，其中不少人棍棒之下一命呜呼，因此"推出午门"便成了人人生畏的名词，传到民间便成了"推出午门斩首"了。

## 故宫为何又叫"紫禁城"

作为现存最重要的皇家宫殿之一的故宫，在古时候是明清两朝国家权力的中心，是两朝皇帝及其家眷的家园，如今更成为举世闻名的游览胜地。正是因为承载了如此厚重的历史，今天我们在故宫游玩参观时，依稀也能从中感受到一种荣耀和权力背后的沉重。

殊不知，今天我们所称的"故宫"，并非她原来的名字。在明清时期，她被叫作"紫禁城"。人们不禁好奇，红墙黄瓦、金碧辉煌的故宫明明是以红黄为主色调，为何被称作"紫禁城"呢？而后来为何又被改成"故宫"了呢？

总的来说，关于其名称的来历，历来有两种比较权威的说法。

第一种说法认为紫禁城的来历与天上的星星有关。中国古代的天文学研究比较透彻，天文学家曾把天上的恒星分为三垣、二十八宿和其他星座。其中三垣包括太微垣、紫微垣和天市垣。而紫微垣位于三垣的中央，位置永恒不变，非常突出，太微垣和天市垣陪设在紫微垣的两侧，愈加显得紫微垣耀眼夺目，因此也有"紫微正中"的说法。而在当时人们的心目中，天上权力最大的统治者是玉皇大帝，他主宰着整个天界，法力无限。而紫微垣又处于天界的中央地带，位置又一直没有变化，于是便成了古人心目中天宫的所在。因此，玉皇大帝居住的天宫也被称作"紫宫"。

而古代的皇帝都喜欢把自己称为"上天之子"，即"天子"，也就是玉皇大帝的儿子。既然"天父"在天上住的是"紫宫"，那么，儿子在人间的住所也应该可以称为"紫宫"。除此之外，皇帝居住的地方，四周一般警戒森严，有严格的宫禁，非寻常百姓可以随便出入，否则就是"犯禁"。于是，"紫宫"也就成了一座"禁城"。将"紫宫"和"禁城"合起来称呼，就是今天我们所说的"紫禁城"。

第二种说法认为紫禁城的来历与古时候"紫气东来"的典故有关。相传古代伟大的思想家老子，在一次外出路过函谷关的时候，有一股紫气从东方飘来。这个情形被一个守关人看到，他觉着能够吸引来紫气的人必定是个大圣人。于是，守关人便请老子撰写了著名的《道德经》，这本书对

故宫俯瞰图

后世产生了深刻的影响。从此，紫气被后世人看作是吉祥的象征，预示着圣贤和宝物的出现。对此，唐代诗人杜甫曾有一首诗为证，他在代表作《秋兴》中曾写道："西望瑶池降王母，东来紫气满函关。"从此以后，后世人把祥瑞之气称为"紫云"，把传说中仙人的居住地称为"紫海"，把神仙称为"紫泉"，把城郊外的小路称为"紫陌"。由此可知，紫禁城中的"紫"取祥和、吉祥之意。而皇帝作为真龙天子、一国之君，其居住的地方定会戒备森严，寻常百姓难以接近，所以明清两朝取"禁"字，将皇宫称为紫禁城。

1924年，冯玉祥发动了"北京政变"，将清代末帝溥仪赶出了紫禁城。次年，在原来紫禁城的基础上建立了故宫博物院。故宫，也就是"旧时的皇宫"的意思。由此，紫禁城作为"天子"住所的作用结束了。

## 故宫房间数是"九千九百九十九间半"吗

来北京旅游，没有人会错过故宫，参观故宫已经成为京城旅游最重要的内容之一。故宫是明清两代的皇宫，迄今已历经数百年的沧桑岁月。这里曾居住过24个皇帝，既是皇帝举行大典、召见群臣、行使权力的场所，也是皇帝与后妃、皇子们居住、游玩的地方。长约3公里、在10米高宫墙包围下的故宫，俨然是一座森严壁垒的城堡，给后世人留下了许多未解之谜。其中，比较重要的一个谜是：故宫房间数是九千九百九十九间半吗？

相传在明朝时期，明成祖朱棣准备修建北京城，于是他派大臣刘伯温考察地形、着手修建。朱棣原打算把宫殿修得富丽堂皇，能盖多少间就盖多少间，能盖多大的房间就盖多大的房间，以显示皇家独一无二的威严。

可就在刘伯温修建北京城皇宫的时候，朱棣做了一个非常奇怪的梦，于是便请精通解梦之术的刘伯温来给自己解梦。正要派人去请，只见刘伯温慌慌张张地来面圣。刘伯温一见着朱棣就说："启奏万岁爷，微臣昨儿夜里做了一个梦，梦见天上的玉皇大帝把微臣召到凌霄殿上对臣说：'听说你朝皇帝要修建凡间皇宫，你告诉他，天宫里的宝殿房间共是一万间，凡间的宫殿数目千万不可超过天宫。而且你还要告诉他，要请三十六金刚、七十二地煞去保护凡间皇城，才能够保证风调雨顺、国泰民安。这些话你一定要告诉他并让他牢牢记住。'玉皇大帝说完后，只见一团白雾扑来把微臣给吓醒啦！"

朱棣听完刘伯温的话，非常震惊，因为他昨儿做的梦和刘伯温的梦一模一样，玉皇大帝也是这么嘱咐他的！

朱棣思虑再三，就下旨命刘伯温所建的皇宫宫殿房间不得超过一万间，并去请金刚、地煞来保护皇宫。但务必保证皇宫的金碧辉煌，因为他私心里还是不想太弱于天宫。

玉皇大帝托梦的事儿很快便在民间传开了，老百姓都等着要看刘伯温怎样修建皇宫，如何去请三十六金刚、七十二地煞来保护皇宫。

几个月后，皇宫终于落成了。朱棣亲自去参观皇宫，一看那宫殿盖得甭提有多华贵了，间量还真是不到一万间，但也差不多，再看看宫院里金光闪闪，好像真有神仙镇守。朱棣非常满意，当场就大大赏赐了刘伯温。

那么，那所谓的"差不多一万间"是什么意思呢？故宫的宫殿房间到底是多少间呢？刘伯温请来的三十六金刚、七十二地煞又在哪里呢？

直到很久后，人们才知道，故宫宫殿房间的数目原来是八千七百余间。而所谓的三十六金刚就是宫殿门口摆着的三十六口包金大缸，七十二地煞就是故宫里的七十二条地沟。

# 揭秘故宫三大殿

在历史上，无论是哪朝皇帝，在都城和宫殿的选址上，都比较注重风水之说。总是希望自己所选的都城、宫殿，能够给自己的国家带来吉祥、如意、福祉，使自己的统治绵延万年。

那么，什么样的风水适合建造都城、宫殿呢？风水先生会告诉你，国都的西北方最好要有龙脉。什么是龙脉呢？龙脉就是那连绵起伏的青山。龙脉的中心为祖山，是王气郁积之处。以此起始，引入京城，到达宫殿背后的靠山即"主山"。主山两翼，左以河流为青龙，右引道路为白虎。主山之前、青龙白虎之间的最佳选点，是万物精华的"气"的凝结点，是为龙穴，明堂就应建于此处。

按照风水学所说的，紫禁城就是处在北京城的最佳位置上，而三大殿太和、中和、保和所处之处就是明堂所在地。俯瞰故宫你便会发现，三大殿就是整个故宫的重点，是整个紫禁城内建筑的核心。可谓是居天下之中心，正与天空中央玉皇大帝所居的紫微宫遥遥对应——这是三大殿的选址缘由。

从规模和装潢上来说，三大殿在整个故宫内也具有独一无二的地位。它们占据了紫禁城最主要的空间，面积达 8.5 万平方米。它们依次布置在高达 8 米的台基上，台基分上、中、下三层，每层都为须弥座形式，四周围着汉白玉栏杆。每根望柱上部雕有精美纹饰，下部雕有华美螭首——口内凿孔以便排水。大雨滂沱时，千龙吐水，层层迭落，胜似泉涌，蔚为壮观；阳光普照时，千龙之影，排排迭退，黑白相间，宛如图案。在建筑设计和艺术构思上，它们凭借着自身所具有的气势威严、规模雄伟、装修华丽、色彩神秘而成为紫禁城中最辉煌的建筑群。

三大殿中，太和殿最高、最大，横阔十一间，进深五间，外有廊柱一列，全殿内外立着八十四根大柱，是由四个倾斜的屋面、一条正脊和四条斜脊组成的。它建于康熙三十六年（1697 年），距今已有 300 多年的历史，但依然保留着原有的富丽堂皇。太和殿是皇权的象征，皇帝登基、大婚、册立皇后、命将出师和每年的正旦、冬至、万寿（皇帝生日）三大节等重大典礼，皇帝都要在这里举行仪典，接受群臣的朝贺。

中和殿在太和殿的后面，是一座四角攒尖、有鎏金宝顶的方形殿堂，朱红廊柱，金扉琐窗，造型凝重，建筑奇特。殿内设宝座，雕刻金龙，金色璀璨，四列宝器。皇帝在举行重大典礼前，先在这里接受内阁大臣等重要官员的朝拜，然后再去太和殿。

保和殿在中和殿之后，是皇帝举行盛宴和科举殿试的地方，也是三殿中年寿最古老的，到现在已经有 300 多年的历史。

中和殿

气势恢宏、富丽堂皇的三大殿既承载了厚重的历史，又散发着它独特的现代光辉。如今的它们不仅仅是一处旅游景点，更是我们了解历史的重要窗口。

## 故宫建筑的主色调为何是黄、红两色

走在故宫里，给人印象最深的是，故宫建筑群整体的颜色搭配。因为在故宫的每一个角落，都随时可以看到大片大片黄色的琉璃瓦"海洋"，以及绝大多数殿宇的门窗、立柱和高大宫墙上刷出来的那种大红的色调，呈现出一种喜庆、祥和的状貌。难怪人都说，黄、红两色就是故宫的主色调。

那么，这么做的原因是什么呢？了解现代美术的人都知道，黄、红两色的组合是非常经典的搭配，难道修建故宫的人早在几百年前就已经认同这样的色彩搭配了？

其实，并不仅是所谓的颜色搭配那么简单。稍微了解点故宫建筑底蕴的人都非常清楚，故宫建筑的一砖一瓦、一草一木，都有其深刻的内涵。其整个建造布局、造型、用料都是极为讲究的，当然，颜色的采用和搭配也很有讲究，隐含着深刻的意义。

建筑可采用的颜色有很多种，赤、橙、黄、绿、青、蓝、紫等。故宫之所以采用了黄、红二色为主色调，内涵非常丰富。最主要的原因是这样的：

按照阴阳五行学说，世界万物都是由金、木、水、火、土五种元素组成的，其中"土"被认为是最重要的元素，因为它位居中央，可以控制四方，而土的代表颜色就是黄色。《易经》也说："君子黄中通理，正位居体，美在其中，而畅于四支，发于事业，美之至也。"所以黄色自古以来就被当作居中位的正统颜色，为中和之色，居于诸色之上，被认为是最美的颜色。所以，在古人的思想中，黄色即是尊贵、吉祥的象征。这么尊贵的颜色，当然只能由天下第一的真龙天子皇帝所用。所以，明清时期黄色袍服便成了皇帝的专用服装，其他人如果擅自用了这种颜色，就会被认为图谋不轨，会招来杀身之祸。

而红色呢？根据五行相生相克的理论，土赖火生，火多土焦；火能生土，土多火晦。火为赤色，所以宫殿门、窗、宫墙多用红色，寓有滋生、助长之意，以示兴旺发达。另一方面，在中国人的传统思想里，红色一直象征着喜庆、发达。据考古学家发现和文献资料记载，距今 3 万年左右的山顶洞人就已经开始用红色的事物来装饰洞穴了，周代以后的宫殿也已经开始普遍用红色颜料了。故宫的营建正是承袭了以往宫殿的色彩美学，大量地使用了红色。

正是在这种传统文化和思想的影响下，明清两代在修建、完善皇宫时，殿阁楼宇大都采用红墙黄瓦，以耀眼的颜色对比方式达到金碧辉煌、和谐悦目的视觉效果，既彰显了建筑群的大气、高贵，又展现了皇家至高无上的威严和气势。

然而，也有细心的人发现，故宫里的房顶并非全部都是黄色的，有极少的一些建筑用的是绿瓦或黑瓦，例如南三所、文华殿、文渊阁等。其实，要么是因为这些建筑并非皇帝居住的地方，在规格上要比其他建筑低个级别，例如，文华殿原是皇子们读书的地方，根据五行之说，青色即绿色，为木叶萌芽之色，象征温和的春天，方位为东，故用绿色琉璃瓦；要么是因为其本身的定位要求，例如，文渊阁是藏书楼，根据五行相克的理论，黑色代表水的颜色，意在镇火，故为克水患，墙用青绿冷色，瓦用绿剪边黑琉璃。

故宫有了黄、红两色的映衬，显得雍容华贵、富丽堂皇，这是由其尊贵的地位所决定的。为了衬托皇家的这种威严和气势，故宫周边建筑的色调都相对低调了很多。在讲究尊卑等级的封建社会，建筑物的色调也体现出了级别。照规定，颜色的等级自上到下依次为黄、赤、绿、青、蓝、黑、灰。黄、赤两色是皇家建筑的专属，公卿大员家的屋顶则用绿瓦，而普通老百姓的房屋则只能使用最低等级的黑、灰、白等。所以，当时的人在登上景山向下瞭望时，会看到两种截然不同的景观：向南遥望，是一片金碧辉煌的琉璃瓦"海洋"，而向北遥望，则是普通民居建筑的灰色瓦顶。

也许是天意，也许是巧合，在蓝天白云和周边民居灰色调背景的衬托下，故宫这座古老、尊贵的皇家宫殿愈发光彩耀人、气势恢宏。

## 故宫角楼是根据什么设计的

无论是亲临故宫参观，还是看图片，很多人可能会注意到这样一个细节，就是故宫的四个城角，每一个角上都有一座角楼，非常漂亮。这些角楼拥有九梁十八柱七十二条脊，其设计之精巧、工艺之考究，令人惊叹！有人不禁要问，是谁脑袋这么灵光，竟然设计出了那么好看的角楼来。其实，这里面有一个美丽的传说：

明朝时期，燕王朱棣好不容易当上了皇帝，便想着好好给自己盖一处皇宫，既能显示皇家的范儿，又能住着舒服。经过一番考察，他把皇宫的地址定在了北京城，一则因为北京地形好、风水好，二则因为北京是他做王爷时的老地方。

有了这个想法后，朱棣就赶紧派大臣去北京修建皇宫。大臣临行前，朱棣亲自叮嘱他说："你一定要在皇宫的外墙也就是犄角上，盖四座样子特别美丽的角楼，这每座角楼要有九梁十八柱七十二条脊。我现在封你为管工大臣，你一定要尽心修建，如果建不好可是要杀头的！"

管工大臣听了皇帝的话，心里别提多紧张了，皇帝亲自开口说角楼要盖成九梁十八柱七十二条脊，这可不是一件简单的活啊！一定要好好地从长计议。

第二天一大早，管工大臣就出发来了北京。刚下轿子，就马不停蹄地叫来了八十一家大包工木厂的工头、木匠们，向他们详细说了皇帝的旨意，限令他们必须在三个月之内把九梁十八柱七十二条脊的角楼给盖出来，否则格杀勿论。

这些工头、木匠听了都战战兢兢，赶紧凑在一起想办法。

可一个月过去了，他们查了几百本书籍，考察了几百个角楼，做了无数个样本，都没有理出一点头绪。恰好正值酷夏时节，天热得让人喘不过气来，加上心情烦躁，这些工头、木匠无不唉声叹气，真是茶也不思饭也不想。这时候有一个木匠师傅实在待不住了，就上大街溜达散心去了。

走着走着，木匠师傅便听见老远传来一片蝈蝈的叫声，其中夹杂着一声声吆喝："买蝈蝈，听叫去，睡不着，解闷儿去！"走近一看，是一个老头儿挑着许多大大小小秫秸编的蝈蝈笼子在沿街叫卖。

木匠师傅心想：反正心烦也解决不了事，到最后该死活不了，该活死不了，听天由命吧！先买个好看的笼子，玩会儿蝈蝈。他就朝老头儿那走

故宫角楼

过去，见到老头儿手上有一个细秫秸棍插的蝈蝈笼子非常讨巧，做工非常精致，就跟画里的一座楼阁似的，里头几只蝈蝈正在那儿呱呱乱叫呢，于是便买下了这一笼蝈蝈。

木匠师傅把这笼蝈蝈拿到施工现场，大伙儿见了，都围过来看。其中一个师傅特别不屑地说："大家都这么烦了，你竟然还有心思玩这个，这几个蝈蝈吵得人更烦了，真不知你怎么想的！"

木匠师傅笑着说："我也烦得慌，见大家都没精神头，就想着买个好玩的逗逗大家，你瞧着蝈蝈叫得多欢实，这笼子……"他原想说你们瞧这个笼子多好看呀！可是他还没说出嘴来，就觉得这笼子有点特别。他急忙摆着手说："你们先别看了，让我琢磨琢磨。"他把蝈蝈笼子的梁啊，柱啊，脊呀细细地数了一遍又一遍，大伙被他这一数，也吸引得留了神，静静地直着眼睛看着，一点声音也没有。

木匠师傅数完了蝈蝈笼子，高兴地跳了起来，对大家伙大喊："你们快来看快来看，这笼子不正是九梁十八柱七十二条脊嘛！"大伙听他这么一喊，都忙过来看，心细的人忙在那儿数，可不是嘛！不多不少，真是九梁十八柱七十二条脊的楼阁。

真是天无绝人之路啊！大家伙别提多高兴了，忙参考蝈蝈笼子的样子，创作出了皇宫角楼的样子，烫出纸浆做出样型，最后修成了到现在还存在的角楼。

完工的日子到了，皇帝亲自验工，待他走到一处角楼细细看时，不禁啧啧称赞，说："正是我理想中的角楼啊，真是辛苦了众位工匠。"遂吩咐对各位工头、木匠师傅予以重赏。

## 故宫东华门的门钉为何是偶数

在古老的封建社会，衣食住行都讲究等级差别，尤其是在等级森严的皇宫内，连一个小小的门钉都很有讲究。要说门钉本来只是一个不怎么重要的构件，为何会说它也能体现出等级森严呢？只因它处于一座皇城中比较重要的位置，所以兼具了炫耀权势的功能。

在明清时代，已经制定了门钉数目的相关制度，如按照清代制度，皇家宫苑的宫门必须是"朱扉金钉，纵横各九"，因为九为阳数，又是数字之极，九九八十一颗门钉最能体现帝王的尊贵。所以，午门、西华门、神武门等的门钉都为八十一颗，是个奇数。而亲王府第的门钉即减为"纵九横七"，亲王以下递减。这种尊卑有序的制度是无论如何都不能打破的。

然而，令人非常不解的是，故宫东华门的门钉居然少了一排，是为每扇门八九七十二颗，是个偶数，而且仅此一处例外。这是为什么呢？为什么单单东华门的钉数不按规定呢？

对此一直众说纷纭，有很多种说法。

一个说法是，东华门的门钉本就与别处门的门钉不同，尺寸稍大些，由此推断说当年肯定是有一批门钉给做大了，用在东华门上如果仍然排成九排就会显得非常挤，不好看，所以就去掉了一排。其实这种说法是根本站不住脚的。在等级森严的封建社会，尤其是在皇宫大内，门钉的数目即代表着等级的尊卑，如果说只是因为门钉做大了就瞎凑合着用，是断不可

东华门

能的。有一个很好的例证可以予以反驳，那就是当年佛香阁的拆塔改阁行为，耗资巨万都不惜，更不用说浪费一些小小的门钉了！如果尺寸大了，大可以重新制作嘛，不可能凑合着用在故宫的门面之一东华门上的。

还有一个说法是，东华门的门钉原本也有八十一颗，只是在明朝末年，李自成带领农民军起义攻陷北京，明崇祯皇帝朱由检仓皇从东华门逃出至煤山自缢。后来，朱由检的灵柩停放在东华门外几天都没人敢埋。清军入北京城后，认为东华门这个门不吉利，决定以后帝后死后，都要出东华门送殡，进东华门迎灵。按人死为鬼的迷信说法，就把东华门称为"鬼门"。再后来，清朝统治者为了笼络汉族各界，将东华门上的门钉减去一排，由八十一颗改为七十二颗，以责东华门未能挡住朱由检圣驾出走之罪。这样，通过小小的门钉，既收买了人心以巩固其统治，又使这个"鬼门"符合"奇数为阳，偶数为阴"的习俗。所以从此以后东华门的门钉就只有七十二颗，为偶数。针对这一说法，也有人予以反对。说史料中也有这样的记载，即也有从西华门抬出灵柩的情况，并且有时皇帝外出巡幸也走东华门，所以不能认为东华门只办丧事。

很多人不禁要问了，这个说法不对，那个说法不行，到底真正的原因是什么呢？难道真是个未解之谜？

其实，整个故宫的建造都是十分讲究风水之说的，从其所选的黄、红亮色调来看，就说明了故宫设计时的用心、讲究。在阴阳五行学说中，东、西、南、北、中为五方，其中东属木，西属金，南属火，北属水，中属土，而它们相互间相生相克。

而在故宫东、西、南、北、中五个方位系统中，处于南北轴线上的是火生土、土克水的关系，即外生内、内克外，这样，生进克出为吉宅，而处于东西轴线上的是木克土、土生金的关系，即外克内、内生外，这样，克进生出则为凶宅，而凶象中尤以木克土为甚。为了逢凶化吉，古代的皇宫设计者便将阴阳五行相生相克的原理运用到工程中，将东华门的门钉数目改变了，由纵九横九改变为纵八横九，其门钉的数目也从八十一颗变为七十二颗，即把木化为阴木（偶数为阴），因为木能克土，然而阴木未必能克阳土。而横行还是九路，又不失皇家的尊贵。古代足智多谋的设计师就这样做到了"逢凶化吉"。

从外在看来，与故宫的其他门相比，东华门的与众不同似乎很不协调，然而从文化底蕴上看来，又有着其合理的存在理由。其门钉的"纵九横八"之数，正是逢凶化吉之举，体现了我国古人在皇宫设计、建造过程中对美好事物的向往和追求。

## 乾清宫"正大光明"匾额知多少

去故宫参观，有一个地方你肯定不会错过，那就是故宫内廷的第一座大宫殿——乾清宫。站在乾清宫前，只要您抬头往里观望，就会看到殿堂正中高悬着一块巨大的匾额，这块匾额上书四个大字"正大光明"。

在求学时，我们经常会碰到"正大光明"这个词，很多人也知道它的出处，即宋代大家朱熹的《朱文公文集·卷三十八·答周益公》中的一句话："至若范公之心，则其正大光明，固无宿怨，而惓惓之义，实在国家。"其主要的意思是指心怀坦白、言行正派。

这苍劲有力的四个大字出自谁之手呢？是顺治皇帝。后来又经过康熙

正大光明匾额

帝的一番摹勒刻石。而今天悬挂在乾清宫中的是乾隆皇帝的再次临摹。

　　这块匾额距今已经有300余年的历史了，可谓历尽沧桑。关于这块匾额，还有一段关于清朝皇帝秘密立储制度的掌故。

　　清朝入关前后，在皇位的传承上，基本上采用推选制度来决定继位人选，如皇太极及其儿子福临都是通过推选制度继承了王位。而康熙皇帝是孝庄皇太后决策并取得顺治皇帝福临的同意而定下来的继位人员。无论是皇太极的继位，还是福临及康熙帝的继位，都经历了一番血雨腥风，存在着激烈而复杂的权力斗争，虽然最终避免了统治集团内部的分裂，但由皇权传承而引起的强烈政治震荡，在很大程度上影响着清朝统治的稳固和行政效率。

　　康熙帝深受儒家思想的影响，又从父辈的权力争夺战中发现了推选制度的弊端，便决心对继位制度进行改革，建立一套规范的皇位传承制。这就诞生了嫡长子继承制。然而，嫡长子继承制的施行不仅没有平息皇位的争夺战，反而愈演愈烈，引发了更加动荡的权力争夺战。

　　在康熙年间的皇位争夺战中，四阿哥也就是后来的雍正皇帝占了上风，成功称帝。为了避免"九龙夺嫡"现象的再次发生，雍正帝改变了立皇太子的方式，建立了"秘密立储"制度，并将诏旨藏于乾清宫的"正大光明"匾后，待皇帝驾崩时才由大臣取出，将继位人公告天下。

　　据《雍正起居注》中记载：雍正元年（1723年）八月十七，雍正在乾清宫西暖阁面谕总理事务大臣、满汉文武大臣、九卿："今朕诸子尚幼，建储一事必须详慎，此时安可举行。然圣祖既将大事托付于朕，朕身为宗社之主，不得不预为之计。今朕特将此事亲写密封藏于匣内，置之乾清宫正中世祖皇帝御书正大光明匾额之后，以备不虞……"这就是历史上所称的"秘密建储"制度。该制度具体规定：由皇帝亲自密写储君谕旨一式两份，并密封收藏于特制的匣内。其一置之乾清宫中"正大光明"匾后；另一份则由皇帝自己随身密藏起来，以便他"归天"之后，该谕旨与"正大光明"匾后的谕旨相互对证，而后生效。

　　雍正之子弘历也就是后来的乾隆皇帝的皇储地位，是在雍正元年确定的，并首次使用了上述密书缄盒的办法。后来，乾隆皇帝也曾秘密立储，但他立了两次。第一次立于乾隆元年（1736年），不幸的是太子永琏只活了三岁就夭折；第二次是于乾隆六十年，将皇位传给了嘉庆帝。此后的嘉庆、道光、咸丰这几代皇帝，都是根据这种秘密立储的方法登上帝位的。咸丰帝以后，清朝统治走向了结束的边缘，另外也不知何故，以后的皇帝都少子甚而无子，咸丰帝则仅有一子，还没有来得及秘密立储，咸丰帝就过世了。而同治帝以后又均无嗣。因此，这种秘密立储制度，也就逐渐失去了它的历史意义而自行废止了。

## 御花园连理柏的传说

在看清宫电视剧时，我们经常会看到御花园的身影，那里承载了明清后妃佳丽的很多故事。御花园始建于明永乐十八年（1420年），以后曾有增修，现仍保留初建时的基本格局。它位于故宫的中轴线上，在坤宁宫的后面，在明朝的时候被称为"宫后苑"，及至清朝时，改名为御花园。

御花园内的主体建筑钦安殿为重檐盝顶式，坐落于紫禁城的南北中轴线上，以其为中心，向前方及两侧铺展亭台楼阁。园内青翠的松、柏、竹间点缀着山石，形成四季常青的园林景观。在这一优美恬静的花园内，矗立着很多明、清两朝遗留至今的参天古树。这些古树苍劲挺拔，郁郁葱葱，神态各异，蔚为奇观，尤其是那棵连理柏，更为别致雅观，犹如一对连体孪生兄弟，树体通高约三丈，上面蟠枝虬曲，曲折叠盖，如龙嬉戏；下面天成拱门，人们可在其间穿行，因而深得众游客的喜爱，很多人来御花园参观，都会专门和它留影纪念。

人们历来喜欢将树木的连理视为忠贞爱情的象征，在一些爱情诗歌中也多有借喻，如南朝乐府《子夜歌》里就有"欢愁侬亦惨，郎笑我便喜。不见连理树，异根同条起"的咏唱；唐朝著名诗人白居易的《长恨歌》中也有"在天愿作比翼鸟，在地愿为连理枝"的千古名句。

相传天一门内的那棵连理柏为清乾隆间种植，也是御花园中唯一的连理柏，属于二级保护古树。它由两株古柏组成，其双柏的主干正巧跨在北

**连理柏**

京的中轴线上，双干相对倾斜生长，上部相交缠绕在一起，而且相交的部位里面的木质已融为一体，成为一棵树。

很多人会非常疑惑：这种连理柏是如何形成的呢？它是天然形成的吗？

连理柏可以天然形成：连理柏由两棵树组成，只是在生长的过程中，由于两棵树非常接近，经过多年的风吹雨打，树皮被磨掉了，渐渐地就会长在一起，或者地下的根交叉长在一起，由此形成天然的连理柏。

其实，人工也可以获得连理柏，我国古代的某园艺大师就曾采用人工靠接的手法植出了连理柏。其主要的方法是：选择两棵大小相似的树，将它们临近树枝的皮用刀刮掉一部分，再将两个枝条靠在一起，用油布裹严，天长日久，两个枝条就长到一起了。

关于御花园的连理柏，还有一个妙景值得一看，就是如果您从树的北边看树上西侧的一个大枝，就会发现其扭曲处很像一只猴头。对此感兴趣的朋友不妨在去故宫参观时，观赏一番。


## 慈禧为何常住储秀宫

提起慈禧太后，很多人都会想起她的居所——储秀宫。储秀宫建于明朝的永乐年间，本来不叫这个名字，而叫寿昌宫，在嘉靖十四年（1535 年）

更名为储秀宫。清沿明朝旧称，顺治十二年（1655年）重修。

储秀宫位于故宫咸福宫的东面、翊坤宫的北面，为内廷西六宫之一，是明清后妃居住的地方，清朝的慈禧太后在刚入宫的时候就居住在储秀宫的后殿，并在这里生下了同治皇帝。

紫禁城内后宫的宫殿非常多，慈禧太后独独对储秀宫情有独钟，经常在那里居住，这是为什么呢？

其实，慈禧太后之所以钟情储秀宫，除了储秀宫的居住环境比较舒适之外，一个很大的原因就是储秀宫是她"梦开始的地方"。在慈禧太后的心目中，这是她得幸的地方，是她生下儿子的地方，是她发迹的地方，也是她养生的福地。当然，她也有她的用意，用今天的话说，那就是紧紧抓住自己的政治本钱。

慈禧太后刚进宫时，被封为兰贵人，被安排住进了储秀宫。那时的她地位不高，在生下同治帝之前，只不过是一个嫔。而咸丰帝又是一个博爱之人，宠幸了她不久，就渐渐地遗忘了她。

后来，慈禧太后生下了一个儿子，他就是同治帝，由此她才上升为妃，以后因为儿子又升到贵妃。在储秀宫，她度过了作为兰贵人、懿嫔、懿妃、懿贵妃的近十年最美好的岁月，直到咸丰十年（1860年）八月，随从皇帝前往热河。第二年七月，咸丰驾崩，九月，她与清廷成员从热河还京时，身份已经是皇太后了。

辛酉政变后，慈禧太后掌握了政权，被尊称为慈禧端佑

**慈禧太后画像**

康颐皇太后。可是不管自己获得多大的封号，获得多少物质上的奖赏，对她来说，都已经不重要了，因为那等于她自己封自己，自己往自己脸上抹粉罢了。对她来说，最大的本钱就是她生下了同治帝，而且就是在储秀宫生的。这是她的通天金字招牌，是抓权的真正政治资本，所以她长期居住在储秀宫。

在储秀宫度过最好的十年后，慈禧太后搬到了长春宫，可是在她的心里，储秀宫才是她最爱的所在。光绪十年（1884年），慈禧太后在庆贺她五十岁生日时，又重新住进了储秀宫，一住又是十年。如今我们所观赏到的储秀宫陈设状貌，就是当年庆贺慈禧太后五十大寿时的摆设。

储秀宫作为后宫中最华丽的宫殿之一，处处都体现了慈禧太后的爱好、趣味。据一位曾经服侍过慈禧太后的老宫女回忆，储秀宫整个庭院共分为两个部分，南边是体和殿，后边是储秀宫。简单的一句话就是：慈禧太后住在储秀宫，吃在体和殿。

储秀宫共五间，分为三明两暗。三个明间是慈禧太后生活起居的地儿，正中间的一间，设有正座，是为了接受朝拜用的。西一间和卧室连着，类似卧室的外间，用来放些日常用物。东一间的南窗前有一条炕，从里往外看，庭院的景色尽收眼中，据说慈禧太后经常坐在炕头上往外望，喝茶、吸烟。两个暗间是她休养身心的地方，最西一间，是她的卧室。

宫殿的外檐，是她最喜欢的明朗、秀丽的苏式彩画，彩画的内容是令人赏心悦目的神话故事、花鸟虫鱼和山水楼阁，线条生动，着色淡雅，清秀中透着超脱红尘的宁静。走进宫门，迎面是紫檀木雕镂彩绘的屏风、楠木雕福寿纹靠背，屏风前是雕刻着云龙图案的宝座和造型精巧的香几、宫扇。放眼看去，东西两侧深色稳重的碧纱橱上，镶满了大臣们敬绘的字画，几乎都是慈禧太后最喜爱的兰花、香草、玉兰和竹子。从这些细节中，可以看出慈禧太后的爱美、讲究。

对储秀宫，慈禧太后一生都挂念着，因为这里承载了她的青春岁月，她的梦想和希望。储秀宫也正因为有了慈禧太后，而变得更加丰满、有底蕴。

# 第二章

## 老北京地名传说

## 什刹海的由来

　　烈日炎炎的酷夏，很多老北京人都喜欢去一个地方乘凉避暑，那里湖面开阔、风光秀丽、可乘船可散步，待到晚上则灯火通明，湖光与霓虹相映，乐曲随轻舟荡漾……说到这里，肯定很多人已经知道是哪里了，没错，就是什刹海！

　　什刹海，也写作"十刹海"，由前海、后海、西海水域以及沿岸名胜古迹和民居组成。元朝曾依托这一片水域在东岸确定了都城建设的中轴线，什刹海始成为元、明、清三代城市规划和水系的核心。历经数百年的发展，什刹海积淀了上至皇亲国戚、士大夫，下至普通百姓各阶层深厚的文化。这里的胡同和四合院组成了老北京的风俗文化，组成了老北京的历史。

　　什刹海的"刹"字，在北京人嘴里念快了，就跟"季""价""窖"差

冬日什刹海

不多了，因为这个，就有了活财神沈万三在这里挖十窖银子的传说，什刹海也便因此得名。

说起沈万三这个名字，在大家的心目中，他就是那著名的"活财神"。

按道理说，活财神一般都很有钱，纵然不挥金如土，也得有家有院有轿坐。可是沈万三这个活财神却例外，甭提他有多少间房、多少套院、多少轿子可坐了，他可谓手里一个子儿都没有，有时候甚至连衣服都没的穿。那他为什么被叫作活财神呢？原来之所以叫他活财神，是因为他知道地下哪个地方埋着金子，哪个地方埋着银子。据当地的老百姓讲，平常时候，沈万三也不知道哪里埋着金子银子什么的，但一旦挨人狠打的时候，通常他胡乱指的地方准有金银，并且挨打得越厉害，他所指的地方埋得金银越多。他的活财神之名也因此而来。

然而，老百姓谁又会随便打人？而且大家看他穷成这样，谁也不信他知道哪儿有钱。因此，跟沈万三一起过的人都穷得叮当响，缺衣少食。

明朝时期，"靖难之役"之后，朱元璋的四儿子朱棣登上了帝位。这位皇帝想修一座北京城。可修城并非一件容易的事儿啊，首先得有充足的物质基础，没有钱去哪弄材料、请人工呢！可是皇帝又不舍得花费自己的钱，于是便跟大臣们商讨如何筹集一些修城的经费来。众大臣也很焦虑：苦海幽州本就是个贫瘠之地，去哪里弄这么多钱呢？

就在这个时候，一个大臣站出来对皇帝说："微臣倒想起一个人来，只要找到他，保准有数不完的金银财宝。这个人叫作沈万三。"皇帝听了，又惊又喜，马上着人去抓那沈万三。

皇帝见了沈万三那穷酸样，心里就犯了嘀咕：就这么个穷酸的糟老头儿，还能称为活财神？

可疑惑归疑惑，皇帝还是好奇地问道："据说你知道金银存放的地方？"

沈万三回答："我不知道。"

"那为什么大家都叫你活财神？"皇上一听，开始急了。

沈万三说："我不是什么活财神啊皇上，那都是别人叫着玩儿的。"

皇帝一听就发了火，说："哼，一定是你妖言惑众，蒙蔽了众人，活该挨打！"于是吩咐将士将沈万三推出去打他一百大板。

刚开始挨打时，沈万三还大声地叫嚷："我没有骗人啊，放了我吧，放了我吧！"

将士说："只要你供出金银的所在，就饶了你！"

沈万三喊着说："可我真的不知道啊！"

沈万三喊得越厉害，将士打得他越厉害，直打得他皮开肉绽、鬼哭狼嚎。

实在撑不过去，沈万三大喊了一句："大人别打了，我想起来哪里有银子了。"将士这才住了手。

皇帝便吩咐将士们跟着沈万三去挖金银财宝。可是沈万三哪知道哪里有什么宝藏呀，就东走走西转转，后面的将士们不断催促，就这样他们一行来到今天什刹海的位置。沈万三实在走不动了，就随便指着下面的地说："这里有金银，你们在这挖吧！"将士们就开始挖起来，果然从中挖出了十窖银子来。一窖是四十八万两，这十窖银子共计四百八十万两。据说北京城就是用这笔银子修建起来的。

后来，将士们挖银子的地方成了一个大坑，经年累月后，那个大坑盛满了水，后世人都叫它为"十窖海"，慢慢地又称其为"什刹海"。直到现在，还会有人强调说："这原叫十窖海，不是什么什刹海！"

可是，无论后世人怎么叫，这什刹海的美名就这么流传下来了。


# 白云观的由来

位于北京西便门外的白云观地处幽静，被誉为"洞天胜境"，是老北京最大的道观，也是京城的一大旅游、祈福之处，凭其独特的魅力吸引着众多游人的眼球，一年到头都香火不断。逢年过节更是十分热闹，参观的、祈福的、叫卖的，人来人往。白云观俨然已经成为老百姓了解中国传统风俗与道教文化的重要渠道。中华人民共和国成立后，中国道教协会、中国道教学院和中国道教文化研究所等全国性道教组织、院校和研究机构先后设在这里。2001年，白云观作为清代古建筑，被国务院批准列入第五批全

白云观牌楼

国重点文物保护单位名单。

　　白云观初建于唐代开元年间，那时候还只是一座寺庙，不叫白云观，而叫白云寺。那从什么时候起，"白云寺"成"白云观"了呢？这里不得不提一个人，那就是丘处机。

　　说起丘处机，很多爱看金庸武侠剧的人肯定知道，那是金庸名著《射雕英雄传》中杨康的师傅啊！虽然金庸先生创作的《射雕英雄传》是一部虚构小说，但在历史上却真有丘处机其人。丘处机真名为丘左，道号长春，所以也被叫作丘长春。

　　相传丘处机是山东人，小时候起就开始跟着师傅学琢玉，后来为了养家糊口，他就干起了琢玉这一行。丘处机心地善良、乐善好施，经常帮助别人，他的善良打动了一位仙长，这位仙长就点化他皈依了道教，并将自己的仙术传授给了他。从此以后，丘处机四处云游，普化众生。

　　那时候的皇朝有一个规矩，就是每一个新登基的皇帝在执政后都要出一次家当一段时间的和尚，跟着娘娘也要出次家当当尼姑。可是那皇上和娘娘可是吃住在蜜窝里的人儿，哪能受得了当和尚尼姑的苦？所以那时候都是走走形式，找人替他们出家，替他们出家的人就叫作"替僧"。凡是当了替僧的人，无不身价大涨。

有一年旱灾严重，老百姓们困苦不堪。皇帝在宫内设坛祀天也没管用，就想召集天下能人来求雨。这时娘娘举荐她的替僧白云寺王长老来求雨。王长老带着自己的几个小和尚在宫里净身、斋戒、诵经、拜佛，足足折腾了几天几夜，可还是没有下雨。皇帝一气之下罚了娘娘半年的俸禄，并且下令打了王长老一百大板，把他赶出了宫。接着，皇帝颁发圣旨，下了一道皇榜，上面写明，谁能求下甘露，普救众生，重重有赏。可皇榜贴了七天，也没有人敢揭。皇帝苦恼万分，寝食难安。正在第八天头上，皇帝忽听大臣来报，说有一个老道士把皇榜揭了，声称能够祈福降雨。皇帝听了赶紧派人将这位老道士迎进了宫。这位老道士是谁呢？不是别人，正是那丘处机。

丘处机运用法术，手托金瓶，口念真经，挥洒琼浆玉露，不一会儿只见风云变幻，天空顿时阴沉下来，接着几声响雷，甘露飞洒、大雨淋淋，连着下了两天两夜。皇帝大为高兴，封了丘处机"仙师"的美名，加以重用，并赏了他许多金银财宝。

这王长老听说丘老道施法给求下雨来，心里别提多难受了：哼，这牛鼻子老道不知施了什么妖道竟求下雨来，反倒我被赶出了宫，不行，我得出出这口恶气！于是他买通了太监，以给娘娘斋戒为名又进了宫，见到娘娘把他的想法说了，那娘娘也因求雨的事儿被罚了半年的俸禄，并且近来皇帝也不怎么踏进自己宫门了。俸禄事小，恩宠事大呀！都怪这丘处机求下雨来，让我没有面子，不行，我非得治治他不可。于是，娘娘便和那王长老一拍即合。

"那你说我们该如何整治他呢？"娘娘问那王长老。

王长老来觐见娘娘之前，心里早有了谱，便对娘娘说："等皇帝召见那丘老道时，您不妨向皇上提个醒儿，让那丘老道掐金断玉，当年张果老不就有掐金断玉的本事么！皇上既然称丘处机为仙师，他一定也能掐金断玉，如做不到，就借此事将他赶出宫去！"娘娘听了，心想这王长老的主意还不错。于是几天后，娘娘在觐见皇帝时对皇帝说："都说前几天那能祈福降雨的丘处机神通广大，臣妾想见识一下他的本事，看看他有没有掐金断玉的本事。"皇上听了娘娘的话，也想看看丘处机的本事，于是便命人将丘处机叫了来。

娘娘对丘处机说："丘法师，都说你能呼风唤雨，今儿个皇上想瞧瞧你还有其他的本事不，不知你能不能掐金断玉？"说着递给丘处机一块金子和一块玉。

丘处机接过金和玉说："贫道不知娘娘想要我掐成个什么样子？"

那娘娘本就为了使坏，心里也没个谱，就胡乱说道："你想掐成什么形状都可以，随你的便吧！"

丘处机看了看那块玉，随手一掐，那块玉就变了形状，接着丘处机又一下掐成一个方帽翅儿，顺手按在自己的道冠上。随后，丘处机又拿起那块金子，向金子吹了一口气，那金子就软成个面团子一般。丘处机用手指轻轻捏着像抽丝一样往外抽，每抽一条就往道冠上缠一条，也不知抽了多少条，都像头发丝那么细，不一会就织成了一个金道冠。

皇帝见了丘处机的本事，又惊又喜，大声叫好，又大大赏了丘处机一番。娘娘见非但没有惩治了丘处机，还让他借此又表现了一番，还赢得了皇帝的奖赏，心里那个气啊！

这次没有让丘处机出丑，娘娘和王长老不甘心，就又想了一计。一天，娘娘对皇帝说："皇上，都说那丘法师神通广大，他的本事臣妾也见识到了。可臣妾得知白云寺王长老的法力也很高强。上次王长老祈雨没有成功，这段时间他潜心修炼，功力大涨，不妨让他二人比试一番，看谁的本事更高强。"皇帝听了，心想也未尝不可。于是问："怎么个比试法啊？"

娘娘赶紧进言："如今臣妾有孕在身，马上就要生产了，皇上何不把王长老和丘法师一起召进宫，让他二人算算臣妾腹中胎儿究竟是龙还是凤？谁算得准就说明谁的本事大。"

皇帝听了，觉着十分有趣，于是点头应允了。进宫后，王长老有意显摆本事，遂抢在丘处机前面，说："皇上，照贫僧看，娘娘怀的是个公主。"

丘长春笑了笑，说道："按贫道掐算，娘娘将为皇上养一龙子。"

这王长老虽然祈雨失败，但到底也有一点法力，已算出娘娘怀的就是个公主。于是说道："皇上，虽然贫僧的法力有限，但这件事敢保证没有算错，娘娘的的确确怀的是位公主。如果是贫僧算错了，贫僧愿将小庙白云寺送给丘法师。"丘处机听了笑而不语。

娘娘临产的日子很快就到了，皇帝差人将王长老和丘处机请进宫来。等了一段时间后，宫人来向皇帝禀报，说是产了一位公主。王长老听了，得意万分，心想丘处机这次可栽大发了！只听丘处机哈哈大笑，不慌不忙地说："常言道：'耳听为虚，眼见为实。'请皇上命人将龙子抱出检验，如若贫道所言不实，贫道愿以死谢罪。"皇帝命太监将婴儿抱来，轻轻将襁褓一揭，见果然是个龙子。

原来，丘处机已经算出娘娘所怀的是个公主，只是为了和王长老斗法，才故意说成是个龙子。

可娘娘明明生得是个公主啊，怎么皇帝一看又成了龙子呢？原来，待娘娘产后，丘处机又施法用公主换来个太子。这王长老当然知道是丘处机施了法术，可自己的法力又比不过丘处机，只能干着急干生气，只得将自己的白云寺送给了丘处机。丘处机得了白云寺后稍加修缮就改名为白云观。

后来，娘娘和王长老又想了个法子与丘处机斗法，便在白云观旁建了座叫作西风寺的庙宇，意在用"西风"吹化"白云"。谁知丘处机又在观山门内修了一座"窝风桥"，将那座西风寺给镇压了下去。

最终，王长老气不过，归隐山林。而丘处机则凭借自己的法力得到了皇帝的第三次奖赏，皇帝还派人做了个上书他亲笔题写的"万古长春"字样的匾额。从此，老百姓们都叫丘处机为"长春真人"。白云观的香火也随着丘处机越来越大的名气而愈加旺盛起来。

# 公主坟的由来

在北京生活过的人，几乎都听说过公主坟这个地名。公主坟位于北京长安街延长线复兴路西三环交会处，是北京重要的交通枢纽之一。

很多人听了公主坟这个地名后，都心存疑问，这里为什么取名为公主坟呢，是因为这里曾经埋葬过什么公主吗？尤其是在电视连续剧《还珠格格》开播后，更多的人对京西公主坟内埋葬的公主是谁充满了好奇，可以说各种说法都有。有的说是这里埋藏着乾隆皇帝微服私巡时认的一位义女，也有的说埋葬的是清朝的一位公主——一位同清皇室并无血缘关系的汉族公主，此人就是孝庄皇太后的义女孔四贞。

第一个版本：乾隆义女

大家都知道，清朝的乾隆皇帝最喜欢微服私访，而且每次私访几乎都会带着两个死对头——刘墉和和珅。

话说有一天，乾隆一行人在路上走得久了，水又喝光了，于是便投宿在一户人家里。这家的老人是个十分热心的人，还让女儿小凤为他们一行人做了饭吃。小凤虽然只有八九岁，但不仅长得漂亮，还勤快灵巧，十分讨人喜欢。乾隆非常喜欢她，便收她为义女。临行前，乾隆对义女小凤说："日后有了什么难处，可以随时来京城的'皇家大院'找干爹啊！"

几年过去了，小凤出落成

在民间传说里，乾隆皇帝喜欢微服私访

39

了一个大姑娘。由于家乡发生了连年的灾荒，小风父女俩的生活实在过不下去了。这时候小风突然想起了几年前干爹临走时对自己说的话，于是她和父亲商议，想去京城投奔干爹。父亲觉着生活实在无望，于是便答应和女儿一起去京城。

父女二人历尽千辛万苦，终于来到了京城，可是他们几乎寻遍了京城里所有的"黄家大院"，也没找到干爹的家。最终父女俩只得靠乞讨过生活。后来父亲因为年纪大，又吃不好，大病了一场。看着父亲那可怜的病容，小风伤心极了，愁得只是哭。

在一次沿着护城河边乞讨时，小风没要着多少钱，再想起父亲的病因没钱医治更严重了，遂痛哭起来。这时，刘墉正好出来办事儿，见护城河边有一个姑娘在哭，就看了几眼，寻思着："这姑娘好面熟啊！"走近一看，认出这是皇上前几年微服私访时认的干女儿。于是向小风问明原因，将她父女二人接回自己府中。到了刘墉府院，父女二人才知道，那干爹竟然就是乾隆皇帝，接他们的先生是丞相刘墉，"皇家大院"指的是皇宫。父女二人又惊又喜又怕。

第二天，刘墉便将小风父女的事情禀告给乾隆。乾隆遂召见了小风父女，把二人安排在宫中做事。又过了一段日子，小风父亲因病去世，只剩下小风一人待在宫中过活。可在皇宫里过活，虽然不愁吃穿，但繁文缛节太多了，再加上宫里的人大部分都是势利眼：娘娘、格格因她长得好看，很嫉妒她，常对她冷言冷语；阿哥皇孙见她长得端庄秀丽，都对她不怀好意，总想欺侮她；太监、宫女因她出身贫贱，又给不起赏钱，时不时地也指桑骂槐地数落她一通。俗话说：宁喝舒心的粥，不吃皱眉的饭。小风在宫里虽不缺吃穿，但受了不少委屈，整日以泪洗面。在父亲死后不久，就大病了一场，几天油盐不进、昏昏沉沉，最终一命呜呼！小风死后，乾隆本想着随便把她埋了了事，但刘墉建议说："她虽不是皇上您的亲女儿，但到底也是您的义女，如果草草埋葬，您脸上可不光彩呀！"

乾隆听了，觉得刘墉的话不无道理。于是传旨，按公主的品级给小风办了葬礼，把小风葬在了如今的复兴路西三环交会处，后世的人都管这个地方叫作公主坟。

第二个版本：清汉族公主孔四贞

孔四贞是清朝仅有的一个汉族公主。汉族人在清朝怎么会被封为公主呢？是这样的：孔四贞之父孔有德，原是明末一名降清的参将，后来成为清政府镇压各地起义军的得力大将。顺治九年（1652年）五月，孔有德的军队被抗清起义军围困起来。孔有德被杀，孔家被洗劫一空，全家人几乎都遭杀害，只余幼女孔四贞被部将救出，留下了一条命。

当时的清朝皇帝顺治帝得知这一消息后，又惊又痛，遂命大臣将孔四贞接回皇宫，送交孝庄太后抚养。鉴于孔有德建功颇多，便特赐其女孔四贞食禄，封为和硕格格。从此，孔四贞便成为清朝仅有的一位汉族公主。

康熙十二年（1673年），吴三桂等三藩打着"反清复明"的旗号发动叛乱。孔四贞的丈夫孙延龄也参加了叛乱。对丈夫的反清行为，孔四贞一直强烈反对。在孔四贞的影响下，孙延龄很快表示要投降清朝。吴三桂得知孙延龄降清的消息后，将其杀死，并幽禁了孔四贞。直到清军扫平三藩后，孔四贞才回到京城，死后便被清帝下令葬在京西，也就是今天被称为公主坟的地方。

除了这两个版本之外，还有其他的版本，可谓众说纷纭。那么，在众多版本中，到底哪一个是真的呢？

其实，关于埋葬在公主坟内的公主到底是谁，早在1965年修地铁时，谜底就已经揭开。当时文物部门对公主坟进行了考古挖掘，并参考历史资料考证，得出的答案是，以上两个版本都是传说，并非真正的历史。公主坟内真正埋葬的公主有两位，是清仁宗嘉庆皇帝的女儿。两位公主分别葬在东西两侧，东侧葬的是庄敬和硕公主，她是嘉庆皇帝的第三个女儿，母亲是和裕皇贵妃，已婚，死时年三十一岁。西侧葬的是庄静固伦公主，是嘉庆皇帝的第四个女儿，母亲是孝淑睿皇后，已婚，死时年二十八岁。

看到这里，很多人不禁疑惑：两位公主为什么给埋在了一起呢？原来，按照清朝的规矩，公主下嫁后，死后不得入皇陵，也不能进公婆墓地，必须另建坟茔。庄敬和硕公主和庄静固伦公主是同年而亡，仅隔两个月，于是就埋在一起了。因这里埋葬着两位清朝公主，于是后世人将此地称为公主坟。这才是符合历史真相的版本。

# 大栅栏的由来

来北京购物、游玩，一个不得不去的地方就是前门的大栅栏，这个景点在国内几乎无人不知无人无晓，即使在国际上也很有名气，可谓是闻名遐迩。

回顾历史，尽管大栅栏这条古老的商业街经历了五六百年的风风雨雨，但依然光耀如昨，不得不让人称奇。都说大栅栏繁华、热闹，那么她到底繁华在哪儿呢？也许可以从老百姓嘴里流传的顺口溜中窥探一二：

"看玩意上天桥，买东西到大栅栏。"

"头顶马聚源，脚踩内联升，身穿八大祥，腰缠四大恒。"

前门的大栅栏商业街

以上顺口溜说的就是早年间大栅栏的地位和繁华景象。

其实不仅在早年间，即便在近代，大栅栏也是很多老北京人、外地游客最爱去的"购物天堂"。现如今在"老北京"中还流传着这样一个购物口诀：买鞋内联升，买帽马聚源，买布瑞蚨祥，买表亨得利，买茶张一元，买咸菜要去六必居，买点心还得正明斋，立体电影只有大观楼，针头线脑最好长和厚。这些老字号，无一例外地都汇集在大栅栏这块"风水宝地"。

大栅栏，北京话读作"大石烂儿"，兴起于元代，建立于明朝，从清代开始繁盛至今。1900年义和团曾一把火将整条街付之一炬，重建后依旧繁华。

说起大栅栏的名称由来，存有不少记载，因为当年前门外的大栅栏地区是北京城最繁华的商业区。其中最权威的说法是应追溯到明代孝宗弘治元年。当时的大栅栏地区还叫作廊坊四条，因为附近还有廊房头条、二条、三条，直到清代才改名为"大栅栏"。

据明朝历史记载，明代孝宗弘治元年，京城廊坊四条地区入户偷盗现象非常多，搞得民心不稳。城里负责治安管理的百户（军官）王敏就上奏孝宗，说："如今的京城，大街小巷众多，尤其是廊坊四条地区人口众多，而巡逻的官兵却非常少，这难免会防范不周，影响京城的稳定。因此，为了保障老百姓的安全，请皇上下令在大街小巷的各个路口设置栅栏，并于每日的夜间关闭。"皇帝接受了王敏的建议，遂在廊坊地区大街小巷的各个路口设置了一些栅栏。

后来该地区又经历了两次栅栏建造期。第一个时期是在雍正七年（1729年），皇帝批准建了400余座外城栅栏。第二个时期是在乾隆十八年（1753年），皇帝批准建了1919座内城栅栏、196座皇城内栏。因这些栅栏比周围其他胡同的建筑都高大牢固，久而久之，廊房四条这个名字就被"大栅栏"给取代了。清朝末年的时候，德国人拍的关于大栅栏的照片，街口一个铁门上面写的三个字就是"大栅栏"。由此可知，在清朝的时候，大栅栏的名字已然形成。

说起大栅栏，还有一个令人不解的事儿，那就是它的读音。许多外地游客来北京乘坐公交车时，都对售票员报"大栅栏"站名时，把该念为 dà zhà lán 的地名报作 dà shí làn er 而感到好奇。其实这个问题曾经不知困扰过多少初到京城的人们，甚至还引发了许多笑话和尴尬。那么"大栅栏"三个字究竟应该怎么读呢？现如今老北京人都将大栅栏说成大厦（音 shà）栏或大市（音 shì）栏，而根本不念原词本音大栅（音 zhà）栏，民间流行的这个京味儿的叫法特殊音词始终无从查考到其渊源，成了一个未解之谜。相关学者认为大栅栏的读音属于地名的特殊读音，这种读法属于保留古音。而部分播音教材专门谈到"大栅栏"作为北京的一个地名应读为"dà shí lànr"。

## 王府井的由来

在北京的市中心有这样一个地方，它有着悠久的历史、纯朴的风格，虽饱经沧桑却因居于闹市而充盈着时尚、前卫之感；它吸引了世界各地多方的文化，聚集了国际众多知名品牌；它经常赢得国内外国家领导人的惠顾，更吸引了众多平民百姓的眼球；它既可以让你买到世界上最新潮、最昂贵的奢侈品，也能让你惬意逗留，买到居家过日子的普通物品；它是古老的，历经岁月的磨砺；它是新潮的，迸发着新时代的光彩……它就是王府井，全称是王府井大街。

在北京，要是问起王府井大街，那可以说是无人不知无人不晓。可您要是真追起它的根儿来，能说出个来龙去脉、子丑寅卯的人儿恐怕就没几个了。

传说这王府井大街原是一个王爷的宅子，这个王爷的府中有一口水井。北京城里的水大部分都是苦水，甜水很少。而且一旦遇上天旱，就连苦水都缺乏。

有一年，京城遭遇了几十年不遇的旱灾，几乎所有的井都干涸了。有钱有势的富裕人家都派人用车子去几十里外的玉泉山拉水，而穷人家只能靠肩挑手提，有的甚至靠从井底淘点泥浆水活命。

王府井

　　其实，在京城里，并不是所有的井都干涸了，还有那么两三口井还冒着水，那王爷府里的井就是其中之一。而且幸运的是，这口井里冒出的还是甜水。这下王爷不知多高兴了，说这是因为祖宗福气大、造化大，房子和水井都在龙脉上。

　　不幸的是，这个王爷是个十分恶毒的人，他没有将自家井里的水用来救济周围的老百姓，而是命令王府的一个看门老头把水井看守起来，禁止周围的百姓从中取水。这个看门的老头是个非常善良的人，他对王爷的这一做法非常不满，于是经常偷偷地让老百姓从井中打水。一天，王爷得知了这件事，就找看门的老头质问，老头心平气和地对王爷说："王爷，违反您的吩咐这是我的错，可我这全是为了您好哇！"

　　王爷听了很不解，说老头是在狡辩。

　　老头接着说："王爷您一向那么聪明，怎么这时候就糊涂了呢！您想，您是富贵人家，将来免不了要雇人做事，运粮挑米啥的，如果周围的乡亲们都渴死了，到时候您上哪儿去找给您干活的人呢？您请三思啊王爷，若是您还是不同意，今后我绝不让任何人再取走一滴水。"

王爷听了老头的话，觉得他说得有道理，也就睁一只眼闭一只眼，不再追究了。此后再有人来井里打水，王爷也不管不问了。因此，周围的老百姓都非常感激和尊敬这位老头。从此以后，来打水的百姓越来越多，就连住在府外几十里的人也都闻讯而来。王爷府的这口井在这次旱灾中发挥了巨大的作用，救活了不少老百姓，从此，周围的人开始把这座井叫作王府井，王府一带叫王府井大街，就这样王府井的名字被传开了。

## 八宝山的由来

在北京，很多人去世后都会被安葬在八宝山公墓，八宝山也因此成为一个非常神秘的地方。

其实，八宝山原来并非公墓，它在明代时期拥有很多处名胜，例如延寿寺、灵福寺、朝阳庵，在西峰上还建有娘娘庙，其中最著名的是褒忠护国寺。褒忠护国寺又被称为黑山护国寺，建于明朝，是为了纪念当时的名将刚炳而建。黑山护国寺内建有刚炳墓，但经过岁月的侵蚀，如今只剩下墓碑和墓前的石龟了。日本侵华时期，当时的日本侵略者为了纪念其死难的日军，在山上建了一座名叫忠灵塔的塔。1946年，为了纪念抗日战争中牺牲的国民党官兵张自忠等38位将领，忠灵塔被改建为忠烈祠。中华人民共和国成立后，陆续于山上建了八宝山革命公墓、八宝山第二公墓和北京西郊殡仪馆。

如今，八宝山因有两大公墓而为众人所知，却很少人知道其为何被叫作八宝山，难道是因为山上真有八宝吗？

相传，在八宝山脚下的山洞里的确藏有八宝，到底是哪八宝呢？所谓八宝，指的是马牙石、白垩、青灰、红土、坩土、黄浆、板岩、砂岩等八种黏土矿物。马牙石，又称方解石，主要成分为石英，也是人类最早认识和利用的矿物；白垩，俗称白土子或大白，白色，质软，是石灰岩的一种，分布很广；青灰，是一种含有杂质的石墨，青黑色，常用来粉刷外墙面或搪炉子，也可用作颜料；红土，是较好的天然地基和筑坝材料；坩土，也称耐火土，是火炉内膛的主要原材料，还可以制成耐火砖；黄浆是木器的涂料；板岩常用作制造房瓦及石砚的原料；砂岩是研磨、玻璃、建筑等工业的原材料。八宝山便因此八宝而得名。

其实，关于八宝山的"八宝"，还有一个非常有意思的传说：相传在很久很久以前，八宝山脚下的山洞里藏有金牛、金马、金鸡、金碾子、金磨、金豆子、金簸箕和金筐箩等八件宝贝，无人知晓。

当时山脚下有一个村庄，村庄里住着一户人家，这家有两口人，是一对无儿无女的李姓老年夫妻。老李和老伴儿无依无靠，只能靠种些丝瓜维持生计。

一年，老李老两口在自家屋后种下丝瓜籽后，按照往年的经验，浇水、施肥、松土，可一段时间过去了，只见瓜秧越长越长，却怎么着都不结瓜。这要搁往年，可早就结了几十个丝瓜了呀！老两口很是着急。终于有一天，瓜秧的深处开出了一朵花，后来结个丝瓜，可老两口又发愁了。为什么呢？因为好不容易长出的那个丝瓜却没有个丝瓜样，长得上粗下细，反倒像一个倒挂的葫芦。

一天，老两口正在家门口闲聊，看见从村南头走来一位老头儿，这位老头儿路过老两口屋后看到那个丝瓜突然停下了。只见他一会儿朝山看看一会儿又朝丝瓜看看，用手指掐算了半天，就冲老两口走了过来。老头儿走近向老两口作了一个揖，说："烦请二位将这个丝瓜卖给我，我宁愿出高价。"

如今的八宝山

老两口摇了摇头，说："实在对不住老先生，今年我家就结了这么一个丝瓜，打算留着当种子用，不能卖。"

老头儿却坚持要买，声称是为了给孙子看病用的。老两口是个热心人，一听是为了人家孙子看病，就一口应承了下来，还不要人家的钱。老两口正要为老头儿把丝瓜摘下了，老头儿赶紧制止了，说："请慢！现在这丝瓜还不熟，还不能做药，等到熟透了我自会来取的。"说着又向老两口作了一揖，转身走了。从此，老两口更加仔细地照料这个丝瓜。

其实，老两口被这个老头儿给骗了！原来，这个老头儿是个风水先生，他此行不是找丝瓜来给孙子治病，而是来寻宝物的。什么宝物呢？原来他最近几天掐算到山下埋藏着宝贝，但取出这些宝贝需要开山的钥匙，于是他便找啊找。当他在老两口屋后看到这个丝瓜时，突然眼睛一亮，这个丝瓜正是那把开山的钥匙呀！于是他便向老两口撒了个谎。

老头儿走后，在老两口的精心照料下，丝瓜长得越来越旺，慢慢就成熟了，可还是不见老头儿的影子。立秋很快就来临了，开始下起了霜，老两口怕丝瓜被冻坏，就先把丝瓜给摘下来了，放在一个木箱子里，等老头儿来了就给他。

一个夜晚，老头儿终于来了。他兴奋地跑向丝瓜，可那里哪里有丝瓜的影子，只剩下一堆瓜秧。老两口看见老头儿来了，赶紧将丝瓜从木箱子里拿出来给老头儿。老头儿一看急眼了，跺脚说："哎呀这可坏了，二位摘得太早了，这下不管用了。"说着垂头丧气地把丝瓜拿走了。

老两口看老头儿的样子，觉着有点不对劲，于是悄悄地追随着他，看看他到底要干什么。走了好长时间，只见老头儿在一座山坡前停了下来，用丝瓜在地上画了一个圆圈。只见山坡上立即出现了一扇门，露出了一个洞，但洞口只开了一道小小的缝。老两口凑上去一看，眼珠子都快瞪出来了！原来里面堆的全是宝贝，什么金牛、金马、金鸡呀，还有金磨、金笸箩、金簸箕，靠门还有一个金碾子在转，从碾子上掉下来的全是金豆子。

只听老头儿在那自言自语："唉，都怪那老两口摘得早了，要不缝隙大点我就可以进去拿宝贝了。"说着，老头儿就把手伸进了洞缝里，先拿了一个金簸箕，可是那缝隙太小了，老头儿怎么拿也拿不出来。就在这时，里面的那只金鸡"咯咯"叫了起来，老头儿说了声："坏啦！"就赶紧把金簸箕给扔了，又抓了一把金豆子。正要往外拿的时候，老李过去打了他胳膊一下，老头儿手一哆嗦，金豆子全掉在洞里了，门也关上了。

老头儿气得正要骂人，扭头一看是老李老两口，知道自己理亏，先前骗了人家，于是一声不吭地走了。

从此以后，村里人都知道这座山里埋着八件宝贝，就把它叫作八宝山了。

## 神路街的由来

在北京市朝阳区区委、区政府的门前有一条小路，它北起朝外大街，从东岳庙琉璃牌坊算起，到日坛北门，弯弯曲曲不到一公里。而且路两边的建筑都平凡，大部分是一些低矮的民间屋舍。可是就是如此平凡的一条路，却被命名为"神路街"。

它有什么神奇的来历吗？

据说它的名称来历与清朝的顺治帝有很大的关系。

相传，在清朝八旗之一的正黄旗中，有一个身材健壮、英勇过人的都统领。这位都统领耍得一手好剑法，在与敌军作战中，斩杀敌人无数，立下了很多大功。顺治帝为表彰其功劳，钦赐其黄马褂，并封其为一等伯，命他率亲军镇守朝阳门。

可是这个都统领虽然在战场上英勇无比，立下了赫赫战功，在私下里，却是个十分歹毒的恶人，他无恶不作，经常仗着权势欺压周围的老百姓。老百姓们个个对他痛恨无比，却又敢怒不敢言。

都统领的恶行，惹怒了一些武林豪杰。这些武林豪杰相继潜入他家去刺杀他，可是这个都统领的武艺实在高强，前去行刺的武林豪杰无不败下阵来，死在他的剑下。此后，这个都统领的气焰愈加嚣张，附近的老百姓

**北京东岳庙**

毫无安宁可讲，整个朝阳门内外都笼罩在一种恐怖的气氛之下。

一天夜里，都统领正在家里寻欢作乐时，一名黑衣人突然闯了进去。二话没说，便朝都统领的头上招呼。都统领对于别人的刺杀早有防备，便赶紧拿剑回击黑衣人。但这名黑衣人的武艺实在高强，没打几招，都统领就被黑衣人一剑刺死。

黑衣人将都统领杀死后，也不滥杀无辜，抽身越墙便走。但为时已晚，都统领的手下已经团团将他围住。黑衣人在紧急之中，向一条死胡同跑去。手下们见黑衣人跑向了死胡同，也不再紧追，但又不敢近身，只是排成了一排堵住胡同口，拿出弓箭就射。

黑暗中，也不知发射了多少箭，但都确定黑衣人肯定难逃一死。于是慢慢地移向了胡同口，准备看黑衣人的死状。可是大家大吃一惊，只见地上只有无数断头箭，哪有黑衣人的半点影子！他们朝墙上看，只见上面写了一行血字："行恶者自绝于人。"这些手下吓得个个逃窜开来。

这件事儿很快传到了老百姓的耳中。老百姓们个个拍手称快，都说是东岳庙的神仙显灵。就这样一传十、十传百，传来传去被顺治帝听说了。顺治帝是个明白人，心想哪是什么神仙显灵，肯定是一位民间高手将都统领杀害的。

顺治帝心想，既然黑衣人已经不知去向，都统领的名声极坏，不如就趁机好好查查，还黑衣人一个"名正言顺"。于是，他下令对都统领的罪行进行仔细核查，很快便查明了都统领的恶行，下旨将其弃尸街市，满门抄斩。

顺治帝的英明做法受到了老百姓们的一致拥护，大家都齐赞顺治帝明察秋毫，是一代明君。顺治帝听了十分高兴，便借到东岳庙进香的机会，来到朝阳门一带巡查，并问随从黑衣人消失的所在。随从也不知道具体的位置，只随手一指，正指向琉璃牌坊后面的这条街。顺治帝听了，便随口说："以后就叫这条街为神路街吧！"

从此，"神路街"之名便流传了下来。


## 黑龙潭的由来

黑龙潭是北京市密云县比较有名的风景名胜之一，它坐落在密云县石城乡鹿皮关北面的一条全长 4 千米、水位落差达 220 米的峡谷里，距离北京市城区约 50 千米。

去过黑龙潭的人都知道黑龙潭有三个特点，即新、奇、险。每到旅游时节，黑龙潭就成了游客们观花赏景的地方。看看景色，住进密云农家院尝尝当地的农家菜，这些都成了游客们必做的项目。

关于黑龙潭的名称来历，还有一段美妙的传说呢！

相传在很久很久以前，黑龙潭所在的地方是一座山，山上荆棘丛生，有一座山洞，有一位老奶奶和她的儿子全成在洞里面住着。

一天，全成正在山上打柴的时候，听到不远处有人呼救的声音。他抬头一看，见前面不远处有一位姑娘在往自己的方向跑，她身后有两个骑马的猎人正持枪追赶。

全成有副乐于助人的热心肠，他没有多想，便顺手往山洞的方向一指，

黑龙潭的入口处

那位姑娘便匆匆躲进了山洞。两个猎人来到了全成的面前，问他有没有看见一只狐狸从这里跑过。全成心里非常疑惑，狐狸？他很快明白了过来，但并没有将实情告诉两个猎人，只是信手往东一指，两个猎人便匆匆向东方追去。

姑娘见猎人走远后，便走出洞来，拜谢了全成，准备离去，但又不知去哪里才好。全成见她无处可去，便和母亲商议好，留姑娘在山洞住了下来。

全成和姑娘日久生情，后来结为夫妻。

一年后，全成全家商议，将家搬到了山南平地（今天的凤泉区何屯村）。从此，他们一家和和美美，生儿育女，日子过得非常快乐。

几年的时光很快过去了。一天，妻子突然告诉全成，自己并非人类，而是一只得道的狐狸精，为了报答全成的救命之恩而嫁予他。如今时日已到，很快她的父亲便会来接她回宫。

全成听后，伤心大哭，其母和儿女也大哭不止，但又无计可施。

离别的时刻很快就到了。一天早上，一个白发老头前来敲他家的门，并大喊："小女你快出来吧，天命难违，你赶紧跟父亲回天宫去吧！"说时，天空电闪雷鸣，狂风不止。

妻子怕殃及全成和全家，便打开了家门。只见滚滚乌云落地，随乌云降下了一条黑龙。白发老头便携女儿跨上了黑龙背，黑龙立即驮父女俩腾空而去。

这条黑龙腾飞的地方留下了一条龙样的深沟，后世的人称之为"全成黑龙潭"，又称"黑龙潭"。这深沟便是如今黑龙潭的所在。

# 簋街的由来

说起簋街，很多喜欢过夜生活的人肯定不陌生。

簋街位于东直门内大街，东起二环路东直门立交桥西段，西到交道口东大街东端，长约 1.5 公里。在这条大街上，150 多家商业店铺中，餐饮服务业的就占 90%，餐厅密度之大在京城恐怕难以找出第二条街。因此簋街也被称为是北京的餐饮一条街。

簋街以餐馆多、风味全、特色强、价格廉、夜里"火"而著称，又以24 小时服务而受到人们的青睐，是老北京城甚至全国都非常有名的一条小吃街，受到众多食客的喜爱。

关于簋街名称的由来，历来有很多个版本，其中一个比较权威的版本是：

据说在清朝的时候,北京的各个城门都有它专门的用途,不得随意使用。例如德胜门就是朝廷出兵所走的门；宣武门是处决犯人所走的门；东直门是专门为了往北京城内运送木材并往城外运送死人用的门……而从东直门城门楼上往外看，就能看到城内有一条笔直的路，对面就是鼓楼，而在对

**今天的簋街食府云集**

面城外则是一望无尽的坟场。

当时的东直门没有如今这么繁华，还是个城乡接合部，每天一大早就有各种商贩集结到这里赶早市。这些商贩来得非常早，往往在后半夜就开始蹲点叫卖，到天亮时才散开。由于来得非常早，天还很黑，商贩们便靠煤油灯取光。这样从远处看去，灯光朦胧，再加上周围随处都是棺材铺和杠房，让人觉得非常阴森、毛骨悚然，所以，这个早市也被人戏称为"鬼市"，慢慢地这个地方也被人称为"鬼街"。

许多年后，有很多商贩在东直门大街两侧开了商铺，然而几乎都有亏无赢，最终关了门。这件事在北京城被称为一件奇事。后来，人们发现，在这条街上，只有做开饭馆的生意才能成功，而且还有一个现象是，这里的饭馆白天几乎无人光顾，到了晚上却门庭若市、人来人往。也因此，当地的老一辈人都说，是因为到了夜里，鬼魂们都要进城吃饭，所以非常热闹。

由于夜里热闹而白天无人问津的反差，鬼街在北京的名气越来越大。后来很多商人从中发现商机，就连当地政府也从开始的排斥强管到后来的扶持，东城区商委更是把这里命名为"东内餐饮一条街"。

后来挂牌的时候，东城区委的工作人员们开始发愁了。改名吧，怕影响了好不容易扩大的名气；不改吧，这个"鬼"字又太阴森，怎么办呢？就在这时，一名工作人员发现了字典里有这个音同字不同的"簋"字，而且这个字还能和吃沾上边。于是开始大肆宣传，并且还在东直门立交桥鬼街一侧的桥头做了一个"簋"的大铜塑像，于是就有了现在这个文明的"簋街"。

如今的簋街发展势头非常好，顾客非常多，已经成为北京饮食文化的代表和时尚餐饮的标志，很多人的夜生活都是从簋街开始的。在和北京共同成长的、很多个值得祝贺的日子，例如申奥成功、中国足球走向世界或者重大的纪念日里，很多人都会选择在簋街度过，彼时，大家一起歌唱、喝酒、拥抱、哭泣、庆贺，创造了很多美好的回忆。因此，簋街也被称为"夜食者的天堂""灯火璀璨不夜街"。

# 八王坟的由来

说起八王坟的来历，很多人会想到可能与一位八王爷有关。可是历史上的八王爷太多了，到底与哪一位八王爷有关系呢？

据有关史料记载，这里的八王爷指的是努尔哈赤的第十二子、英亲王阿济格。八王坟指的就是阿济格的坟地。

可是，阿济格明明是努尔哈赤的第十二个儿子，为何他的坟墓被称作八王坟呢？

阿济格，生于万历三十三年（1605 年），和努尔哈赤的第十四子多尔衮、第十五子多铎是一个母亲所生，他们的母亲就是大妃阿巴亥。

阿济格英勇善战、屡获战功，曾征战察哈尔、喀尔喀、朝鲜等地，他于崇德元年（1636 年）进爵武英郡王；顺治元年（1644 年），摄政王多尔衮带领阿济格和多铎夺取了北京城，阿济格被封为英亲王，在众王爷中排位第八，因此又称八王爷。

1651 年，摄政王多尔衮去世，阿济格密谋承袭摄政王位，后事情败露，被赐死。他的骨灰被葬于通惠河畔的一个非常荒凉的地方，这个地方就被称为八王坟，也就是今天八王坟所在。

康熙即位后，开始重新审视阿济格这一开国功勋的贡献。乾隆十一年（1746 年），八王坟得到重修，建立了宫门、享殿、宝顶、墙圈、驮龙碑等建筑，正坟、土坟主次分明，更有"东衙门""西衙门"之别，占地一顷数十亩，规模非常大，足见乾隆帝对其地位的重视。

然而，八王坟却在辛亥革命中遭到了严重的摧残，其宫门、享殿被拆除，被当作砖瓦木料给卖了；日伪时期，八王坟多次被盗，其中的陪葬品被洗劫一空；到了中华人民共和国成立初期，八王坟已经非常破败了，其"东衙门"的地皮被征用，其正坟和"西衙门"则被占用。随着岁月的流逝，八王坟这一带渐渐发展成了居民区，并开通了八王坟到公主坟的 1 路汽车，八王坟成为北京人家喻户晓的车站名。

如今的八王坟不仅是京东地区极其重要的交通枢纽，还是令房地产界垂青的黄金地界，SOHO 现代城、蓝堡国际中心等一系列高楼大厦拔地而起。八王坟已经不再是昨日那个荒凉的坟墓所在，而已经成为一个繁华、热闹的人口密集区，为北京经济的繁荣贡献着自己的力量。

## 卢沟桥的由来

卢沟桥，也被称作芦沟桥，在北京市西南约 15 千米处丰台区永定河上。它全长 266.5 米，宽 7.5 米，最宽处可达 9.3 米。有桥墩 10 座，共 11 个桥孔，整个桥身都是石体结构，关键部位均有银锭铁榫连接，是华北最长的古代石桥。

1937 年 7 月 7 日，日本帝国主义在此发动了全面侵华战争。宛平城（今天的北京城）的中国驻军奋起抵抗，史称"卢沟桥事变"（亦称"七七事变"）。中国抗日军队在此打响了全面抗战的第一枪。可以说，卢沟桥是日寇全面

卢沟桥

侵华的开始，也是吹响全民抗战号角的地方。

如今的卢沟桥因"卢沟桥事变"而驰名中外，但是这个抗战圣地的名字却长期被错写为"芦沟桥"。

卢沟桥原来并不叫这个名字，而叫作广利桥。桥下有一条河叫作无定河，因这条河当时经常泛滥、河道不定而得名。后来到了清朝时期，这条河的下游修建了防洪堤，又改"无定河"为"永定河"。该河上、下游交接部分，因是卢姓族人繁衍生息聚居的地区，而被当地人称为"卢沟河"。随着岁月的流逝，"广利桥"也渐被人们以河名而替代，称之为"卢沟桥"。

由这段历史可以看出，卢沟桥中的"卢沟"的意思是"卢家沟"，而并非很多人想象的长满芦苇的沟。相信，在了解了这段历史后，不会再有人将其错写成"芦沟桥"了吧！

其实，关于卢沟桥的名字，还有一个传说也相当有意思。

据说很久以前，在今天卢沟桥的地方，并没有什么桥，而只有一个渡口。当时有一个姓卢的商人在这个渡口的附近经商，生意做得非常红火。

一天，卢姓商人带着多年来经商所得的钱财，准备搭乘一个姓田的摆渡者的船回家乡探亲。想不到的是，这个姓田的摆渡者不是个正人君子，他看到卢姓商人携带很多钱财，便起了歹心，将卢姓商人推入永定河中淹死，霸占了他的钱财。

姓田的摆渡者自得了卢姓商人的钱财后，便不再摆渡了，也经起商来。

后来，姓田的妻子给他生了一个儿子，他对儿子十分疼爱。但到这男孩十岁的时候，每天都要打父亲三个嘴巴，不让打就又哭又闹，姓田的十分懊恼又非常无奈，于是便向一位老僧求教。

那个老僧对姓田的说："你之前是不是害死过一个姓卢的人哪！你这儿子就是他转世而来的，他今世向你报复呢！"

姓田的听了，非常害怕，便求老僧开恩救命。那老僧说："让我救你也不难，只要你把劫走的钱财都拿出来修座桥，让过路人不再受你们这些人的坑害就行了。"

姓田的听了老僧的话，赶紧请来了一些工匠建桥。

半年后，桥建好了。姓田的便向老僧讨教桥名，那老僧微笑着说："这座桥是你向卢氏还账而修建的，取'一笔勾销'的意思，再加上你们这笔账是在水中而起的，用'沟'代'勾'，所以我看就叫作卢沟桥吧！"

从此，这里便有了一座叫作卢沟桥的桥，这个传说也传到了现在，警示着后人一定要弃恶扬善。

第三章

# 老北京名胜古迹传说

# 明十三陵"无字碑"的由来

说起"无字碑",很多人都会想起一代女皇武则天的墓碑。可是,天下的"无字碑"可不止武则天墓碑这一座,明十三陵中也有"无字碑",而且不止一座。

明十三陵位于北京市昌平区北的天寿山,这里山林优美、绿水长流,地下躺着明朝的十三位皇帝,所以被合称为明十三陵。

作为怀古之地,明十三陵的美景和遗迹非常多,但让人称奇的却是,

永陵无字碑

除了长陵和思陵外,其他十一陵虽然都是明朝时建造的,但是每座陵都有一座当时没有镌刻文字的石碑。按照常理来讲,历代皇帝归天之后,不管他生前的政绩是好是坏,负责撰写碑文的文官们都要昧着本心写出洋洋洒洒的溢美之词,要不然,嗣皇帝可能砍下文官们的脑袋做祭品。

可是,明十三陵中的十一陵前的石碑为什么当时不刻文字呢?

对于这个问题,后世的人有很多解释,比如,有人说因为皇帝的功劳太大,无法用文字来表达。这种说法毫无根据,因为明代的开国皇帝朱元璋和立业皇帝朱棣的神功圣德碑均刻有文字,这两位皇帝的功劳都能用文

字来表达，那么后代皇帝大多碌碌无为，怎么倒无法书写了呢？可见行不通。

针对这个问题，历史文献没有详细记载其原因。清朝的乾隆皇帝也觉得这件事比较奇怪，在他御制的《哀明陵三十韵》中就提出了疑问："明诸陵，唯长陵有圣德神功碑文，余俱有碑无字。检查诸书，唯徐乾学《读礼通考》载，唐乾陵有大碑，无一字，不知何谓？而明诸陵效之，竟以为例，实不可解也。"

针对这个谜团，当年乾隆皇帝没有解出来。时间延展到现在，如今这个问题已并非不解之谜了。

相关研究明十三陵的专家学者解释，这事儿还要从明朝开国皇帝朱元璋说起。

作为大明朝的开国皇帝，朱元璋可谓是有勇有谋、战功赫赫、顶天立地的英雄。可是，这位英雄的成功同样沾满了无故冤魂的鲜血，因为朱元璋，不知有多少人死于非命。所以说，朱元璋同样也是一个嗜杀的皇帝，尤其是建国后，很多忠臣良将都死于他手。

在生命垂危之际，朱元璋似对自己曾经的行为有所悔悟，希望给子孙后代留一个经验教训，便对身边的大臣们说："皇陵碑记一向都是大臣们的粉饰之文，根本不能表明历史，教育后世子孙。"其言外之意就是希望自己在盖棺论定的时候，大臣们能给他一个较公正、真实的定论。

可是，如果真的写出历史实情，那朱元璋的形象可就会一落千丈，他的手上可是沾满了无数人的鲜血啊！所以，翰林院的学士们个个都不敢写皇帝的碑文了，他们心知肚明，这是个两头不讨好的差事。如果不往皇帝脸上贴金，项上人头都有搬家的危险；如果不按照朱元璋的吩咐，又难免有欺君之罪。最终，学者们以太祖的"名训"做挡箭牌，将写碑文的任务，推给了嗣皇帝。所以，孝陵（朱元璋的陵墓）的碑文是明成祖朱棣撰写的，而长陵（明成祖朱棣的陵墓）的碑文则是明仁宗朱高炽为父亲朱棣写的。因那朱元璋的陵墓孝陵远在南京紫金山，所以，明十三陵里只有长陵有碑文。

那么，自从明仁宗朱高炽以后，为何嗣皇帝都不再撰写碑文了呢？

原来，献、景、裕、茂、泰、康六陵陵前原来就没有神功圣德碑及碑亭。嘉靖十六年（1537 年）七月，大学士夏言等面谕："前在陵工曾谕卿，独长陵有功德碑而六陵未有，无以彰显功德，今宜增立，示所司行。"竖碑的目的就是歌功颂德，自然要通过对功德的陈述文字来表达。所以嘉靖二十一年（1542年）五月，六陵碑亭刚刚落成，礼部尚书严嵩就上奏说："查得成祖文皇帝圣德神功碑文乃仁宗昭皇帝御撰，今六陵等陵碑文，伏请皇上亲御宸翰制文，镌石以记述列圣功德，垂示于万万世。"

严嵩的请求是符合明代帝陵碑文撰写原则的。因为，早在开国之时，朱元璋就定下了一个规矩，那就是"帝陵功德碑文需出自嗣帝之笔"。此后诸帝以此为定制，成祖朱棣撰写了孝陵神功圣德碑文，仁宗朱高炽撰写了长陵神功圣德碑文。基于这个规则，世宗应亲自为安眠在天寿山的几位先皇帝撰写碑文。可惜这位皇帝，一心迷恋仙术，整天想着如何升仙得道，沉溺于酒色之中，哪有工夫来撰写那么多的碑文呢？

既然献、景、裕、茂、泰、康六陵石碑都是无字的，后来的永、昭、定、庆、德五陵遂沿用以为制，均在陵前建造了无字的神功圣德碑和碑亭。到崇祯帝时，明朝灭亡，是清朝皇帝为他立了碑，并刻有文字。所以十三陵中只有第一座陵墓长陵和最后一座陵墓思陵的神功圣德碑上撰有碑文，其他十一帝均为无字碑。

明十三陵中的陵碑虽然绝大多数都是无字的，却无论如何都掩饰不了明朝中后期政治的腐败、堕落和势必灭亡的悲哀。

## 北海九龙壁的美丽传说

龙壁是我国特有的建筑形式，有一龙壁、三龙壁、五龙壁、七龙壁、九龙壁等多种形式，其中以九龙壁最为尊贵。九龙壁通常建在帝后、王公居住或经常出入的宫殿、王府、寺院等建筑正门的对面，是我国照壁建筑的进一步发展。

我国的九龙壁众多，以大同、北海和故宫的最为著名。规模最大、历史最久的一座，在山西省大同市内，为辽代所建，即大同九龙壁；建筑最精、构图最美的一座，建在北京城的古典园林北海中，即北海九龙壁；第三座，

**九龙壁上飞舞的龙**

我国唯一与原建筑一起完好保存下来的九龙壁，在故宫的宁寿门前，即故宫九龙壁。

北海九龙壁在北京北海公园的北岸澄观堂东北，面对太液池，遥望琼华岛，翠柏掩映，石径相通。优雅的环境和独有的建筑艺术，好似珠联璧合，使北海九龙壁极负盛名。朝阳初升，九龙壁犹如在表面涂上了一层耀眼的光辉，巨龙仿佛冲破雾霭，腾身游动起来。随着晨雾的消散，九条龙更加绚丽，万缕金光在龙身上闪耀，龙身抖动，昂首摆尾，盘绕弯曲，在海波上翻腾，在流云中穿行，犹如真龙再现，宛然如生。

关于九龙壁，流传最广的一个传说是，九龙壁上的龙曾经动过。唐鲁孙在专著《南北看》中曾经提到过这么一件事：乾隆二十一年（1756年）的一天，西藏密宗高僧给九龙壁开光，当时九龙壁前佛光普照，这位高僧坐在前面摆放着香案、香炉的黄蒲团之上，周围围着数百人，显得十分庄严。在开光的过程中，天空布满了祥云和晚霞，有个好动的小孩子无意中把手绢扔向第九条龙的头部，这时候不可思议的事情发生了。大家看到第九条龙忽然有了灵性，龙眼、龙须都动了起来，把手绢吸着不放，仿佛要从壁上飞下来……当然，这只是一个传说，却反映了老百姓一个淳朴的希望，就是希望龙具有灵性，能够保佑世人平安。

见识过北海九龙壁的人或许会有这样一个疑问：九龙壁上是否真的只有九条龙呢？我明明从上面看到了很多条龙，为什么却起名为九龙壁呢？细心的人会发现，除了壁前壁后各有九条醒目的戏珠蟠龙外，壁的正脊、垂脊和其他一些建筑构件等地方都有龙的踪迹。九龙壁顶呈庑殿式，有一条正脊，四条垂脊，正脊前后各有九条龙，垂脊左右各有一条龙，正脊两侧有两只吞脊兽，它的身上前后也各有一条龙，这样五条脊上就有三十条龙。往下每块瓦当下面镶嵌的琉璃砖上，也各有一条龙，壁四周共有筒瓦二百五十二块，陇垂二百五十一块，龙砖八十二块，加上跃于云雾之中的十八条蛟龙，就有六百三十三条龙了。再仔细看，在正脊两侧"吞兽脊"下，东、西还各有一块椭圆形的瓦当，上面也各有一条龙。这样算来，北海九龙壁上总共有六百三十五条龙，而并非许多人所想象的九条。

关于北海九龙壁，还有一个传说，那就是九龙壁曾经被修补过。九龙壁曾经遭遇过一场大火，这场大火使九龙壁失去了往日的光彩。乾隆年间，皇帝下令修补九龙壁。可偌大的一个龙壁，修补起来又谈何容易，必须请技术最高明的工匠才能完成。最后，一个名叫马德春的工匠被选中了。马德春拥有几十年的烧制琉璃瓦经验，可谓技术高超、经验丰富。

修补工程很快就开工了。在进行修补之前，马德春一而再再而三地向工人师傅们叮嘱烧制彩色琉璃瓦时一定要掌握好火候，在马德春的辛苦指导下，足足烧制了七七四十九天，才把需要的琉璃瓦给烧制成了。

安装的日子到了。正当大家都忙着的时候，突然传来一声脆响，把众人吓了一跳，马德春更是被吓坏了。他赶紧循声赶来，之间地上零零散散地堆着一些琉璃瓦碎片，原来是一个小工匠在搬琉璃瓦的时候一不小心摔倒了，把几片琉璃瓦给弄碎了。马德春忙先安抚了众人，低声对他们说："这事儿对任何人都不能讲，谁要是吐露一个字，可有杀身之祸啊！"众工匠忙点头称是。马德春回到家里，心里紧张得直冒冷汗，这可怎么办呢？重新烧制琉璃瓦已经来不及了，但又承担不起延误工期的罪名，可是另打主意来补救又要冒着欺君之罪的大险呀！眼看没几天就要交工了，他把心一横，就这样等死还不如闯一闯碰碰运气。连着几天，他茶不思饭不想，谁也不见，只是把自己关在一个小屋里，悄无声息地偷偷制作"琉璃瓦"……

很快九龙壁的修补工程完毕了。乾隆便领着众大臣来看新修的九龙壁。走近看，只见那些龙栩栩如生、熠熠生辉，简直和真的一模一样。他走到壁前，仔细欣赏每一片琉璃瓦上的巨龙，从东到西，一条龙一条龙地看。乾隆止不住地赞叹修补工艺的卓绝。跟在人群后面的马德春心都快提到嗓子眼了，头上冒着汗，腿有些发软。乾隆来回看了几遍，真是打从心眼里喜欢，赏了马德春许多金银财宝。

待乾隆走后，马德春一下子坐在了地上，心想这真是太惊险了，差点连身家性命都赔了进去，还好皇帝没有发现什么纰漏。要问马德春为什么担心呀，他到底有什么可隐瞒的呢？

原来他为了补上那被摔碎的琉璃瓦，可谓费尽了心机。他用了两天两夜的工夫，硬是用一块上好的楠木雕成了一条龙，并在乾隆前往观看的前一天才匆匆忙忙地安装上。这要是让皇上知道了，可就是灭九族的欺君之罪呀！

如今您如果有机会去北海公园玩，见到那个九龙壁，从东边数第三条白龙的身上有一块琉璃瓦据说就是当年马德春用楠木雕成的，您不妨好好地观赏观赏。

## 卢沟桥的狮子真的数不清吗

提起卢沟桥上的石狮，老北京民间有这样一个说法，那就是："卢沟桥的石狮子——数不清！"关于这一说法，明代的《帝京景物略》也有卢沟桥的石狮子"数之辄不尽"的记载。

如今，许多游客在参观卢沟桥时，听到这个说法，偏不信邪，通常会不由自主地数一下，试图弄清楚石狮子最终的数目，但数来数去，搞得眼花缭乱，最后只能作罢。

其实不仅现在的人对这个说法不服气，古时候也有个人对这个说法不服气。

这个人是一个来自山东的枣贩子。一天，这个枣贩子经过卢沟桥看到了石狮子，便开始数起来。只见他从西数到东、从东数到西，数了一遍又一遍，最后还是没有数清楚。

与他同行的其他枣贩子便劝他别数了，说卢沟桥的狮子数不清是由来已久了的事儿了，你只是个普通人，也数不过来的。可是，这个枣贩子却是个倔强的人，他心想："卢沟桥整个桥的栏杆也不过几百米长，能有多少石狮子啊，只要认真数总能数过来，我偏要数清楚，赌赌这口气！"

说来这枣贩子还挺聪明的，他汲取上次的教训，不那么硬数了，而是采取了一定的技巧。只见他从枣框里数出一大堆枣来，然后开始数狮子，见一个石狮子就往其嘴里塞一个枣。这样从桥西数到桥东，又从桥东数到桥西，数来数去，总能看到有的狮子嘴里没塞着枣。接着他又数出一堆枣来，继续数狮子，可数了整整一天，自己枣筐都见了底儿，还是有许多嘴里没塞着枣的石狮子。他没有办法，只能放弃了，心情低落地离开了卢沟桥。

**卢沟桥上的狮子**

看了这个故事，很多人不禁要问：卢沟桥上的石狮子真有那么多吗，怎么数也数不清？要回答这个问题，还得再看一个故事。

想当年修建卢沟桥的时候，当时的皇帝下旨三年之内必须完成，否则对施工者处以刑罚。皇帝的话就是圣旨，谁要是违背了，那可就是掉脑袋的大事啊！所以皇帝的话一出口，众多相关的大小官员便赶紧行动，到处"征兵买马"，抓捕各地的工匠、民夫，搜刮各地的钱财银两，整得老百姓们东躲西藏、苦不堪言。

工程很快就开始了。那些被抓来的工匠和民夫历尽了千辛万苦、没日没夜地拼命干，终于开采出了所需的石料，并把这些石料运到永定河边，准备修桥。两年多的时间过去了，桥总算有了个模样，众工匠和民夫都大大地松了口气，盼望着完成剩下的工，早日回家团聚。

可是，令他们想不到的是，就在即将完工的时候，又出了新的难题。

事情是这样的：当时恰逢皇帝过生日，为了给皇帝庆生，各地的官吏可谓使出了各种讨好的方法，其中有一个外国使节进贡了大象和狮子各一对，并说他们是百兽之王。皇帝第一次见到真正的大象和狮子，别提多开心了。知道他们是百兽之王后，心想："今日可是百兽之王来朝贡人中之王哪！这让朕太有面子啦！"可转念又一想，大象和狮子只有这几只，日后总会死去，如果它们死了可怎么办？突然，他想到了正在修建中的卢沟桥，何不把卢沟桥修建成狮象桥，要以后的历代子孙将狮子、大象这些兽中之王踩在脚下，以示人中之王的厉害和威严呢！好，就这么做！

谁承想，皇帝这个形成于一念之间的想法可害苦了正在修桥的工匠和民夫们。他们原以为工期马上结束了，正苦思冥想着与家人团圆。这下可好，不知道又要耽搁到什么时候才能回家了。

监督工匠和民夫干活的官吏把他们召集到了一起，并对他们说："把卢沟桥修建成狮象桥是咱们当今圣上的旨意，谁也不可以违背。至于如何修建，还需各位尽快想出办法来。若到了三年的期限还完不了工，到时候可要全部被杀头，各位的家产也要被充公。你们好自为之吧！"

其实，这官吏之所以这么说，并不是情况真的是这样，而是他另有所图。他早就打好了坏主意，眼看卢沟桥马上就要完工了，三年的期限也就要到了。到时候只要托个受皇帝恩宠的大臣向皇帝说大桥已经完工，没办法改建，再另外选个地点另修一座狮象桥也就能交差了。这样说不定最后还能再捞一笔外财呢！现在催逼工匠、民夫们，为的是赖掉他们三年的工钱，再将他们的家产都搜刮殆尽。

众工匠、民夫听了官吏的话，都非常担忧。如果三天之内想不出好的改建方法，还要挨皮鞭。不仅如此，如果不能在三年的期限内将桥修好，不光钱拿不到手，恐怕连命都得搭上。可皇帝的圣旨谁敢违背，官吏如狼似虎，平民百姓又怎么对付得了呢！他们一个个在那儿唉声叹气。

正在大伙儿无计可施之际，有一个老工匠从人群中走了出来，对大伙儿说："各位伙计可别着急，咱们一身好手艺在身，难道就想不出好法子来吗？只要我们劲往一处使，肯定能想出改建桥的方法，还能在三年工期内完工，这样我们的命、家产和工钱就都能够保住了。"说完还朝那官吏神秘地一笑。

那官吏见老头儿胸有成竹的样子，心想："我的那点儿心思全让这糟老头子看透了，我得好好想个法子对付他们！"

不一会儿，那官吏就又想到了一个点子。只见他对众工匠和民夫说："好！只要你们如期将狮象桥修建完工，不但工钱一分钱都不少，我还额外赏你们每人十两银子。可是，我有一个要求，那就是，石桥上的狮子数不能少于四百头，大象数不能少于两头。到时候如果你们完不成我的要求，别怪我不客气了！"

大伙儿听了官吏的话，都心说，这不是明显在给大家找茬嘛！一座桥上要有四百只石狮子不说，还得不少于两头大象。这地方，别说俩大象了，就是一头大象也搁不下啊！想到这里，他们都愁眉不展，一个劲朝之前说话的那个老工匠看。

只见那老工匠又站了出来。他一点儿也不着急，说："好，就这么着！大人您且等着到时候验收大桥好了！不过我们也有一个要求，那就是大人说的话一定要算数，不然我们到时候宁可拼了命，也要把这座桥拆掉，到时候您可就没办法交差啦！为了保证起见，请大人和大伙儿立个字据。"

那官吏听了心想，这么短的时间内，谅你们也想不出什么好法子，于是就命人拿来笔墨，说："好！咱们立字为据。到时候谁也不能反悔！"当下立了字据。

立完字据后，大伙儿赶紧开始干活，他们在老工匠的指导下，在每个桥栏柱上都刻了石狮子。可是一段时间过去了，每个柱上都刻了也总共不过两三百个，离四百的数目还远着呢！这可怎么办呢？大伙都非常着急。这时老工匠说："大伙儿只管听我的指示干活，在桥头两端各刻两头大象。石狮子的事到时候我自有应对的计策。"

大伙儿听了又有新的难题了，刻大象倒不难，可大象究竟刻多大才合适呢？小了吧不好看，大了吧没地儿，到时候桥头高出桥身了又不像个桥样儿了。

这时候，老工匠在地上画了一个图，把大伙儿都逗乐了。原来画的是头跪在地上的大象，鼻子正好顶着桥头一端，这下子不但大象变矮了，桥头和大象连在一起，好看不说，桥又结实了不少。大伙儿都连连称赞老工匠聪明，并依着他的图开始刻起来。

三年的期限很快到了。最后一天上，那官吏便领着几百个随从来验收大桥。其实他带这么多人来是有目的的，目的就是找大桥的茬儿。

可是，他一见着大桥的样儿，惊呆了，心里不禁暗暗称奇叫好。可一想到这么多人的工钱还要按期发放，心里就非常不舍。于是他马上吩咐众随从仔细查看，四处找毛病。众随从转过来转过去，也没有挑出一个毛病来。那官吏不死心，就说："给我查查石狮子的数目够不够四百。"

听了官吏的话，众工匠和民夫都吓呆了，他们施工的时候就只刻了两三百只狮子，本就不够数啊，这可怎么办啊！只有那老工匠一点不着急，他对那官吏说："每根柱子上都有一只狮子，请大人您派人查点吧。"

那官吏见众工匠和民夫变了脸色，便知道石狮子的数目肯定是不够数了，心里别提多高兴了，马上让众随从查数。随从们一听老工匠说每根柱子上都有一只狮子，心想这就好数了，便头也不抬地数着柱子。那老工匠呢？只见他手持个铁锤跟在随从们的后面，随丛数一根，他就用锤子在狮子身上敲打两下。当官的看着也不理睬他，心说，你这一两锤也打不坏桥，等数完数我就头一个先斩杀了你。

不一会儿，随从们便数完了。他们兴高采烈地向官吏报告说："石狮子不够数，才有两百八十个。"官吏听了，非常开心，他大手一挥，吩咐随从们将众工匠和民夫就地斩首。只见随从们呼啦啦一下子把大伙儿都围了起来。

这时候，老工匠又站出来说话了："大人您请慢，你们还没有数完狮子，怎么就要杀人？"

众人都愣了。老工匠接着说："我刚才说的是每根柱子上都有一只狮子，可狮子身上还有狮子呢，你们光数桥柱怎么知道一共有多少狮子啊？"

官吏听了一下子火了，呵斥道："赶紧给我再去数一遍，看我待会儿不和你们好好算账！"随从们赶紧又去数了，可是难题出来了！只见他们忙得团团转，数到日头偏西，也没数清到底有多少只狮子。

原来，老工匠刚才那么敲打几下，大狮子身上就又出来许多小狮子，爬的滚的、躺的卧的、撒欢的吃奶的，根本就没法数，太多啦。

随从们实在无计可施，只得向官吏报告说狮子太多了，根本数不清，但绝对不少于四百只。那官吏听了，又气又急，只得留下工钱、赏银，灰溜溜地走了。

那位老工匠呢？当大家待官吏走后，一起欢呼时，却怎么都找不着他的影子了。大伙儿都说他是工匠们的祖师爷鲁班，特意显灵来搭救后代徒孙来的，从此卢沟桥上就有了一个"石狮子数也数不清"的说法。

可是，卢沟桥上的石狮子真的数不清吗？

1962 年，北京文物工作队在一次调查研究中，专门对卢沟桥的石狮子做了一次清点工作，并将它们逐个编号登记，清点出大小石狮子四百八十五只。本以为就此算彻底数清楚了，谁知，在 1979 年的复查中，又发现另外还有十七只，这样，大小石狮子的总数应为五百零二只。可是对这个答案，相关的专家学者还是不敢断言它就是最终的数目。今后还会不会另外发现一些石狮子，有待再一次的清点。

## 颐和园铜牛的传说

凡是去颐和园旅游的人，都不想错过这样一个景点，它坐落在颐和园昆明湖的东堤，十七孔桥的东侧，蜷卧在雕有波浪的青石座上，是一只栩栩如生、体态优美的镀金铜牛。在无数个日日夜夜里，它一直都静卧在那里，恬静、优雅，守护着颐和园的山山水水。

铜牛是颐和园昆明湖东岸边一道独特的人文景观和艺术珍品，它神态自若、造型逼真，反映了我国当时的铸造艺术水平，是我国现存最大的古代镀金铜牛。据史料记载，这只铜牛铸造于清朝乾隆二十年（1755 年），铸造精良、形象逼真，为了阐述建造铜牛的意义，乾隆皇帝特意撰写了一首四言的铭文《金牛铭》，用篆字书体镌刻在铜牛的腹背上。《金牛铭》上写道："金写神牛，用镇悠永。……敬兹降祥，乾隆乙亥。"

乾隆皇帝之所以把它安置在昆明湖的东堤，目的就是希望它能长久地降服洪水，给颐和园及附近百姓带来幸福和安康。除了人们所赋予它的含义之外，它还能起到考察昆明湖水位的作用。据专家考证，昆明湖的东堤比故宫的地基高约十米。以前，每当北京遭遇多雨季节，昆明湖一带便会发生水灾，殃及故宫和附近的老百姓。为了防止这种情况发生，乾隆下令在此设置铜牛，观察湖水水位线，随时知道水位比皇宫的城墙高多少，以便加强防护，免遭洪灾。

以上事实都是有史料记载的，可以帮助我们了解真实的颐和园铜牛。其实，除了史料记载，民间还有很多关于颐和园铜牛的传说，表达了老百姓美丽的愿望。其中最著名的一个传说是铜牛是天上牛郎的象征。

相传，乾隆帝在日常生活中经常自喻为天上的玉皇大帝，把昆明湖喻为天河。有一天，乾隆望着昆明湖心想，在天河两侧必有牛郎和织女，如今昆明湖东堤岸边已经设置了"牛郎"（铜牛），那么是不是应该有个织女与其相呼应呢？于是乾隆又命人在昆明

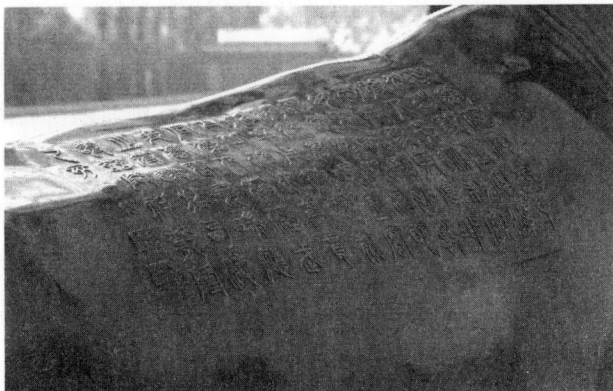

**铜牛背上刻字**

湖的西侧安置了一块刻有"织耕图"三字和乾隆御笔方印的汉白玉石碑，作为"织女"与"牛郎"遥遥相望。后来在1860和1900年，因晚清政府腐败无能，颐和园遭受帝国主义列强两次侵袭，很多珍贵文物因此被毁，其中就有这个"织耕图"石碑。很多年后，人们在昆明湖西墙外一个菜园里发现了"织耕图"石碑的踪迹。

其实，不仅乾隆帝喜欢把自己比作玉皇大帝，晚清慈禧太后也有类似的爱好，她喜欢把自己比作天上国母王母娘娘。因此，在扩建颐和园时，她曾经传下一道密旨，要将颐和园修成"天上人间"：佛香阁象征天宫，昆明湖象征天河，八方亭和龙王庙一带便是人间了。既然有天宫天河，那当然要有牛郎织女了。她见昆明湖东堤已经安置了铜牛（牛郎），所以又在石舫的一侧建起了织女亭。铜牛的身子朝东，头扭向西北，正好冲着织女亭，以昆明湖（天河）为界，便暗合了牛郎和织女美丽动人的故事传说。

## 颐和园十七孔桥的美丽传说

去颐和园游览，有一个景点是不得不去的，那就是十七孔桥。十七孔桥始建于清朝乾隆年间，是颐和园内最大的桥，由17个桥孔组成，长150米，飞跨于东堤和南湖岛，由于桥孔大小不一，所以桥面有一定的坡度，像一张弓。十七孔桥像天空中七彩的长虹飞架在碧波万顷的昆明湖上，又像神话中的鼍龙状如半月浮游在平滑似镜的水中。

走在十七孔桥上，很多人不禁会问，它为什么是十七个桥孔呢，它为什么叫作十七孔桥呢？有什么说法吗？难道以桥孔的数目命名，就只是为了告诉人们此桥有十七孔这么简单吗？

当然并非如此。十七以"九"中分，即从桥东西两端算起，第九孔是中央的大桥孔。而按照古时候的礼制文化，"9"被称为极阳数，是过去封建帝王最喜欢的吉利数字，象征天、天子或帝王，常常被应用于礼制及皇家建筑之中。例如在故宫内就有9级台阶、9环石砖、9只角兽等；而中央则是最尊贵的方位，属于帝王的位置，《荀子》中的话就印证了这一点："故王者必居天下之中，礼也。"颐和园作为封建帝王自家的园林，是供皇帝与后宫佳丽游玩的地方，将桥的中央桥孔设计为第9孔，将桥建成17个孔，意思很明显，就是想表明桥的尊贵和皇家的威严。

其实，不仅十七孔桥的名称来历有说头，在修建这座桥的时候，还发生过一个有意思的故事呢！

据说，当年乾隆皇帝为了修建十七孔桥，请来了全国各地的能工巧匠，这些能工巧匠用他们的勤劳和智慧，从房山的大石窝里一斧一凿地开采出了一块块洁白的汉白玉，并历尽千辛万苦将这些汉白玉运到修桥工地。

一天，工匠们正在工地上干活，突然来了一个满头银发、衣衫褴褛的老者，只听他一声声叫卖："谁买龙门石！谁买龙门石啊……"工匠们看他那肮脏劲儿，认为他是个疯子，都没有搭理他。老者就这样在工地上吆喝了三天，还是没人理他。

无奈老者只得离开了工地，往东走到六郎庄一棵大槐树底下就停下了。从此他夜里就睡在树底下，每天起早贪黑地用铁锤凿那块龙门石。日子就这样一天天过去了。

突然有一天，天上下起了大暴雨。老者的眼睛被暴雨打得根本睁不开，于是他停下手中的铁锤，双手抱头，蹲在树底下避雨。就在这个时候，村西住的老王从这里经过，看见老者那副可怜的样子，非常不忍，便邀请老者来自己家住。

十七孔桥远眺

谁知老者这一住上就不走了，在老王家有吃有喝的好不舒服，他一下子住了一年，当然这一年中他也没闲着，那就是整日地继续埋头凿那块龙门石。老王是个比较善良的人，对老者的长住也没有说什么。

一天，老者突然对老王说："从今以后我就不在您这住了，这一年里，我的吃喝你一点都没有短我，你的恩情我实在无以回报，我也没什么可报答的，就把刚凿好的这块龙门石送给你吧！"

老王看了看老者手中的那块龙门石，对他说："你也别说什么报答不报答的话了，大家都不容易，这块石头倾注了你很多的心血，我无论如何也不能收。况且我留着这块石头也没用，你还是拿走吧！"

老者："你别看我这块石头很普通，真要到节骨眼上，花一百两银子还买不到呢！"说完，把石头王老王家门口一放，就离开了。

一年的时间过去了，十七孔桥的修建工程也快完工了。乾隆帝为了表示自己对该桥的重视，准备来这里参加"贺龙门"仪式。

眼看"贺龙门"的日子马上就要到了，可桥顶正中间最后那块石头却怎么都也凿不好、砌不上。这可急坏了负责该项工程的官吏。这时，有工匠想起了那个卖龙门石的疯癫老者，就对这官吏说："大人您何不去找找那疯癫的老头儿，说不定能有什么帮助呢！"

官吏也没有别的办法，只好派人四处打听老者的下落。后来总算打听到那个老者曾经在六郎庄老王家住过，官吏就亲自来到老王家。刚进家他一眼就看到窗底下那块龙门石，就蹲下来量了量尺寸，结果是长短薄厚一分不差，就好像专为修桥而凿的一样。

官吏别提多高兴了，对老王说："你这龙门石真是天上的仙人专为修桥凿的，可大大地帮了我的忙哪！你说个数吧，多少银子我都给！"

老王这人非常实诚，就说："我也不要那么多银子，这样吧，那老者在我家吃住了一年，你就给我他一年的吃住费用吧！"

官吏听了，给了老王一百两银子，派人把龙门石搬走砌在了十七孔桥上，那可是一点也不偏一点也不斜，刚刚好，龙门终于合上了！

完工后，众工匠都大大地松了一口气，这桥修得可不容易哪！如果没有那块龙门石，皇帝一旦发怒，我们的小命可都没了哇！就在这时候，有一个工匠突然醒悟过来，对大家说："工匠师傅们你们都明白了吗？帮我们凿这块龙门石的那个老者肯定是鲁班爷爷下凡，来帮咱们修桥来啦！"此这以后，鲁班爷爷帮助修建十七孔桥的故事，就流传开了。

## 颐和园佛香阁的来源传说

在颐和园的众多建筑中，佛香阁是其中比较重要的一个，是颐和园的主体建筑，为全颐和园建筑布局的中心，位于万寿山前山高21米的方形台基上。佛香阁高40米，8面3层4重檐，阁内有8根巨大铁梨木擎天柱，结构相当复杂，是一座十分宏伟的塔式宗教建筑。

佛香阁的历史十分久远，据史载，其始建于清朝乾隆年间。当时，乾隆帝想修建一座九层高的宝塔，他把地址选在了如今佛香阁所在的地方。可是，当建筑施工到第八层的时候，乾隆帝突然改变主意，下旨停止修建，而改建一座阁楼，由此诞生了佛香阁。

后来的佛香阁经历了被摧毁和被重建的过程。鸦片战争期间，佛香阁被英法联军摧毁。后来到了光绪年间，光绪帝下旨重建佛香阁，并在里面供奉一些佛像，这才有了我们今天所见的这座宏伟建筑。每年特别的日子，慈禧太后都会专门出宫来这座阁楼烧香拜佛。

当年乾隆帝原本下旨修建九层宝塔，并且已经建到了第八层，却为何会突然下旨停止施工，改建阁楼呢？难道其中有什么难言之隐？

关于其中的缘由，各种说法都有。

有的说为了避免塔影的重叠。因为在京西一带，本来就建有很多宝塔，如果再建一个那么高的宝塔的话，难免会出现塔影重叠的现象，所以为了避免这种现象的发生，乾隆帝才又下旨拆塔建阁的。对于这个说法，很多人质疑，说乾隆帝之前决定在那里修建九层宝塔，事前必然做好了充分的调查和研究，不会在即将完工的时候，突然改变主意，所以这种说法有待商榷。

**佛香阁**

　　有的说是打着为母亲做寿的名义而完善皇家建筑。具体是指当年乾隆帝之所以修建宝塔，名义上是为了给母亲做寿，而实际上是打着为母亲做寿的名义，想把三山五园连成一体，使宝塔成为联系东西皇家园林的主体建筑。可是在建到第八层的时候，他突然发现，这个塔和他原来的想象有点落差，并不十分相符，所以将宝塔拆除，改建成了佛香阁。针对这一说法，很多人也持有异议，觉得无据可依，纯属猜测。

　　其中比较权威、可信的是第三种说法：

　　据说，当年乾隆帝觉得这里的风水比较好，便想在这里建个九层高的宝塔。可是在施工之前，有个大臣觐见说，这里的风水虽然不错，但是在万寿山的下面，却有一座古墓，是明朝某个王妃的，还是不要动这个地方比较好。

　　可是乾隆帝却不这么认为。他觉着自己乃是大清朝的一国之君，岂能怕小小一个明朝的王妃？况且，明朝的事儿早已经是多少年前的事啦，怕了只是自己吓自己。于是宝塔的修建照原计划进行。

　　接到乾隆帝的旨意后，负责修建宝塔的大臣便慌忙着手安排修建事宜了。时间过得很快，很快修建了八层。可是就在修建第九层的时候，却出了意想不到的事儿。

原来，工人们正准备修建第九层时，突然感觉到地基不稳，楼层晃动。工人们赶紧查看，突然在地基周围发现了一座墓的石门，只见石门上赫然刻着八个字：你不动我，我不动你。

乾隆帝听了大臣的报告后，非常惊讶，他赶紧亲自去看，果然看到了古墓和那八个大字。难道真的冥冥之中这个王妃知道自己要来挖她的墓吗？

如此看来，这个前朝王妃在生前也不是一盏省油的灯，还是少招惹她为妙，省得给自己惹来什么麻烦。于是乾隆帝赶紧下令停止修建九层宝塔，而让人把土重新填到原来那个地方，在万寿山上盖了一个阁楼，希望利用这个阁楼将那个明朝王妃的魂魄镇压住。这个阁楼，就是我们这里所说的佛香阁。

## 颐和园乐寿堂真的闹过鬼吗

在颐和园内，有一座专为慈禧太后而设的寝宫，也是颐和园居住生活区中的主建筑，它就是乐寿堂。乐寿堂面临昆明湖，背倚万寿山，东达仁寿殿，西接长廊，是园内位置最好的居住和游乐的地方。堂前有慈禧太后乘船的码头，"乐寿堂"黑底金字横匾为光绪皇帝手书。

乐寿堂并不全建于慈禧太后时期，而是在乾隆十五年（1750年）时期的清漪园建筑的基础上建立起来的。当时的清漪园是乾隆皇帝为了庆祝母亲孝圣宪皇太后的六十岁寿诞而建立的，由原来的瓮山和西湖加以改造。所谓的瓮山就是现在的万寿山，而西湖则是现在的昆明湖。嘉庆七年（1802年）修葺，咸丰十年（1860年）被毁，光绪十七年（1891年）重修。

乐寿堂虽然是慈禧太后在颐和园的寝宫，但并非一片安乐祥和之地。当时的很多年轻太监和宫女，每逢来到乐寿堂都汗毛直立、心惊肉跳，这到底是因为什么呢？原来那乐寿堂里面经常闹鬼。

据说，在一年的秋天，颐和园内新来了一位小太监小六儿。这位小太监祖籍河间府，因当年家乡发大水，引发了灾情，导致当地民不聊生，遂来到京城投奔堂叔也是颐和园内的老太监张权。

来到京城后，张权就为那小太监净了身，并向总管太监李莲英求情，好不容易才得到李莲英的允许，住进了园子里。

这小六儿长得非常漂亮，人又聪明伶俐，很多老太监都很喜欢他，但因为进宫仓促，没来得及正经八百地演习宫中的礼节规矩，也没来得及起名字，所以大家都还叫他小六儿。

李莲英之所以答应让小六儿进园子当太监，原本想着张权在事成后会孝敬他一大笔银子，可是张权老家太穷了，又赶上闹水灾，这些年的积蓄全部都寄到老家救命去了，哪里还有其他的银两来孝敬李莲英哪！李莲英给他办成了事却没得到好处，于是心里就恨上了张权和小六儿爷儿俩。

小六儿进园子时间短，又年龄小，没一个月便生病了，染上了痢疾，整日上吐下泻不止。张权非常着急，赶紧到乐寿堂找李莲英想办法。李莲英本就恨他们爷儿俩，怎么会真心帮助他们呢！他只是假装着急地跟着张权到小六儿房中一瞧，看这太监病得的确很重，表面上虽然心疼，但心里面却乐开了花："哼，不知好歹的东西，谁让你们爷儿俩不懂得孝敬本大爷，本大爷可不是什么省油的灯，你们就等着尝尝我的厉害吧！"

乐寿堂

　　小六儿一连病了好几天。这几天里他几乎什么都没吃下去，到第四天的夜里，李莲英才慢悠悠地派来一名小太监送来了几颗霍香正气丸。

　　小六儿接过药丸一看，见药丸的表面已经发了霉，想必早已经过了存放期限了，便随口嘟囔了一句："这药丸早发霉了，这烂东西我可不吃。"不想，当时李莲英正从小六儿的屋前经过，把他的话听了个清清楚楚。

　　李莲英非常生气，他马上派人将病中的小六儿押到乐寿堂前。可怜这小六儿，小小年纪，又刚进园子还不懂得里面的规矩，跪不会跪，站不会站，再加上李莲英在旁边一个劲地说他的不是，惹得慈禧太后大怒，令人将小六儿"杖刑八十"。

　　这些掌刑太监平时都看李莲英的眼色行事，巴不得能有一个机会向他讨好呢，看李莲英对小六儿非常愤恨，便使出了吃奶的力气，将小六儿按倒暴打。小六儿小小年纪，再加上正在生病，身子非常虚弱，怎能经得住这般严刑拷打！刚开始的时候，小六儿还拼命地求饶，后来看求饶无望，便不管三七二十一破口大骂，诅咒李莲英和慈禧太后不得好死。这还了得，慈禧太后勃然大怒，下令对小六儿一顿猛打，不一会儿小六儿就魂归西天了。

　　慈禧太后那几天本就身体不好，再加上亲眼看到太监们对小六儿用刑将他打死，这孩子被打的时候连哭带骂，骂她不得好死，这让慈禧太后非常后怕，出了一身冷汗，赶紧回到暖阁里躺下休息。

　　正闭目养神间，慈禧太后仿佛看见满身鲜血、面目狰狞的小六儿向她扑来，跟她索命，吓得她大叫一声，昏了过去，从此一病不起。

　　可是慈禧太后得的毕竟是心病，任凭什么药都调理不好。每天晚上只要一闭上眼睛，她就看到满身是血的小六儿向她扑来。为此，李莲英加紧防卫，伺候得格外仔细，但慈禧太后的病却一点没见好，反而更重了。

　　这期间，胆小的宫女们也开始害怕了。她们整日提心吊胆，一听见周围有什么声响，看见什么朦胧的黑影，就说是小六儿的魂魄来了……乐寿堂闹鬼的事儿很快便传遍了宫里宫外，搞得整个颐和园乌烟瘴气，谁也不敢在里面待着了，最后慈禧太后一行只得搬回了皇宫。从此以后，再没有人敢住进乐寿堂了，乐寿堂闹鬼的事儿也就越传越邪乎了。

## 天坛九龙柏的传说

曾有一篇报道说，美国前国务卿基辛格在参观北京天坛时曾经说过这样的话："天坛的建筑很美，我们可以学你们照样修一个。但这里美丽的古柏，我们就毫无办法得到了。"天坛，不仅因世界上现存最大的祭天建筑群而闻名中外，它也是北京地区面积最大的"古柏林海"，拥有形态各异、历史悠久的古柏群。

说起天坛内古柏的数目，令人咋舌，有 3600 多棵，其中大多种植于明代，距今有 500 多年的历史。这里为何种植那么多的柏树呢？

原来，在古时候，人们都视古柏为"神柏"，柏树也因其常青长寿、木质芳香、经久不朽，故为吉祥昌瑞之树。而历代帝王更是喜欢在皇家坛庙或者陵墓地带种植各种柏树，以示"江山永固，万代千秋"之意。天坛就是这样一个皇家坛庙。在天坛，不仅柏树的数量非常多，名柏也有很多，如槐柏合抱、迎客柏、问天柏、莲花柏、卧龙柏等，其中比较有名的是九龙柏。

九龙柏，又被称为"九龙迎圣"，生长在天坛皇穹宇西北侧，种植于明代永乐十八年，至今已度过了 580 年的历史春秋。它的树干挺拔粗壮，形象奇特，树干表面遍布纵向沟壑，并随着主干的升高扭曲上升，状如九条蟠龙盘旋腾飞。

据说像九龙柏这样干纹奇特的古柏，世界上只有此处一棵，真可谓"世界奇柏"。很多人可能会好奇，这棵树为何会长成这样独特的形状呢，据林

天坛公园内种了许多柏树

学家考证，可能是因表皮细胞分裂不均造成的。

以上原因是从科学分析的角度得出的，其实关于九龙柏及其名称来历，还有一个有意思的传说故事呢。读了这个故事，相信您对九龙柏会有个更加深刻的了解。

相传在清朝时期，乾隆皇帝有一次来天坛祭祀，仪式结束后，他感到很累，便在皇穹宇围墙下稍作休息。就在这个时候，乾隆皇帝的耳边突然传来一种非常奇怪的声音。乾隆帝循声找去，发现在围墙下有九条蛇，一下子钻入了泥土中。乾隆皇帝赶紧命令随从挖开那里的泥土找蛇，但怎么都找不着。就在这个时候，乾隆皇帝发现围墙外突然冒出了一棵大树，只见这棵树表面布满沟纹，犹如九条龙腾飞，感到非常惊讶，便联系刚才发现九条蛇的事，将这棵树命名为九龙柏。

## 大青不动二青摇，三青走到卢沟桥

说起老北京城的建造，很多人都会说上这么一句顺口溜，那就是："大青不动二青摇，三青走到卢沟桥。"这是怎么一回事儿呢？

要解释这句顺口溜的来源，不得不说说刘伯温建造北京城的事儿。

相传当年，刘伯温和姚广孝二人打赌画完北京城图以后，姚广孝这个人心窄气量小，一赌气就出家去当和尚了。

刘伯温向来心里细腻、足智多谋，他心想，皇帝既然将修城的重任交给了自己，自己务必要好好地完成，一定要将这个"八臂哪吒城"修建好。

可是有这么一个问题不得不面对，那就是：八臂哪吒城肯定是要修的了，可是这苦海幽州的孽龙，究竟能不能降服呢？又该拿什么来降服呢？

刘伯温为此焦虑了几天几夜。后来他从一位同仁的口中听说房山县有座上方山，在这座山上生有三块分别得道一万年、五千年、一千年的大青石，这些大青石专能降龙伏虎。刘伯温心想：哪怕把三块"神石"中的一块弄来，也定能将那孽龙给降服，压得它永世不得翻身。可问题是，神石那么重，道行又很深，怎么从房山县弄到北京城里来呢？这得好好地想想。

不说刘伯温想出了什么法子，单说那房山县上方山上的大青、二青和三青三块神石。它们弟兄三个早在刘伯温在想法子的时候就已经利用法力知道刘伯温的计谋了。

对此，大青说："我是无论如何也不会去的，在山里待着多自在，傻子才会去那个什么城里面降妖除魔呢！"二青说："大哥说的对！我也不去，想那刘伯温也动不了我！"三青说："嗨！我也不想去呀，就怕那刘伯温想出什么歪主意把咱们弄走哇！"大青听了三弟的话，愤愤地说："哼！等那刘伯温来了咱们再从长计议！"

刘伯温可是个神算子，聪明无比，他很快就想好了两个法子，那就是"先礼后兵"。第一个法子是预备香花神礼，带上随从，以"礼聘"的方式请神石下山；第二个法子是袖子里的计谋，他早搬来了许多天兵天将，把他们藏在了自己的袖子缝里，为的就是吓吓三位神石，让他们乖乖就范。

刘伯温想好法子后，便急急部署实施。一天，他带上随从们上路了，一路浩浩荡荡直奔上方山而去。刘伯温虽然是大军师，平时在部下的面前威风无比，可是为了请这三位神石，他把平常的大军师威风收起来了，恭恭敬敬地来到了三块神石的面前，摆好了香花神礼，恭恭敬敬地说："晚生刘伯温特奉当今皇帝的旨意，来请三位神石驾临北京城，一旦大事成功，皇帝势必会封三位为镇国大将军。"

大青听了，默然不语，只是继续稳稳地躺在那里，纹丝不动。其他两位神石看大哥一动没动，便心想："大哥都没动弹，我们做小弟的也就不用动弹了，且看大哥的眼色行事。"

元·卢沟水运图

刘伯温等了一会儿，见三位神石丝毫不为所动，心想："我卑躬屈膝恭请三位，还送上了香花神礼，你们竟动也不动，太瞧不起我了，以后我如何在部下面前树立威信！哼！且让你们尝尝我大军师的厉害！"

于是，刘伯温低下头，对袖子里的天兵天将说："他们三个敬酒不吃吃罚酒，竟无视我的恭请，现在烦劳各位将这三块混账石头赶到北京城去！到时候一定重重答谢各位！"

天兵天将应了一声，就飞出了刘伯温的袖子缝，摆刀、枪、剑、戟，上前围住了三块神石，喝令三块神石速速滚向北京城。

可是大青依然岿然不动；二青被这些天兵天将的阵势吓得不得不动了一下，它摇了一摇；三青年纪最小，它害怕极了，便与二位哥哥道别，准备跟随刘伯温下山去北京城。刘伯温心想，虽然没有请动大青、二青，将三青请走也足以制服那孽龙了，就这么着吧！于是领着众随从，赶着三青，下了上方山，直奔北京城而来。

可就在刘伯温带着三青过卢沟渡口的时候，遇到了责难。

原来，在刘伯温准备去请神石来北京城的时候，卢沟渡口的龙王就接到了苦海幽州龙王之子龙公的信，他们在信中商议如何阻止神石入京。结果他二人合计出了这样一个计策，那就是：在卢沟渡口上修建一座"蝎子城"，待刘伯温赶着三青过来时，就让蝎子把三青螫在这里，阻止它入京。

商议好后，他们便赶紧着手修建"蝎子城"。他们先修好了蝎子的尾巴——卢沟桥，又接着修了蝎子的身子——卢沟桥东面的"肥城"和蝎子的眼睛、两只大前爪，它们分别是肥城东门外的两口井和两座小土山。

蝎子城刚修好，刘伯温赶着三青就走到了这里。

这时候，刘伯温的随从上前禀告他说："报告大军师，之前咱们路过这里的时候，还没有什么桥，现在这里不但修建了一座长长的石头桥，在桥东边还建了一座城，请军师爷查看查看。"

刘伯温听了随从的报告，心里也咯噔了一下，赶紧上前查看，一眼看出来这是座蝎子城，是专门为阻止三青入京而建立的。

刘伯温的心里非常紧张，但他也没有办法，便想着走一步说一步。可是又怕随从们担心，就做出一副镇定的样子对众随从说："没什么大不了的，咱们过咱们的桥。"他又赶着三青往前走，可是三青刚走到桥西边，就一步也不敢走了。刘伯温一方面暗地里叫天兵天将威胁三青继续前行，一方面温言劝三青说："神石您还是往前走吧，有老夫在没人敢动您，过了这河就是北京城了，到时候一旦事成，享不尽的荣华富贵在等着您哪！"三青无奈，只得继续往前走。

待一行人好不容易过了卢沟桥，前面就是蝎子城了。刘伯温心想：我们可千万不能穿城而过，那是蝎子的脊背，非常危险。于是他赶着三青，绕走城南。

刘伯温以为躲过蝎子的身子，三青就不至于被螫死了，可他没想到蝎子的尾巴竟然斜着甩了过来，一钩子就将三青螫得永远不能动弹了。

刘伯温看了，又急又气，半晌只悠悠地叹了一口气，说："唉，白费了一番力气！只好另找其他制服孽龙的方法了。可惜的是，如今北京城虽然不见得会闹什么水灾，可这卢沟渡口的两岸恐怕就保不住了！"

刘伯温最后只得领着众随从，无奈地走了。

肥城的南面，自从有了三青这块神石以后，当地的老百姓就有了这么一句顺口溜："大青不动二青摇，三青走到卢沟桥。"


# 八大处的金鱼池

在北京市石景山区的众多游览胜地中，位于区北部的西山八大处是其中最有名的。八大处历史悠久、风景优美、文物众多，是一座佛教寺庙园林，因隋唐以来修建的八座古刹而得名。

在八大处的八座古刹中，其中第二处有一个灵光寺，在这座灵光寺内供奉着一颗佛祖释迦牟尼的灵牙舍利，灵光寺因此名扬中外。但这里谈的不是这颗名扬中外的佛祖释迦牟尼的灵牙舍利，而是一个看起来非常普通的小小金鱼池。

金鱼池位于灵光寺的南侧，池水清澈，里面放养着数以百计的名贵金鱼，这些金鱼非常罕见，也非常大，其中最大的足有二尺余长，全身呈现金红色，在水中不停地摇动着尾巴，显得十分灵巧、可爱。

说起这些金鱼的历史，可谓十分久远了，据说从清朝的咸丰年间开始，这个池子里就有这种名贵的金鱼了，挑剔的慈禧太后也曾来这金鱼池赏鱼观景呢！

据说那是在秋天的某一天，当时的灵光寺非常美丽，处处金桂飘香。慈禧太后来这里游玩，看到漂亮的景致，心情也异常好。

走着走着，慈禧太后便走到了

灵光寺佛牙舍利塔

西院的峭壁下，只见清澈的泉水自上而下，犹如一道水帘注入了下面的金鱼池内，惹得泉水叮叮咚咚地响，就像在弹奏一首美妙的曲子。

慈禧太后本就十分喜欢听人唱曲儿，不知不觉间听得出了神。这时她低头往下看，一下就看见了在金鱼池中游泳的名贵金鱼，只见这些金鱼各个色彩斑斓、灵巧可爱，像彩锦一般在水中嬉戏玩闹，再加上金鱼池边有一些怪石和睡莲映衬，整个场景显得如梦似幻、美丽无比。

慈禧太后一下子喜欢上了这里，便对身边的太监说："想不到八大处还有这么一个所在，今儿我哪里也不去了，就在这儿看这些个鱼儿玩。"说罢命太监拿来许多鱼饵。

慈禧对池中的金鱼先是轻轻击掌然后投下饵食，只见这些鱼儿争先恐后地来抢食，把慈禧太后逗得哈哈大笑，跟随的太监宫女见太后高兴，也不觉笑起来。

就这样玩了一会儿。慈禧喂着喂着，突然发现池中有一条二尺多长的金红鲤鱼，只见它在池子里上下跳跃、摇头摆尾，像是在欢迎自己前来观赏似的。这真是条有灵性的鱼儿啊！慈禧太后心里非常喜欢，便命太监取出笔墨，为灵光寺题词，并封那条二尺长的金鲤为神鱼。

谁承想，那条金鲤倒真的通些人性，它听了慈禧太后的话，竟然游到了慈禧太后的身边，围着她转了一圈又一圈，把慈禧太后逗得别说多开心了。

这时候有个伶俐的小太监赶紧上前对慈禧太后说："老佛爷您乃一国之主，如今不仅全国的老百姓听从您的话，连世间的万物都愿意追随您呢！"慈禧太后听了小太监的话，心花怒放，当即摘下戴在自己耳朵上的一副赤金耳环，赐给了这条金鲤。她命太监把金耳环戴在那鱼腮上，再将鱼儿放回池中。只见这条金鲤腮上挂着那只金耳环，边摇头晃脑边慢慢地游向了池中。

刹那间，金鲤游过的地方金光闪闪、五彩生辉，数百条鱼儿在池中上下跳跃，把在场的太监宫女们看得眼花缭乱。大家都被这生平难见的奇观惊得目瞪口呆。

待缓过神儿后，众太监宫女当即跪在慈禧太后的面前，盛赞太后德育众生。灵光寺的和尚们听说这件奇事后，更加欣喜若狂，都视这条金鲤为神物，供为佛门之宝，千方百计加以保护。为了防止那条金鲤被盗，他们在金鱼池中供养了数十条二尺多长的金鲤，从此以后，除了灵光寺的得道高僧，谁也没办法从数十条金鲤中辨出哪条是真正的佛门之宝。

今天，金鱼池已经成为八大处的著名景点之一。很多游客来八大处游玩时，都会特意来到灵光寺观赏这个放养着神物的金鱼池。据说，曾有智者从金鱼池中看到那条戴有金耳环的神金鲤呢！

# 万善桥与飞霞女的因缘

万善桥原名双泉桥，位于北京市石景山区黑石头村的双泉寺东南百余米处。原桥始建于金代，为木桥，称双泉桥，专供金章宗来双泉寺避暑而修建的，木桥规模不大，而且低矮，沟中水大时会涨过桥面，成为漫水桥。清朝光绪年间重修，并将之改名为万善桥。

　　万善桥是一座单孔石拱桥，砖石结构，宽 3.1 米，长 18 米，高 10 余米，与一条古香道相连，将青龙山的福惠寺与天泰山的慈善寺连成一线，成为旧时京西进香的必行之路。如今，虽历经沧桑，却仍保持着古桥的风貌，桥体完整，拱券不塌陷，桥栏板外侧青石上的"万善桥"三字仍清晰可辨。1983 年，万善桥被列为石景山区重点文物保护单位。

　　在早先的时候，石景山被视为京西的风水宝地，经常组织一些香会活动，吸引了众多善男信女前来天泰山进香。尤其是在每年的三月十五到十七，因是进香和赶庙会的日子，所以来自四面八方的人聚集到这里，举行各种活动，非常热闹。

　　其实来天泰山进香的路有好几条，但大家都只喜欢走其中的一条，那就是慈善寺东路。经门头村到陈沟，再翻越南大山坡过万善桥，拜桥头接引佛，经双泉寺，便到天泰山了。万善桥可以说为善男信女们来天泰山进香提供了很多便利。

　　相传在一个深秋时节，一位名叫飞霞的女子准备翻越南大山坡前的深谷去天泰山进香朝拜。飞霞当时千里迢迢从遥远的南方来到此处，走了大半年，已经衣衫褴褛、又累又饿、伤痕累累。可是当她走到南大山坡下时，她惊呆了！眼前是一条深 10多米宽 30 多米的深谷，谷中洪水滔滔，她一个弱女子如何过呢？

　　飞霞跪拜在地，朝天膜拜说："我的名字叫飞霞，如今历尽千辛万苦走了大半年的路才走到这里，如今深谷挡住了我，我实在无法前行。可是，我又必须要赶在明天天亮之前到慈善寺进香，这样才可以救我丈夫的命。救苦救难的观世音菩萨，您发发慈悲，给我指一条到

**万善桥**

天泰山的近路吧！如果能在明天天亮前进了香、救了我丈夫，我宁愿从此出家，生生世世敬拜您老人家！"

飞霞说完就闭目朝天跪拜。在她第一拜时，远处传来了隆隆的滚石声，她没有睁眼，因为她之前听人说过，在祈求菩萨时一定要闭目静心。在她第二拜时，她觉得有一股冲力将自己推后几米，她一下子倒在了地上，后背袭来钻心的疼痛，脸上淌着热乎乎的鲜血，但她依然没有睁眼。在她第三拜时，她感觉自己磕头的地方已经由土地变成了石地。磕完三个头后，飞霞站了起来，慢慢地将眼睛睁开，她一下子被眼前的景象惊呆了：深谷上面竟然架起了一座彩虹般的长石桥。

只见这座桥全部由石头砌成，坚固无比。在月光的照耀下，桥身的石头发出了夺目的光环，将整个深谷照得异常灿烂。

飞霞慢慢地走在桥上，看到在桥的南面外侧桥栏正中镶嵌着一块长方形的汉白玉石额，上面刻有三个金光闪闪的大字：万善桥。飞霞赶紧过了桥，沿着山路继续前行，没多久便走到了天泰山。终于赶在了第二天天亮前烧了香、拜了佛。然后，她又从原路回到了万善桥。

刚走到离桥几米处的北大山坡下，天上便下起了大雨，飞霞停了下来，坐在一块石头上，一动不动。天上的雨更大了，可飞霞还是纹丝不动，只见她盘腿而坐，神情宁静、安详、坦然。

几天后，路过此处的人们都为这里建了一座桥而高兴，可过了桥，他们发现了一个更奇妙的场景，那就是在桥北头的石台上竟然坐着一个形态端庄的女子，只见她身体如玉、挺坐安然。

石台上坐有一女子的消息很快便传开来，有好心人在飞霞坐的石台上方修建了一个石拱，从此以后，就把桥头的飞霞叫成了接引佛，并在佛旁边种了两棵松树。

如今的人们经过那里，会看到有两棵合抱粗的古柏，对称着生长，据说是飞霞的丈夫在知道妻子的事情后来这里陪伴她、照顾她。

# 第四章

# 老北京城门牌楼故事

# 老北京的城门有哪些

北京作为京城，自金代建都，经元、明、清、民国直至现代，有近千年的历史。如今的基本格局形成于明代，江山易主，清承明制，并没有多么大的变动，只是城门的名称有所改动。整个北京城的城门主要由四个部分组成，即宫城城门、皇城城门、内城城门和外城城门等。

## 1. 宫城城门

宫城又称紫禁城，周长3000米，城墙高7.9米，内外砖砌，外围护城河，四隅角楼，巍然高耸。清依旧制，在四周各开了一门，南为午门，北为神武门，东为东华门，西为西华门。

午门：午门是紫禁城的正门，位于紫禁城南北轴线。此门居中向阳，位当子午，所以被称为午门。午门始建于明朝永乐十八年（1420年），清朝顺治四年（1647年）重修，清朝嘉庆六年（1801年）再修。

东华门是宫城城门

神武门：神武门是紫禁城的北门，建于明永乐十八年（1420 年），在明朝的时候被称为玄武门。所谓玄武，是古代四神兽之一，包括左青龙、右白虎、前朱雀、后玄武。玄武主北方，所以帝王宫殿的北宫门多取名"玄武"。清康熙年间重修时，因避康熙帝玄烨名讳改称神武门。

东华门：东华门是紫禁城东门，始建于明永乐十八年（1420 年）。

西华门：西华门是紫禁城西门，始建于明永乐十八年（1420 年）。清朝末期，八国联军攻打京城，慈禧太后、光绪皇帝一行即由西华门离宫，仓皇西逃。

### 2. 皇城城门

皇城是保护紫禁城（宫城）的外围城墙，始建于明永乐十五年（1417 年），包围紫禁城、西苑（三海）、镇山、祖庙、社稷坛。周长约 18 里，有 7 座城门。南面开大明门（清改大清门、民国改中华门、1976 年修建毛主席纪念堂）、承天门（清改天安门）、长安左门（龙门）、长安右门（虎门）；北面开北安门（清改地安门）；东面开东安门；西面开西安门。目前主要为天安门、地安门、东安门、西安门。

天安门：天安门始建于明永乐十五年（1417 年），最初名叫"承天门"，寓意"承天启运""受命于天"，是紫禁城的正门。当年的承天门非常普通，只是一座三层楼式的木牌楼。此楼于 1451 年毁于大火，1465 年予以重建，明末时又毁于兵火，直到清顺治八年（1651 年）重修，才大体成为今天的样式，并改名为"天安门"。

地安门：地安门是北京中轴线上的重要标志性建筑之一，是皇城的北门。和天安门南北互相对应，寓意天地平安、风调雨顺。

东安门：清朝北京皇城的东门，位于今南、北河沿大街东侧，与东华门大街交汇处。门内（西）为跨玉河之石拱桥，因官员们上朝陛见，皆由东安门进宫，所以俗称此桥为望恩桥或皇恩桥。

西安门：位于西城区中部，建于明永乐十五年（1417 年），没有城台，民国时拆除两侧城墙。1950 年毁于火，有楠木模型尚存。原城门周围有北京水准原点旧址、西什库教堂、礼王府等文物古迹。

### 3. 内城城门

明嘉靖以前,北京还没有"内城"的说法,嘉靖年间修建了外城,于是出现内城、外城之别。内城是明初在元大都城垣基础上改建和扩建的,城周长40里,开9座城门。分别是东边儿的东直门、朝阳门;西边儿的西直门和阜成门;北边儿的德胜门、安定门;南边儿的崇文门、正阳门(前门)和宣武门。

正阳门:正阳门位于北京内城南垣正中,为北京内城正门。元代、明初被称为"丽正门",后于正统元年(1436年)改名为"正阳门"。城楼面阔七间,进深三间,一层周匝出廊,二层挑出钩栏平座,三层滴水重檐歇山顶,布灰瓦绿色琉璃剪边。城楼与城台通高40.96米,气势恢宏。

崇文门:原是元大都的十一个城门之一,当时被称为文明门,是南城三个门中最东的一个。明朝改建北京城,将十一门改为九门;文明门的位置虽然未动,但改名为崇文门。清朝沿用此名,直到今天。

宣武门:宣武门位于西城区南部。明、清时是京师内城九门之一,后演化为地片名,泛指宣武门东、西大街,宣武门内、外大街附近。建于明代,初称顺承门,正统四年(1439年)改称宣武。

阜成门:位于西城区中部。元代为大都城平则门所在地,明、清为京师内城九门之一。后来演化为地片名,泛指阜成门附近,即阜成门南、北大街,阜成门内外大街一带。

德胜门:始建于明正统二年(1437年),明清北京城内城九门之一,是由城楼、箭楼、闸楼和瓮城等组成的群体军事防御建筑。元为健德门,为出兵征战之门。

安定门:元称安贞门。此门为出兵征战得胜而归收兵之门,京都九门中有八门瓮城内建筑关帝庙,唯安定门内建真武庙,在诸门中独具一格。

朝阳门:元称齐化门,是漕粮出入的城门,京城百姓的口粮基本均来源于此。现在的老人们仍有叫它齐化门的,有时也被讹称"奇货门"。

东直门:是位于北京城内城东垣北侧的一座城门,主要包括东直门城楼、东直门箭楼、东直门闸楼和瓮城。后演化为地片名。

西直门：是北京内城的九大古城门之一，自元朝开始就是京畿的重要通行关口，还是明清两代自玉泉山向皇宫送水的水车必经之门，因此有"水门"之称。

**4. 外城城门**

北京的外城也叫南城。据《明世宗实录》记载，北京城南"居民繁伙，无虑数十万户。又四方万国商旅货贿所集。""庚戌之变"之后，为加强北京城防，明朝嘉靖皇帝下令修建。嘉靖三十二年（1553 年）十月辛丑，南城的修筑完成，皇帝亲自给新修的几座城门正式命名："上命正阳门外门名永定，崇文门外门名左安，宣武门外门名右安，大通桥门名广渠，彰义街门名广宁。"至清道光年间，为规避道光皇帝的御讳，广宁改"广安"并沿用至今。

永定门：是老北京外城七座城门中最大的一座，也是从南部出入京城的通衢要道，始建于明嘉靖时期，共跨越了明、清两代。于 1957 年被拆除，现存城楼为 2004 年重建。

广渠门：是北京外城城墙东侧的唯一一座城门，曾称大通桥门，又称沙窝门，是老北京城门中比较简朴的一个，建于明朝嘉靖三十二年（1553 年）。广渠门城楼现在已经不复存在。

广安门：为外城唯一向西开的门，与广渠门相对。明代称广宁门，又名彰义门，清朝道光年间为避清宣宗旻宁之讳改为现名。因是各省陆路进京的必经之路，所以广安门内的彰仪门大街（即今天的广安门内大街）在清朝时非常繁华，素有"一进彰仪门，银子碰倒人"的说法。

右安：又名"南西门"，原是北京外城的七门之一，明朝嘉靖四十一年（1562 年）建成，现在已经不复存在。右安门位于西城、丰台两区交界处，现在的右安门立交桥位于南二环中部，是北京城南地区的一个重要交通枢纽。

左安门：是北京外城南侧三个城门之一，位于永定门东面，建于明嘉靖三十二年（1553 年），即北京外城建成的时间。清光绪以前，左安门一带非常繁华，店铺也较多，但慢慢萧条下来，到新中国成立前夕，已变成北京最冷落的城门之一。

东便门：东便门是北京外城东南端的一座小城门，位于北京城墙东南端角楼旁边，是北京保存下来的城门之一，主要由城楼和箭楼组成。

西便门：是北京外城西南角城门，位于北京城墙西南端角楼旁边，主要由城楼、箭楼、瓮城组成。后演化为地片名，泛指西便门外大街交会处及西便门东街与广安门北滨河路附近。

# 天安门华表的来历

凡是初次到京城的人，无论是出差还是旅游，多会到天安门前去参观。而到天安门前参观，必少不了一睹华表的风采。立于天安门城楼前的那一对汉白玉雕刻的华表，周身雕刻精致，浑圆挺拔，直冲云霄，并与雄伟美丽的天安门城楼一起，构成了一幅绝美的图画。所以不少人还专门与华表合影留念。

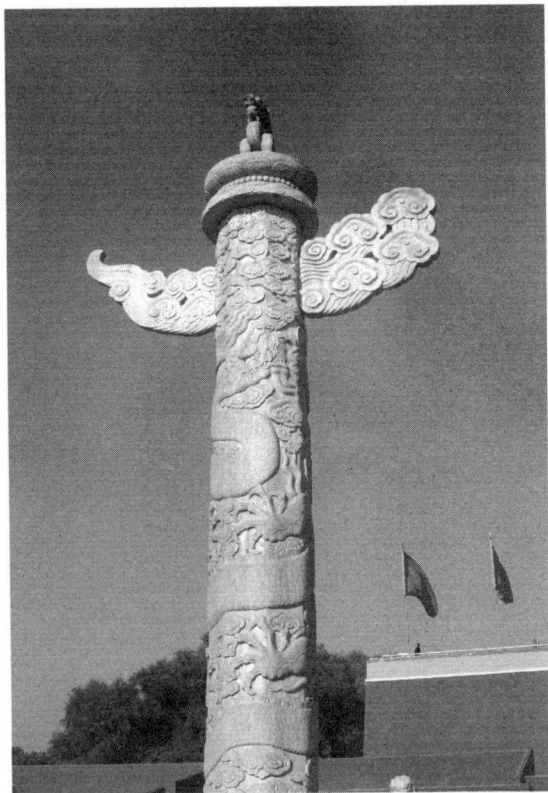

但除了见识到华表那雄伟、庄严的外表，你了解华表的历史演变吗？又知不知道天安门前的一对华表有着什么样的意义？

华表是一种巨大石柱，主要用来做古代宫殿、陵墓等大型建筑物前面的装饰物。原为木制的高柱，其顶端用横木交叉成十

**华表**

字，似花朵状，起某种标识作用，故称之为华表。相传华表既可以作为道路的标志，又有方便路人"谏言"的作用，出现于原始社会的尧舜时代。当时，人们在交通要道设立一个木柱，作为识别道路的标志，后来的邮亭、传舍也用它做标识，它的名字叫作"桓木"或"表木"，后来统称为"桓木"，因为古代的"桓"与"华"音相近，所以后世人慢慢地读成了"华表"。

除了可以做道路的标志外，华表还有一个功能，那就是让人们在上面刻写自己的意见，也因此华表又叫作"诽谤木"。根据史料记载，舜在位的时候就有这种诽谤木了。只是当时"诽谤"一词并非今天所有的含义，今天的诽谤之义是造谣污蔑，而古时候诽谤的意思是指议论是非、提意见。所以"诽谤木"就相当于今天的"意见箱"。为什么用华表来记载人们的意见呢？因为华表作为道路的标志，通常都会安置在路口，那里人来人往，容易产生各种争议和意见。在这里设置华表，有助于君王广泛地听取老百姓的心声，据以实施各项民政措施。

然而随着时间的流逝，封建君主制取代了原始社会体制，帝王们为树立自己的绝对权威，当然不允许百姓随意对封建王朝提意见了。封建君主将这流传甚广的"诽谤木"形式纳入皇家专用，将大木柱雕刻上龙、云之纹，以表示君王是龙的化身、云海上的天子，安置于皇宫或帝王陵寝之前，成为皇家建筑的一种特殊标志。

其实，关于天安门的华表，有着更富内涵的传说。天安门共有两对华表，分别立于天安门前后。如果你曾在天安门前仔细观赏过华表，你就会发现柱顶上雕刻有一个蹲着的神兽。据说这神兽名叫"犼"，是专门用来守家看户的。天安门前华表上的"犼"，兽头面向宫外，其用意是希望君王不要沉溺于山水风流而不理朝政，似乎在对外出游览的君王说："君王您赶紧回来处理朝政、治理国家吧！"因该兽有着这层意义，所以又被叫作"望君归"。而天安门里边的一对华表，其顶端同样也蹲立着一座石兽"犼"。不过这只"犼"，面向北方，朝着宫殿的方向，其用意是劝诫君王不要沉溺于后宫玩乐，要经常寻访民情。所以这只"犼"又被叫作"望君出"。这些关于华表的故事，充分地传达了老百姓希望君王勤勉、亲民的朴素感情。

## 故宫门槛为何被锯掉了

爱新觉罗·溥仪，是大清国的最后一代皇帝，关于他的传闻有很多，但"溥仪锯故宫门槛"的事儿却鲜为人知。

大家都知道，在我国，很多房屋尤其是老房子，都会在门口做个门槛，除了能够防止沙尘进房屋内之外，最主要的原因是，在老辈人的心目中，房屋的门槛能够趋吉避凶。

故宫作为一座古老的建筑，在其设计、建造过程中，参考了很多风水学说，在趋吉避凶方面做得更完美。然而，很奇怪的是，在去故宫游览时，你会发现内廷里很多宫门的门槛被锯掉了，而且那些被锯下的门槛有的被放置在大门后面的汉白玉石座上，有的还被包上了一层铜皮。这是怎么回事呢？其实，这都是溥仪干的"好事"。

原来，清朝统治结束后，溥仪也随之被迫退位。但他虽然退了位，却并没有离开家，仍然住在故宫里。在这个"小天地"里，他犹如还在位的样子，每天都有遗老遗少、大臣、太监、宫女们对他问候请安，以"万岁"相称。

然而，溥仪生活的环境虽然比较传统，可是由于他曾经受过西方文化的影响，见识过很多新鲜的事物，所以骨子里并没有安分下来。一天，他的英文老师送了他一辆自行车。溥仪对这辆自行车可谓一见钟情，没几天便能骑着它在内廷里转悠了。

有的时候，溥仪也会带上自己的皇后婉容一起玩。婉容也是一个非常灵巧的女人，很快也学会了骑车，可两人合着骑一辆自行车哪能尽兴啊，于是溥仪命人又买来几辆自行车，没想到自行车够骑了，新的问题又来了。那就是宫里的门实在是太多了，每过一道门槛都要下来，搬着车过去，这样实在太麻烦了，溥仪和婉容两个人都为此十分烦恼。

没几天，溥仪就下令锯门槛。可是刚下令，宫里就闹得翻了天。为啥呢？原来，清廷遗老们不愿意呀！他们说，锯门槛这事情太不吉利了，那样老祖宗留下的好风水就都被打破了。

　　可性格执拗的溥仪哪听得进清廷遗老们的话，他还是坚持锯掉门槛。这事很快被隆裕皇太后知道了。隆裕皇太后也非常气愤，她马上叫来了溥仪，大声地呵斥说："你真是晕了头了，那门槛是能轻易锯掉的吗？那可是咱们老祖宗留下的呀，好几百年了都没人敢动，如今虽然是民国了，但先朝的规矩不能破，大家都还指望着你能重整旗鼓、恢复大清，你却要先自毁宫门，这像什么话！"溥仪听了隆裕皇太后的话，没有说什么，但心里是一百个不乐意，只想着先等等再说。

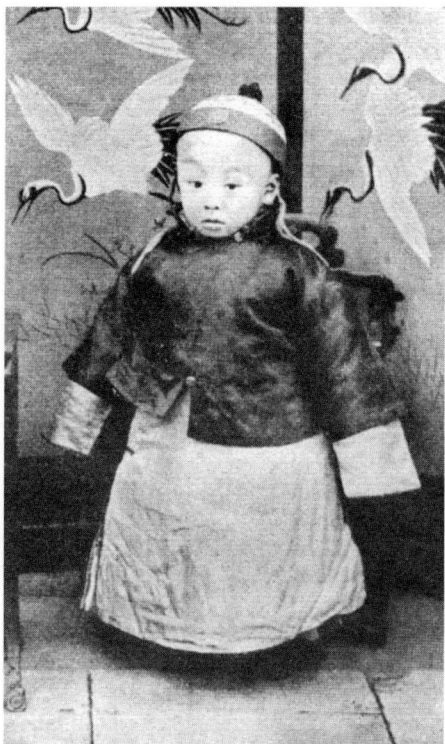

　　说来也巧，这事过去没多久，

幼年溥仪

隆裕皇太后就生病了。溥仪看隆裕皇太后病得不轻，想来也无暇管自己的事，便想来个"先斩后奏"，背着她把那些门槛锯了再说。

　　于是，他下令将门槛马上给锯掉。管事的太监知道这事躲不过去了，可又怕日后隆裕皇太后怪罪，想着能拖就拖，便跪下向溥仪请示说："万岁爷，奴才不知从何处锯起哪……"

　　溥仪心想，自己在养心殿住，常在后三宫一带骑车玩耍，把这附近的门槛锯掉就够用了，再用别的地儿时，到时候再锯。便说："就从那御花园入口处顺贞门东侧的门槛锯起，往南经集福门、过琼苑西门、长康右门，然后是西一长街的近光右门和内右门，全锯了……"

　　听了溥仪的话，管事太监实在没辙，便遵照溥仪的意思办了。他命人从御花园入口处的顺贞门东侧的门槛锯起，没几天，就把溥仪所说的那些门槛全给锯了。锯完后，他发愁了："那些个被锯掉的门槛都好好的，如果扔了就太可惜了，不如我好好安置安置。"于是他在大门后设置了一个汉白玉的石座，将锯下的门槛放在上面，有的还包上一层铜皮，以防被损坏。然而，不知道为啥，储秀宫东侧的门槛南端只锯了一半就停下来了，如今那锯口还在那呢！

将门槛锯掉后，溥仪和婉容骑车就方便多了，一路畅通无阻，心里别提多开心了。可是，纸包不住火，这事后来还是被隆裕皇太后给知道了。可木已成舟，隆裕皇太后再怎么做都无济于事了，她把溥仪找来大声呵斥了一番，这事也就过去了。

## 天安门石狮子的传说

在天安门前，金水河两岸的东西两侧，各有一对厚重敦实的守门石狮。这四只石狮雕刻精美、栩栩如生、左右成对、遥相呼应。它们双目圆睁，全神贯注地紧盯着天安门前中间的御道，如真龙天子跟前的忠实卫士。

仔细观察这石狮子，细心的人会发现，位于天安门西边、金水河北岸的那只石狮光滑的前胸上有着一道非常明显的伤痕凹坑。守候在天安门前的石狮本应被保护得很好，却为何会有这么一道伤痕呢？是当年石雕工匠工作上的失误，还是后来有人故意破坏？

其实这个伤痕与李自成有关。

明朝末年，李自成带领起义军，浩浩荡荡一路北上，攻破关口连打胜仗杀入北京城。那个时候，明朝末代皇帝崇祯帝被李自成的起义军吓得跑到了景山，在那自缢了。而那些守城的官根本抵御不了李自成的起义军，再加上皇帝都死了，他们个个无心应战，很快，李自成的大兵就打到城下了，把守广安门的太监投了降，打开城门将李自成迎了进来。

李自成进了广安门后，很快来到了正阳门，可当时把守城门的大将李国祯死活不开城门，双方打了起来，最后李国祯战败，赶紧跑了。李自成便率领着起义军闯进了正阳门，进了大明门。大老远便看到一座高大的、上书"承天之门"四个金色大字的城楼。这时，李自成的手下便指着那座城楼说那就是明朝的"承天门"（1651年承天门改名为天安门，牌楼拆除，改建成今天的样子）。李自成非常气愤，他随手举起铜胎铁背硬头弓，搭上一支铅头飞羽长啸箭，"叭嗒！"一声射将出去。但见流星飞鸿，正中"天"字！李自成大吼："我看你还叫承天！"李自成的话音没落，起义军的兵将都齐声高喊，欢呼万岁！

李自成接着带着起义军向承天门走去，看到在承天门牌楼的南北两面各有一对白玉石狮子。这两对石狮子雕刻得真好，大伙儿都啧啧称奇。就在这时候，忽然一个士兵喊了一声："王爷小心，那石狮子后面有人影！"

李自成听了，大声呵斥道："胡说八道！怎么可能有人！"原来，李自成早就看到一个石狮子后面藏着一个人，只是没有声张。说时迟那时快，李自成赶紧托枪催马，就奔东面那个石狮子扎去，只听"当"的一声，石狮子肚子上被扎了一个枪坑，火星乱爆。只见后面跑出来一条人影，跌在了地上。士兵们将那人影捉了来，正是那李国桢。原来李国桢从正阳门逃跑后，企图从崇文门逃走，不料被起义军挡回。最后走投无路才躲在一只石狮后面，不想结果还是没有逃脱。

从这个时候起，那个石狮子的胸部便有了一道枪坑，直到今天，依然如此。

# 你知道老北京城门的"称道"吗

关于老北京的城门有"里九外七皇城四"之说，这些城门各有自己的称道，非常有意思。

## 1. 城北是"安定真武"和"德胜石碣"

安定真武是安定门的标志性景观。安定门瓮城内修建的是"真武庙"，内祀真武大帝。真武大帝又称玄天上帝，民间和道教尊奉的北方玄武神。

德胜石碣是德胜门的标志性景观。乾隆四十三年（1778年），天下大旱，老百姓生活凄苦，乾隆皇帝去明陵祈福，待走到德胜门的时候，天降大雪，将旱灾消除，乾隆帝非常高兴，便作御诗立石碑一通，故有"德胜石碣"之称。

## 2. 城南有"宣武水平""正阳石马"和"崇文铁龟"

宣武水平是宣武门的标志性景观。据说在宣武门的瓮城内原有砖砌的"五火神台"。这个地方是个低洼地，多雨的季节，城内的水多从这里经过流出城外。时间长了，看城门的士兵便以此砖台为记，以水淹砖台的位置判断城内积水的状况，然后再决定是否开城门往外流水，这个方法非常管用，因此就有了"宣武水平"的称号。

正阳石马是正阳门的标志性景观。在正阳门的箭楼与五牌楼之间的河道上有一个石马，它长约 2 米，高 1 米多。据说，北京城的子午线（中轴线）之中的"午"，说的就是它。午，乃十二属相中属马之谓也。

崇文铁龟是崇文门的标志性景观。铁龟在崇文门外东北，造型古朴独特，据说护城河下有海眼，以龟相镇，以保平安。

**重建的永定门**

### 3. 城东侧是"朝阳谷穗"和"东直铁塔"

朝阳谷穗是朝阳门的标志性景观。朝阳门为京城重要的运粮进京之门，故在"瓮城"门洞内的左侧墙上，镌刻有谷穗一束，象征此门为进京粮道。

东直铁塔是东直门的标志性景观，是指东直门外下关道南有座铁塔而得名，所供之神像传说是明代惠帝朱允炆。

### 4. 城西是"西直水纹"和"阜成梅花"

西直水纹是西直门的标志性景观。西直门外玉泉山专供皇家用水，又称水门，所以水吏在城门洞置汉白玉水纹一块，可惜 1969 年拆西直门，这块水纹再也找不着了。

阜成梅花是阜成门的标志性景观。阜成门洞里刻有梅花，北京冬季用煤多用骆驼运自西山，梅与煤同音，可谓用心良苦。

### 5. 外城有"彰义金人""西便群羊""右安花畦""永定石幢""左安架松""东便游船"和"沙窝皇木"

彰义金人是广安门的标志性景观，指在城门的门楼上面有一个石刻，刻的是三个蒙古人的像，据说是金代的遗物。

西便群羊是西便门的标志性景观，因西便门外护城河旁有数十块白石，远望如羊群吃草而得名。

右安花畦是右安门的标志性景观。右安花畦赞美的是右安门外的花乡，那里春夏之季百花盛开，万紫千红，繁花似锦。

永定石幢是永定门的标志性景观，指的是永定门外有个燕墩，那里有乾隆皇帝御制石碑，刻有满汉文合写的御制皇都篇，赞美北京城的地理，左拥太行右挟大海，为咽喉要道，最适宜在这里建立首都。

左安架松是左安门的标志性景观，指在左安门外曾有几棵遒劲、盘曲的松树。这原是肃武亲王墓，墓的碑楼与东西朝房之间，有六棵松树，这些松树枝干盘曲，用架子支撑着，所以叫作"架松"。

东便游船是东便门的标志性景观。早前人们经常在通惠河上乘篷船消夏、游玩，每年端阳节前后，东便门通惠河上尤为热闹，笙歌夹岸，碧浪如鳞，画舫澜桡，衣香人影，城堞咫尺，乘舟而游，野趣盎然。因此，"东便游船"

成为东便门之游览胜景。

沙窝皇木是广渠门的标志性景观。沙窝门是广渠门又一称呼，皇木是广渠门外皇木厂，有一大金丝楠木，后在附近建光华木材厂。

随着岁月的流逝、朝代的更迭，如今很多老北京城门已经消失不见了，依附于这些城门身上的美景也随之消失，然而，在人们的心目中，这些景却长青、常在，因为它们承载着关于老北京城的很多美好的记忆。

## 你了解老北京城墙的历史吗

环绕北京的城墙最早建立于元朝，于明朝最终定型，后来在清朝和民国时期继续使用，历经了 700 余年的历史风云，见证了北京的发展和演变。

据有关史料记载，北京城墙的修建花费了众多的材料，仅用砖一项就达 4000 万块，更别说土、石、灰、木的数量了，简直多得难以统计。在明清时期，整个北京城的城墙共有四重，其中紫禁城的城墙位于最里面；由紫禁城城墙往外，是皇城城墙；接着往外数，便是内城城墙及外城城墙。

在元朝时期，城墙主要是土城墙，全部是板筑的夯土墙，周长为 60 里，墙基宽为 24 米，墙高为 8 米。后来到了明朝时期，东、西城墙在元朝土城墙的基础上包了一层砖，结实了一些。1542 年，为了防范外敌的侵扰，皇帝决定修建外城，据史料记载，在嘉靖三十二年（1553 年），给事中朱伯辰上书说，城外人口激增，应添修外城；北京城郊尚遗存有金、元城故址"周可百二十公里"，如能"增卑补薄，培缺续断，可事半而功倍"。嘉靖帝接受了修建外城的建议，自此以后，北京城有了内、外城的区分，也出现了内城城墙和外城城墙的区分。

在清朝时期，城墙并没有多大的变化，只是对个别的部分进行了改建和修缮，并没有改变基本结构。

及至民国时期，北京城墙有了很大的变化，这一很大的变化就是城墙被严重毁坏，天安门南段皇城城墙、西皇城根灵清宫一带皇城城墙、除中南海南岸经天安门至太庙以外的其余东西北三面皇城城墙被拆除，这些城

**元大都城墙遗址**

墙虽然被拆除，但整个北京城的城墙结构还是完整的。

新中国成立后，为了疏导北京城的交通，很多古老的建筑都被拆除，我国著名的建筑学家梁思成先生曾大力反对拆除古建筑，尤其是反对城墙和城楼的拆除，但他的意见并没有被采纳。当时，城墙和城楼被大规模地拆除，只剩下正阳门城楼及箭楼、内城东南角楼、德胜门箭楼被保存了下来。在1968年以前，很多城墙都还存在，但随着地铁的修建，很多城墙又被拆毁了，如今只在东南角楼的西侧还有一些断壁残垣。

## 正月十六为什么要过城门"走桥""摸钉"

在老北京春节期间的元宵节，京城"平时大门不出、二门不迈"的妇女都被允许走出家门参加元宵节的活动，除了赏花灯以外，必做的就是"走桥"和"摸钉"。"走桥"和"摸钉"的习俗盛行于明、清两朝，到民国时期还有流传，但到如今已经非常少了。

什么是"走桥"？所谓"走桥"，又被称为"走百病"，是一种消灾祈健康的活动，就是在正月十六夜里，妇女结伴行游街市，凡有桥处，相扶而过，这样就能"消百病"。据说每年走一次可以青春常在，永不衰老、永不生病。

对于"走百病"这一习俗，明代诗歌、地方志和文人笔记中均有相关描述，如明万历年间沈榜的《宛署杂记·民风一》中就曾记载："正月十六夜，妇女群游祈免灾祸，前令一人持香辟人，名曰走百病。凡有桥之所、三五相率一过，取变厄之意。"明代吏部尚书周用对这一风俗也做了非常生动的描述："都城灯市由来盛，大家小家同节令。诸姨新妇及小姑，相约梳妆走百病。俗言此夜鬼穴空，百病尽归尘土中。不然今年且多病，臂枯眼暗兼头风。踏穿街头双绣履，胜饮医方二钟水。"

人们走百病是为了身体健康，但走百病并不一定全是妇女行为。如《正德江宁县志》云："箫鼓声闻，灯火谜望，士女以类夜行，谚云走百病。"只不过是男女分别结伴行动而已，但主角是妇女。在这一天，妇女们都要穿上白绫衫，然后成群结队地手挽手、肩并肩出游，走在最前面的那个人的手里还要拿着一支香，其他的妇女都跟在她的后面，一旦遇到有桥的地方，则必须相互挽扶着过桥。桥在佛教中有"渡化"的意思，所以，过桥也就

城门上的门钉

意味着"度厄"。

"走桥"这一活动为什么在当时会这么流行呢？主要的原因是，在大家的心目中，正月十六之夜不"走桥"则不得长寿，而"走桥"者则可保一年无腰腿疼痛之患。一年四季中，妇女们都忙于家务和田地劳动，时间长了就难免会腰疼腿疼，而这种腰腿疼痛并不是通过医疗就可以消除的，因此才会积极地参加"走桥"这一活动。

在古时候，有民间俗曲曾这样唱道："元宵雪衬一灯红，走百病后摸门钉，但愿来年生贵子，不枉今番寒夜行。"妇女们"走百病"时如果来到了城门、庙门前，那些已婚但尚未怀孕的妇女还要悄悄地摸摸大门上的门钉，这一习俗被称为"摸钉"。在当时人的想法中，"钉"与"丁"同音，预示着家丁兴旺，"摸钉"可以帮助实现生个男孩的愿望，对此，《水曹清暇录》有记载："正阳门上摸铜钉，云宜男也。"

在明、清两朝，北京城的城门有很多，其中妇女们最喜欢去正阳门"摸钉"，传说正阳门秉"正阳之气"，摸了正阳门的门钉，很容易生男孩。在封建社会中，妇女们都有"母凭子贵"的思想，因此生个男孩就成了她们最大的愿望。所以，许多妇女不怕路途遥远，纷纷前往正阳门城门摸钉。

"摸钉"的风俗，在元朝的时候就已经有了，及至明清两朝时，更加流行。明人沈榜在《宛署杂记》中对此有记载："正月十六，或六月十六，妇女群游，祈免灾咎。暗中举手摸城门钉，摸中者，以为吉兆。"但随着科学的发展，如今这一具备迷信色彩的活动已经比较少见了。

如今，人们去北京城的古建筑景点旅游时，遇到高大的城门例如故宫的城门，也会热衷于"摸钉"，但并没有原有的"想生男孩"的期许了，更多的是为了祈福和觉着好玩儿。

## 为什么说大高玄殿的牌坊"无依无靠"

在北京故宫筒子河北岸，景山以西，北海以东，有一组被老百姓称为"三座门"的宏伟建筑，它就是我国现存规模最大的一座皇家御用道观——

大高玄殿。

　　大高玄殿,始建于明嘉靖二十一年(1542年),迄今已有400多年的历史,是明世宗嘉靖皇帝用来进行斋醮(道教法事)的地方。

　　历史上的嘉靖皇帝被称为"道士皇帝",他在位期间,一心痴迷于炼丹服药,20多年都不上朝。为了修道,他下旨在1542年兴建大高玄殿。据《明实录》记载,嘉靖帝听从道士陶仲文的建议,在嘉靖二十一年四月初十日"于西苑建大高玄殿,奉事上玄,至是工完,将举安神大典"。然而仅仅过了5年,大高玄殿便罹于火患,后为工部修复。万历二十八年(1600年)又经重修。

　　在北京的西苑有很多道观,属大高玄殿的地位最高、规模最大,只有它供奉着玉皇大帝和三清(玉清、上清、太清三位道教天尊)像,嘉靖帝"有祷必至",足见他对修道的痴迷。"炉香缥缈高玄殿,宫烛荧煌太乙坛。"嘉靖帝的宠臣夏言的这两句诗,清晰地描写了当年嘉靖帝和宠臣们在大高玄殿日夜斋醮的情景。

**大高玄殿旧照**

在如今老百姓的口中，经常有"大高玄殿的牌坊'无依无靠'"的说法。大高玄殿作为当时地位最高、规模最大的道观，为何它的牌坊会"无依无靠"呢？这还要从大高玄殿的建筑规制说起。

原来，在大高玄殿的最前方有三座牌楼。其中，东西牌坊在明嘉靖年间创建，南向临河的那个牌坊，始建于乾隆八年，南牌坊位于景山前街的南侧、故宫筒子河的北侧，正对着大高玄殿南中轴线的位置。该牌坊的形式是三间四柱九楼，屋面是黄琉璃筒瓦，明楼、次楼为七踩斗，边楼、夹楼为五踩斗，中间的匾额是清朝乾隆年间的原物，在 20 世纪 50 年代拆除后，匾额被保存在月坛公园，成为树林中一个石桌的桌面。

通常牌坊两面均撑有"八"字形的斜向戗柱，但大高玄殿的牌坊采用粗大的楠木立柱建成，柱脚埋地很深，因此未用戗柱。所以老北京人中就有了"大高玄殿的牌坊'无依无靠'"的说法。这也成为此牌楼最大的特色。

民国时期，牌楼因严重倾斜被拆除，后原貌复建。新中国成立初期，大高玄殿由总参保障部服务局使用。由于长期用作办公用房，大殿内部建筑损坏严重。景山东街拓宽马路时，牌楼被拆除。2008 年复建南牌楼，由北京文物设计所张纪平先生根据历史资料设计，复建后的大高玄殿南牌楼高为 10.08 米，宽 16.6 米。

如今，大高玄殿的主殿已经 100 年没有修缮过了，院内建筑还基本保持着清乾隆时期的模样。1996 年，大高玄殿被列为全国重点文物保护单位。原本被保存在月坛公园内的"乾元资始"石匾额又回归了原位，重新镶饰在大高玄殿南牌楼上。1998 年和 2000 年，全国政协两次接到委员提案，呼吁把大高玄殿归还故宫博物院。如今，大高玄殿已经重回故宫，并已完成抢险加固，正在进行测量和绘图，为大修做准备工作。这次大修工程将会使湮没已久的历史景观重现故宫后街筒子河边。

大高玄殿保存至今，对我们研究明清两代皇家文化、宗教信仰及建筑艺术起着非常重要的作用。作为皇城历史文化保护区的重要景观，大高玄殿具有很高的文物价值。

## 哪座城楼被称为北京的"样楼"

在北京城众多的城门中，哪一座是最先修建的呢？这个史书没有记载，我们也无法考证，但传说中，一直说东直门是北京城的第一座城门，所以又被称为"样楼"。

东直门是位于北京城内城东垣北侧的一座城门，主要包括东直门城楼、东直门箭楼、东直门闸楼和瓮城。东直门在元朝的时候被称为"崇仁门"，因为在古代的时候，东方属"仁"，所以此门位于大都城的正东方。及至明朝的永乐年间，被改名为如今的名字，取自"直东方也，春也"一句。清朝康熙三十六年（1697 年），在东直门外建立了水关，管理进京货物。1915年，为了修建环城铁路而将瓮城、闸楼拆除，并在箭楼的后部两侧建了个"之"字形砖蹬道。1927 年，箭楼被拆除，只剩下了箭楼的台基，后该台基在 1958 年被拆除。1950 年，为了便利交通，在东直门城门的北侧开豁口。1969 年，东直门城楼被拆除。1979 年，在城门原址的东侧建立了立交桥，并建立了东直门地铁站和东直门长途汽车站。从此，这一带成为北京市重要的交通枢纽之一。

关于北京城的这座"样楼"，还有一个跟祖师爷鲁班有关的传说故事呢！

相传当年在准备修建北京城的时候，皇帝下旨说："城门楼子要盖十丈高，而且还要楼上有楼，屋檐要像飞起来一样。"

工程监管官员接到圣旨后，便召集了全城 81 家包工大木厂（也就是如今所说的建筑厂）负责人来商量对策。可是这些负责人之前都没有接过这样的工程，都没有经验，所以也想不出什么办法，就又请了些瓦木作老师傅一起来商议。在大家的共同努力下，终于想出了方法，做出了设计方案图。

工程监管官员把设计方案图拿给皇帝看，皇帝很满意，下令开始修建。可是工程监管官员又开始发愁了，这么多城门，究竟应该先盖哪一座呢？

工程监管官员、包工大木厂负责人和瓦木作老师傅们又坐在一起商议起来，最终大家决定先盖东面靠北的那座城门楼。他们觉得，与其他城门相比，这座城门的地理位置比较偏僻，皇帝一般不从那儿走，即便样子盖得差一些，也不太要紧，容易交差。

而东面靠北的那座城门指的就是东直门。方案决定后，大家都开始忙起来了。首先从起拱门着手，拱门起来了，紧跟着砌第一层城楼。第一层城楼完工后，工程监管官员过去查看，只见周围24根大楠木明柱，中间包着4个城楼门，好看极了，心里非常满意。大家看工程监管官员很满意，心里也都非常高兴。

接下来就该起升斗（斗拱）了。可是升斗起来后，他们发现一个问题：怎么瞧都觉得东北角高了一点，这可怎么办呢？

那些包工大木厂的负责人，一心只想着赚钱，也不管质量了，就对工匠们说："你们上一些椽子，拿椽子一压就给弄平了。"

工匠们听了负责人的话，心里非常犹豫，觉得这样行不通。可是要撤升斗的尺寸吧，做升斗的时候，又是按照规矩做的，一分一厘也不差，所以，也没法撤升斗的尺寸。想了半天也没有想出更好的办法来，只得下了下狠心，那就上椽子吧！

可是等他们上了椽子，再一看，更郁闷了，因为东北角没有低下去，反而变得更高了。这下把工匠们都给急坏了，东北角这么高，可怎么苦背上瓦呀！

大家急得唉声叹气，就在这时候，他们看到有一个小工围着东北角来回转悠。工匠们本来心里就又急躁又烦恼，看那小工来回转悠，心里更烦躁了，于是就呵斥那小工："大伙儿都急得跳墙，你还在优哉游哉地瞎转悠，去去去！别让大伙儿看着烦！"

这个小工听了斥责声，也没有说什么，一转身直奔了脚手架，噌噌地就上了脚手架。大家看他那架势，都愣住了。只见这个小工爬到了脚手架顶头上，仿佛忽然一失脚似的，就从脚手架上掉下来了。围在下面看的人，不由得大叫一声："哎呦，糟了！"再一看，这个小工并没有摔下来，而是一只脚踏在东北角的椽子上，跟着一转身，抓着脚手架就下来了。负责人正要开始骂这个小工胡作非为，还没等他开口，那小工就一溜烟跑开，消失不见了。

大伙儿虚惊了一场，都围在那议论这小工：他为啥急着爬那脚手架？怎么掉下来都没有摔着？怎么一句话都不说就走了？……议论了半天，都没议论出来啥。就在这时候，一位老工匠突然大喊了起来："大伙儿赶紧过来看看，那东北角怎么不高了？"

大伙儿赶紧都过来瞧，可不是嘛！东北角和其他的角都一样高了！上面还留了一个脚印哩！

这下大伙儿真是又笑又跳，高兴极了。再找那个小工，却怎么都找不着了。一个工匠说："这个小伙子一定是鲁班爷变的，来帮我们修城门楼子来了！"大伙儿听了，干活干得更加起劲了。

很快，城楼就盖起来了，可是，低下去的那个脚印，却始终都没有给垫起来。大伙儿都说："甭给垫高了，就权当是鲁班爷给咱们留下的一个纪念吧！"

从此，大伙儿一提起东直门这个"样楼"，都不由自主地提起鲁班爷给予他们的帮助。渐渐地，这个故事便在老百姓中流传了下来。

# 第五章

# 老北京胡同会馆故事

## 你知道北京胡同的名称由来吗

北京的建筑有三大特色，一个是四合院，一个是王府，另一个就是胡同了。走进现代化的北京城，人们感兴趣的往往不是那鳞次栉比的高楼大厦、四通八达的宽马路，而是那曲折幽深的小小胡同。来北京旅游的游客，都会到各处的小胡同里溜达溜达，胡同俨然已经成为北京建筑的名片。

什么是胡同呢？据《北京胡同志》介绍，胡同是城市中一种狭长的通道，是由两排院落墙体、宅门或倒座房、后罩房的屋墙连成的两线建筑物构成的。在两排宅第之间，胡同形成了一条隔离空间带，便于宅院的通风、采光和居民的自由出入。

"胡同"这个名词是怎么来的呢？历来有多种说法。

北京的胡同

一说，认为"胡同"一词最早出现于金、元时期。女真人和蒙古人都属于蒙古语系，在蒙古语中，城镇被叫作"浩特"，村落被叫作"霍多"或者"霍敦"，转音作"胡同"。当女真人和蒙古人入主中原后，便把这种叫法带到中原来，从此以后中原一带的街巷都被称作"胡同"。

一说认为，"胡同"一词源于蒙古语，也就是"水井"或者"有水井的地方"的意思。在今天蒙古族居住的地方，用"井"做地名的现象仍然非常普遍。

而最早见诸文字的"胡同"，出现于元曲杂剧中，例如《张生煮海》中，梅香姑娘有"我家住在砖塔儿胡同"的台词。另外，在取材于三国故事的关汉卿杂剧剧本《单刀会》中，也有"杀出一条血胡衕（胡同）来"的台词。这些都说明，"胡同"在元朝的时候就已经出现了。

## 北京胡同的名称趣闻

说起北京胡同的名称，很多人都会哑然失笑，因为北京胡同的名称实在太有趣了，例如驴市胡同、灵境胡同、辟才胡同、油坊胡同等，很有市井气息，有以府第、人名命名的，有以官府、衙署命名的，有以寺庙命名的，也有以市场命名的，可谓包罗万象。这里列举出其中具有代表性的一些。

今日珠市口

## 1. 以人名命名的胡同

直接以人名命名的胡同有很多，共计100多条。这些人名中既有平民百姓、小商小贩的名字，也有达官贵人、民族英雄的名字，充分体现了浓厚的人文气息。

例如，如今为府学胡同的文丞相胡同，就是以南宋时期抗元丞相文天祥的官称命名的胡同；赵登禹胡同，就是以抗日爱国将领赵登禹将军的名字命名的胡同；三不老胡同，就是以明朝三保太监郑和的官称三保太监命名的胡同，郑和人称三保老爹，他居住的胡同叫三保老爹胡同，后来讹称为三不老胡同；刘兰塑胡同，就是以元朝著名的雕塑家刘元的名字命名的胡同……

## 2. 以建筑物命名的胡同

在老北京，还有许多以建筑物命名的胡同，尤以庙宇命名的最多。在老北京的过去有这样一种说法，即"庙宇甲天下"，各种古庙名刹可谓数不胜数。各式各样的寺、庙、观、宫、殿、庵、阁等，不仅成为所在胡同街巷的地标性建筑，而且大多都成了地名，如白云观街、城隍庙街、玉皇阁夹道、观音寺胡同、法源寺街、三庙街……除了以庙宇命名外，像仓库、桥梁、碑、楼、塔、门、牌楼等也有很多成为胡同名称，如石碑胡同、栖凤楼胡同、塔院胡同、陟山门街、银锭桥胡同、米粮库胡同、禄米仓胡同等。

## 3. 以市场、商品命名的胡同

在胡同中生活，是离不开必需的商品的，所以北京胡同中有很多是以商品来命名的。而商品的买卖又离不开市场，所以也有很多胡同是以市场来命名的。后来很多市场随着时代的变迁，有的已经变了名字，有的已经消亡，但其旧名称依然沿用了下来。以市场、商品作为胡同的名字，反映了北京人日常生活的多姿多彩、灵活多样。

以市场命名的胡同：灯市口，明成祖朱棣迁都北京以后，每年的正月初八到十八，在此设立灯市，这条街于是被称为灯市大街，到清朝的光绪年间，改称为灯市口大街；肉市胡同，因旧时候这一代肉铺多而得名，著名的全聚德烤鸭店的发祥地即在此；珠市口大街，原来的名字叫作猪市口，因为在明朝的时候这一带是买卖活猪的集市，到了清朝的时候，猪市已经不存在，谐音转为珠市口。

以商品命名的胡同：与"开门七件事，柴米油盐酱醋茶"有关的胡同是劈柴胡同（如今改名为辟才胡同）、煤渣胡同、炭儿胡同、油房胡同、酱房胡同、糖房胡同、馓子胡同、麻花胡同、烧酒胡同等；与生活用品有关的胡同是绒线胡同、帽儿胡同、毯子胡同、盆儿胡同、砂锅胡同、灯笼胡同、风箱胡同、靴子胡同、烟筒胡同等。

### 4. 以"吉祥话"命名的胡同

有些胡同名称还能表露出老百姓对美好生活的向往之情，例如一些带"喜"啊，"福"啊，"寿"啊等字眼的胡同就有喜鹊胡同、喜庆胡同、福盛胡同、寿长胡同、福顺胡同、寿逾百胡同等。还有一些带"平"啊，"安"啊，"吉"啊，"祥"啊等字眼的平安胡同、安福胡同、吉市口胡同、永祥胡同等。

### 5. 以形象标志等命名的胡同

除了以人名、市场、商品、吉祥话、建筑物命名的胡同外，还有以形象标志命名的各种胡同，如较宽的胡同，就被顺嘴称为宽街，较窄的就被称为夹道，较斜的就被称为斜街，稍微曲折的被称为八道弯，长方形的称盒子，短的有"一尺大街"，低洼的有"下洼子"，细长的叫"竹杆"，扁长的称"扁担"，一头细一头粗的叫"小喇叭"等，非常形象，吸引了众多的游客前去观赏、踏足。

除此之外，还有很多因其他原因命名的胡同。这些胡同的名称反映了当时北京的历史、人文和政治生活的不同层面，同时也记录了很多有趣的人与事，展现了老北京人丰富多彩的生活色调。

## 钱市胡同：北京最狭窄的胡同

在北京市珠宝市街的西侧，临近著名的大栅栏商业区，有一个胡同非常有意思，首先它的名字非常有意思，叫作钱市胡同。其次，它是历史上也是当今北京最窄的胡同。有多窄呢？胡同全长 55 米，平均宽仅 0.7 米，最窄处竟然仅有 0.4 米，两个人对面走过都要侧身前行，一个人推着一辆自行车就已经难以通行了。

据清《朝市丛载》记载："银钱市，在前门外珠宝市中间路西小胡同。"这里所说的小胡同指的就是钱市胡同。在胡同的尽西头，有一座大罩棚，是清代官办的银钱交易大厅，简称"钱市"，钱市胡同因此"钱市"而得名。所谓钱市，是银、钱（制钱）兑换的场所，但只在账面上交易，盈亏在兑率的差价上，并无实际的银、钱。经营者要经过官府的批准，且仅限18家，故称"十八案"。可以说，钱市胡同的钱市是中国现存最早，也是最完整的金融交易所。

钱市的形成与炉行有关。所谓炉行就是官家批准熔铸银锭的作坊。在清朝的时候，炉行都集中于珠宝市街，形成了钱市。民国以后，炉行失去了政府授予的特许经营权，再加上正逢币制改革，对贵金属熔铸的市场需求日渐萎缩，炉行便逐渐萧条下来，随之钱市也逐渐无市，后改建成银号铺房，形成了一条窄胡同。

其实，原本这条窄胡同并没有如今这么窄，主要是当时钱市胡同两侧的

银号钻法律的漏洞，毫无节制地扩建他们的商号建筑，侵吞公共通道，最终使该胡同成为今天这个窄模样。

在如今这个窄小的胡同里，有中式的三合院、中式的二层楼，也有西式的小洋楼，中西两种不同风格的建筑文化在此交融，是弥足珍贵的"文物古迹"。

钱市胡同，虽然是北京最窄的胡同，却书写了我国从使用银两、铜钱、纸币到拆借资金的金融发展的历史过程。

**钱市胡同**

# 老北京胡同名称都有哪些变化

老北京胡同的名称大部分是"约定俗成"下形成，并经历史的沉淀而流传下来的，如出现于元朝时期的砖塔胡同，就是源于胡同东口有一座万松老人塔。砖塔胡同的名称到现在都没有改变，已经被叫了700多年。

除了砖塔胡同外，很多胡同的名称都是源自明清时期而未经改变的，如从明朝叫到如今没什么太大变化的绒线胡同、头发胡同、松树胡同、门楼胡同、罗儿胡同、翠花胡同、史家胡同、灯草胡同等。

可并不是所有的胡同名称都像砖塔胡同那样固定化，很多胡同名因各种各样的原因被改变，有的甚至几经更改，如现在的菜市口胡同，在明朝的时候被称为绳匠胡同，在清朝乾隆年间就被讹传为神仙胡同，后又被讹传为丞相胡同。

胡同名称的改变折射着老北京的历史更迭，同时也深深地镌刻着时代的烙印。在数百年的风雨沧桑中，胡同的名称或被"讹音"，例如，机织卫胡同是明代守卫京师的官衙济州卫署所在地，讹音叫成了机织卫；五道营

砖塔胡同

117

胡同，明代时是武德卫营驻军的所在地，后来讹音叫成了现名。或被"雅化"，例如，驴市胡同被改名为礼士胡同，屎壳螂胡同被改名为时刻亮胡同，猴尾巴胡同被改名为侯位胡同，小羊圈胡同被改名为小杨家胡同，鸡爪胡同被改名为吉兆胡同，牛血胡同被改名为留学胡同……这些基本上都是以意思好的同音字，取代了不好听的字。

具体来说，都有哪些改变呢？

1. 带有"人名"字样的胡同名称被改

如，沙锅刘胡同被改名为沙锅琉璃胡同；豆腐陈胡同被改名为豆腐池胡同；汪太医胡同被改名为汪太乙胡同；宋姑娘胡同被改名为颂年胡同；姚铸锅胡同被改名为尧治国胡同；张秃子胡同被改名为长图治胡同；张皇亲胡同被改名为尚勤胡同；等等。

2. 带有"服饰、器物"字样的胡同名称被改

如，锅腔胡同被改名为国强胡同或国祥胡同；罗圈胡同被改名为罗贤胡同；裤子胡同被改名为库司胡同；烟筒胡同被改名为源通或淹通胡同；轿子胡同被改名为教子胡同；汤锅胡同被改名为汤公胡同；裤腿胡同被改名为库堆胡同；烟袋胡同被改名为燕代胡同；等等。

3. 带有"动物如牛、羊、马、虫、鸟、鸡、鱼等"字样的胡同名称被改

如，驴肉胡同被改名为礼路胡同；狗尾巴胡同被改名为高义伯胡同；猴尾巴胡同被改名为侯位胡同；马尾胡同被改名为慕义胡同；熟肉胡同被改名为输入胡同；生肉胡同被改名为寿刘胡同；灌肠胡同被改名为官场胡同；驴市胡同被改名为礼士胡同；羊毛胡同被改名为杨茅胡同；鹰房胡同被改名为英房胡同；鸡爪胡同被改名为吉兆胡同；屎壳螂胡同被改名为时刻亮胡同；蝎虎胡同被改名为协和胡同；臭皮胡同被改名为受壁胡同；臭皮厂被改名为寿比胡同；牛蹄胡同被改名为留题胡同；干鱼胡同被改名为甘雨胡同；等等。

4. 带有"不别致"字眼的胡同名称被改

如，烧酒胡同被改名为韶九胡同；廊坊胡同被改名为良乡胡同；油炸鬼

胡同被改名为有果胡同；劈柴胡同被改名为辟才胡同；干井胡同被改名为甘井胡同；井儿胡同被改名为警尔胡同；佟府胡同被改名为同福胡同；等等。

老北京胡同名称的变化折射出了老北京历史和文化的繁衍与变迁。随着时代的发展、演变，越来越多的胡同被拆除，其名称也随着胡同的拆除而消失于人们的视野，真是非常可惜且令人叹息！

## 灵境胡同的名称由来

提起灵境胡同这个名字，很多老北京人都知道，它地处西城区中部，呈东西走向，东起府右街，西至著名的商业街西单北大街，中与枣林大院、西黄城根南街、东斜街、新建胡同、背阴胡同相交，全长 664 米。

可说起灵境胡同的名称来源，很多人都不知如何开口了。其实，灵境胡同的名称源于一座被称为"灵济宫"的道观。

灵济宫始建于明朝永乐十五年（1417 年），它的建造还与永乐大帝朱棣的一个梦有很大关系。相传，皇帝朱棣自迁都后，由于劳累过度，大病一场，吃遍了天下名医开的药，都没有见效。正在愁眉不展之际，朱棣在一次睡眠中梦见两位道士前来给自己送药。梦醒后不久，朱棣的病就好了。朱棣非常高兴，下旨修建灵济宫，来厚谢两位仙道的救命之恩，还给他们封了号，一位为玉朗真人，一位为金胭真人，并将他们的夫人封为仙妃。

**灵境胡同的一处住家**

119

在后来的对外征战中，朱棣每逢作战不利，都会请这两位仙道前来暗中助阵，果然取得节节胜利。

为了感谢两位仙道的帮助，朱棣在永乐十六年，又将他二人的仙位升了一级，由真人改封为真君。及至明成化二十二年（1486年），两位仙道的名号又被升了一大步。随着两位仙道的备受青睐，灵济宫的地位也逐渐上升，每逢初一、十五、立冬、夏至等，皇家总要派大臣前往烧香祷告，祭祀真人。

有时，大臣患病，也要想办法到此祭祀，以求真人保佑，早日康复。明万历二十二年（1594年），大学士王锡爵身患重病，明神宗朱翊钧很为重臣的病担心，便拨白银五十两，令道官王昭忻到灵济宫为王锡爵祈福。在两位仙道的帮助下，王锡爵的病很快便好了。

灵济宫除了可以祈福、治病之外，还有一个功能，即百官举行集体活动的重要场所。每逢隆重大朝会之前，全体官员都要被集中到这里排演礼仪，直到明宣德年间，这种演礼才被移到其他地方。

为了彰显灵济宫的高贵地位，明朝的很多文人雅士还以歌颂灵济宫为美事，因此留下了很多关于这座道观的诗篇，如，有首诗写道："晚来骑马过仙坛，宝芨灵文试一看。月度三花瑶殿静，风吹独鹤玉阶寒。"

正所谓"好景不常在"，灵济宫的崇高地位在明崇祯十五年（1642年）走到了尽头。当时，有位大臣向崇祯皇帝奏了一本，说灵济宫供奉的两位真人是叛臣之子，不适合接受众朝臣的跪拜，请示用帐幕将其塑像盖起来，并将灵济宫的一切祭祀、祈福活动禁止。这个奏本被崇祯皇帝认可了。从此，灵济宫逐渐走向了没落。

到了清朝年间，灵济宫的没落速度更快了。其名称也在老百姓的口耳相传中，经过一番"以讹传讹"，把"灵济"变成了"灵清"，后来又转成了"灵境"，遂成如今的"灵境胡同"之称号。

# 你了解北京东四的十四"条"吗

在北京，有很多胡同被称为什么什么"条"，如东四三条、东四十二条等。很多人可能有疑惑，这些地名为什么被称为什么"条"呢？"条"是什么意思呢？

其实，这里的"条"指的就是小胡同。"胡同"一词由蒙古语转化而来，"条"是北京本土的发明创造，在几百年的时间里，与街、巷、胡同共存延续至今。据《北京市城区街巷地名全图》记载，北京共有 422 个以"条"称呼的街、巷和胡同。可见"条"名称在北京城的流行。

令人奇怪的是，老北京为何以什么"条"为胡同名称呢？这还要追溯到明朝时期。在明朝，北京城的面积和规模比元朝时期大了很多，街道、胡同的数量也随之显著增加。为了更好地区分这些地名，遂采取街道名称的"序列化"。在最初，我们称这些胡同为"某某胡同头条""某某胡同第二条""某某胡同第三条"……或"某某街头条""某某街第二条""某某街第三条"……可是叫着叫着，人们就发现这样叫很拗口，于是渐渐地便简称为"某某头条""某某二条""某某三条"……北京东四的十四"条"的名称就是这么来的：东四头条（一条被称为头条）、东四二条、东四三条、

东四二条

东四四条、东四五条、东四六条、东四七条、东四八条、东四九条、东四十条、东四十一条、东四十二条、东四十三条、东四十四条。

东四地区的胡同住过很多的名人，有着很多的故事传说，保留着很多的古迹，是老北京精彩生活的清晰写照。

提起东四头条，很多人都不陌生。在众多"条"中，东四头条的文化气息最浓厚，在这里曾经居住过多名文人雅士，如在胡同的1号院，曾经住过钱锺书杨绛夫妇、卞之琳、余冠英、罗念生等人；在胡同的5号院，我国著名的文学家茅盾和著名的相声大师侯宝林曾经先后在此居住。

东四二条位于区域的中部，外交部的西侧，呈东西走向，北起东四三条，西止东四北大街，南邻东四头条。据说金庸笔下的福康安曾经在这条胡同住过。在金庸的小说里，福康安是个风流倜傥的贵族公子，在民间传说中，他是清乾隆帝的私生子，几百年来围绕着他的故事非常多。据老一辈人讲，东四二条胡同几乎一半的院落都曾经是福康安的宅院。

东四三条东起朝阳门北小街，西止东四北大街，中部往南可通东四二条，往北可通东四四条，呈东西走向。东四三条曾经会聚了很多达官贵人，据说还有一位格格住在这里。这位格格是溥杰的候选夫人，但最终未能嫁给溥杰。后来，格格的母亲又想让她嫁给溥仪，但最终也没成，最后这个格格终生未嫁。

东四四条呈东西走向，东起朝阳门北小街，西止东四北大街，中部往南可通东四三条，往北可通东四五条。著名相声大师侯宝林先生在20世纪80年代后期到1993年就居住在东四头条的19号，只是他那时居住的房子在90年代已翻建，看不出原来的模样了。

东四五条呈东西走向，东起朝阳门北小街，西止东四北大街，南有二支巷可通东四四条。该胡同虽然没有什么文人雅士或者达官贵人居住过，但艺术氛围非常浓厚。

东四六条位于东城区东部，东起朝阳门北小街，西至东四北大街，南与月牙胡同、流水巷、育芳胡同相通，北与月光胡同、南板桥胡同、德华里、石桥胡同相通。该胡同的 63 号和 65 号就是号称"东城之冠"的崇礼宅。这座宅院也是这一带唯一作为全国重点文物保护单位的私人住宅。

东四七条位于区域中部，东四北大街东侧，属东四街道办事处管辖，呈东西走向，中间曲折。东起朝阳门北小街，西止东四北大街，南与德华里、月光胡同相通，北邻东四八条，中与南板桥胡同、石桥胡同相交。据说辅国公载灿就是在东四七条找到了他的"乘龙快婿"。

东四八条位于东城区东部，东起朝阳门北小街，西至东四北大街，南与石桥胡同、南板桥胡同相通，北有支巷通东四九条。胡同内 71 号院，原是清代为宫中掌管帘子的王姓官吏所盖的一座房子，中华人民共和国成立后为教育家叶圣陶故居。

东四九条，又称"九条胡同""红日路九条"，位于东四北大街东侧，呈东西走向。东起朝阳门北小街，西止东四北大街，南与南板桥胡同相通，并有支巷通东四八条，北有支巷通东四十条。在讲述和珅故事的电视剧里，有一个与和珅勾结、狼狈为奸的大贪官李侍尧，这个李侍尧就住在东四九条。

东四十条非常普通，几乎没有什么逸闻趣事传出。

东四十一条为历史上的运粮道，所以，该胡同有一个很明显的特点，即没有树。那个时候，谁要是在这个地方种树，是要被砍头的。

东四十二条，远离闹市，是一条"平民胡同"。

东四十三条位于东城区东北部，东起东直门南小街，西至东四北大街。在明朝的时候被分为两段，东段称慧照寺，西段称汪家胡同。慧照寺位于胡同东端与小菊胡同南口相交处路北，原为永宁伯府所在地。成化十七年（1481 年），僧人庭佑将其宅改建为慧照寺，寺所在巷也改名慧照寺胡同。1965 年整顿地名时，将慧照寺胡同并入汪家胡同，改称东四十三条。

东四十四条，肃亲王善耆就曾经居住在这里。她的女儿非常有名，就是后来被称为"男装丽人"的超级间谍川岛芳子。

## 你听说过住在南锣鼓巷 59 号的洪承畴的传奇故事吗

去南锣鼓巷游玩时，您或许会偶然路过南锣鼓巷 59 号。乍一看，这是一座非常不起眼的小门楼。可细看一下，你会发现在小门楼旁边挂着的一块同样不起眼的说明牌上却记载着一个很起眼的事实。什么事实呢？原来这座宅院就是洪承畴的府邸。

洪承畴是谁?

先看一首诗词，可能很多人听过或者在哪读到过，即"兵败松山一怆神，可怜已似楚囚身。朱门今日只余恨，忍死偷生作贰臣"。这是清人为洪承畴所题写的一首竹枝词，也是后世人对洪承畴的一生评价。

洪承畴，字彦演，号亨九，福建省泉州府南安县人，先仕明，于松山之败后降清，是明末叛臣之一，但也是清朝定鼎中原的重臣。

明朝万历四十四年（1616 年），洪承畴考中进士，十余年后升任陕西布政使司参政。后因镇压起义军有功，逐步被提升为巡抚、总督等要职，

洪承畴府今景

成为明末重臣。崇祯十四年（1641年），洪承畴率领吴三桂等8个总兵官共13万兵马救援锦州。面对实力强大的清军，洪承畴本想结营固守避免决战，不料生性急躁多疑的崇祯皇帝却派人前来督战，洪承畴被迫进军，损兵折将5万余人，只好退守锦州城外18里的松山城。半年以后，清军攻占松山城，洪承畴兵败，被俘绝食数日，拒不肯降。皇太极无计可施，特命大学士、吏部尚书范文程前去劝降，发现其果有宁死不屈的决心。后皇太极对洪承畴备加关照，恩遇礼厚，最终打动了洪承畴，成为带领清军南下的急先锋，为大清帝国的开创立下了汗马功劳，被誉为大清开国功臣，为大清的统一、社会的安定、经济的发展、民族的和睦起了重大的推动作用。

清顺治二年（1645年），洪承畴被委任为招抚南方、总督军务大学士，坐镇江宁（南京），后又出任云南、贵州等五省经略。顺治十六年（1659年），洪承畴保荐吴三桂镇守云南，自己因眼病发作，返回北京疗养。顺治十八年（1661年），69岁的洪承畴退休，被授予可以世袭四代的三等轻车都尉世职，这只是正三品职衔，而他原本是一品大员，所以退休时所得封赏甚薄。康熙四年（1665年），洪承畴去世，享年73岁。清乾隆皇帝因洪承畴为叛明降清之人，将其以贰臣甲等列入《贰臣传》。

洪承畴在降清以后被编入镶黄旗汉军旗籍，他居住的地方在清朝正是镶黄旗辖区。据民国时期的《燕京访古录》记述："洪承畴府第，在后门外（地安门外）方砖厂东口外路东，今府已废，惟府门外之二铁狮巍然独存。府后门在南锣鼓巷，尚居洪氏子孙。"南锣鼓巷59号曾经为洪承畴府邸的一部分。可关于洪承畴究竟何时来到这里，又到底居住了多久，却很难确知了。

根据史料分析，洪承畴府邸的旧址西起南下洼子胡同，东至南锣鼓巷，北抵黑芝麻胡同，南达沙井胡同，占地范围很广。可令人遗憾的是，昔日辉煌无比、气势宏伟的府邸已经或被拆毁或被转为民居，如今仅存祠堂的三间房屋。

早前居住在这三间房屋中的人，对这座宅院和洪承畴的故事了解不多，但随着不断有人到此拜访、踏足，洪承畴的故事也逐渐地街知巷闻了。可是，故事虽被流传了下来，昔日辉煌的府邸却再也无法重现光彩。

# 老北京文化味儿最浓的是哪一条胡同

说起老北京文化味儿最浓的一个胡同，非琉璃厂莫属了！老北京最原汁原味的东西都在这儿。相传昔日皇帝出宫来遛弯儿，琉璃厂是其必到之处。不只皇帝爱来这儿，许多达官贵人还喜欢在此处居住，并且全国各地的会馆都聚集在此。官员、赶考的举子们进皇宫，这里也是他们的必经之地，足见其文化底蕴的深厚。

琉璃厂位于西城区，距离天安门广场约 1 公里，它西起南北柳巷，东至延寿寺街，全长 800 米。实际上在辽、金时期，这里并不是城里，而是郊区，当时叫"海王村"。及至元、明时期，此地建造了很多官窑，用以烧制修建皇宫所用的琉璃瓦件，所以被改名为今天的"琉璃厂"这一名字。明朝时期，明成祖朱棣为了迁都北京，下令重建北京城。琉璃厂的炉火就越烧越旺了，制作出来的琉璃瓦，把北京这座历史名城装点得金碧辉煌，历经百年风雨而光泽不减。

及至明嘉靖三十二年修建外城后，这里变为城区，便不宜于在城里烧窑，琉璃厂迁至现在的门头沟区的琉璃渠村，但"琉璃厂"的名字却一直留存了下来，沿用至今。

在清朝的康熙至乾隆年间，琉璃厂渐渐地发展成为文化街。当时，很多汉族的官员都居住在琉璃厂以西的宣武门外，并且来自各地的赶考举子居住的会馆也都在附近。他们对书籍的需求量很大，各地书贾更是纷纷在此设摊、建店，出售大量藏书。繁华的市井，便利的条件，形成了"京都雅游之所"，使琉璃厂逐渐发展成为京城最大的书市，形成了人文荟萃的文化街市，与文化相关的笔墨纸砚、古玩书画等，也随之发展起来。及至清光绪二年（1876 年），这里的书店发展到 270 多家。民国初年，经营文化商品的店铺及其作坊发展到 200 家。琉璃厂逐渐成了北京城里最有文化味儿的一条街。

琉璃厂与新华街交界处为"厂甸"，是 200 年来京城最盛大的春节庙会所在地。清人马炯章的《厂甸记》中说："至正月则倾城士女，如荼如云，车载手挽，络绎于道。"

如今的琉璃厂越来越适合旅游观光了，虽然表面上更加风光，但那些值得细品的东西却日渐稀少，渐渐地被表面的繁华景象所掩盖，需要细细地品味和挖掘。

去琉璃厂游玩，有几个地方是必须去的，这里略举一二。

琉璃厂有许多著名老店，如槐荫山房、古艺斋、瑞成斋、萃文阁、一得阁、李福寿笔庄等，还有中国最大的古旧书店——中国书店，以及西琉璃厂原有的三大书局——商务印书馆、中华书局、世界书局。而琉璃厂最著名的老店则是荣宝斋，有人说：琉璃厂因荣宝斋等著名文化老店而享有盛名。荣宝斋素有"民间故宫"之称，是琉璃厂的一块金字招牌。拥有300多年的历史，不仅有典藏的文房珍宝、精湛的装裱工艺、绝技的木板水印，还常常举办"以文会友"等交流活动，使其成为了联结中国传统文化源头的首要通道。

除了荣宝斋之外，琉璃厂必去的第二个地方是中国书店，琉璃厂地区延续千余年的古旧书业之精华便汇聚于此。它专门收集中国历代古籍、碑帖、拓片、各类旧书、报纸杂志，发售新印古籍和研究有关的各种图书及画册，兼营文房四宝，还开办了京味书楼和北京民俗馆等各类书展。最有特色的还是这儿的古旧书收售及古籍修复技艺。

## 国子监街：一条精彩的文化街

国子监，又被称为太学、国学，是元、明、清三代国家设立的最高学府，也是掌管国家政令的最高机关，它通常设置礼、乐、律、射、御、书、数等教学科目。当时的人若能在国子监上学，那可算是光宗耀祖了。国子监的最高长官被称为祭酒，元代的著名学者许衡就曾经做过这里的祭酒。当年他亲自种植的柏树至今已经存活了好几个世纪。

北京的这所国子监，始建于元大德十年（1306年），在最初的时候是

**雍正帝临辟雍讲学图**

效仿晋代时的名称而被称为国子学。在明朝初期毁弃，改建北平府学，从此北平府学成为北京地区的最高学府。后来明朝的永乐帝从南京迁都北京，又效法唐代名称改北平府学为北京国子监，同时保留着南京国子监。如今的北京国子监内，元代建筑遗存比较少，绝大部分建筑为明、清两代所建。

国子监街，因国子监在此地得名，是一条东西向的胡同。它位于东城区西北部。东起雍和宫大街，西至安定门内大街，是首届"中国历史文化名街"之一。东西贯通的国子监街全长 669 米，平均宽度 11 米，清朝的乾隆皇帝赞其为"京师为首善之区，而国子监为首善之地"。

要说起国子监街的历史，可谓十分久远，可以追溯到元代。元代至元二十四年，元世祖忽必烈必烈在大都城的崇仁门（今天的东直门）内的这条大街上修建了"国子学"。及至元大德六年修建了孔庙，元大德十年在孔庙西修建了国子监，体现了"左庙右学"的规制。对此，明崇祯八年（1635 年）刊印的《帝京景物略》有详细的记载："都城东北良隅，瞻其坊曰'崇教'，步其街曰'成贤'，国子监在焉。"在明朝的时候，国子监街被称为"国子监孔庙"，后在清朝的时候改名为"成贤街"，在民国以后改称为国子监街，曾经一度改名为红日北路九条，后又被改回国子监街之名。

国子监街是整个北京城仅存有牌楼的街道，其最突出的景致之一便是那四座牌楼。在街的东口和西口各有一座，额枋上写的是"成贤街"三字。另外两座在胡同中间的国子监大门的两边，额枋上书"国子监"三字，该两牌楼两侧路北均有石碑，用满汉文镌刻"文武官员到此下马"字样。

如今的国子监街，尚保存着较好的旧京街巷的风貌，是京城现存不多的古老街道之一，巍然耸立的牌楼，夹道的古槐，以及两旁的大小宅院、庙宇，古色古香，清幽恬静，古城韵味十足。1984 年被定为北京市级文物保护单位。

## 青云胡同：梅兰芳的"城南旧事"

在北京城，我国著名京剧大师梅兰芳先生曾经有多处故居，其中最有名气的是位于西城区护国寺街 9 号的"梅兰芳故居"。这是梅先生的晚年寓所，在 1961 年他逝世前，就是在这座温馨、静谧的四合院里度过了人生的最后岁月。梅先生逝世后，这座宅院被建造为"梅兰芳纪念馆"，自 1986 年起对外开放。多年来，吸引了众多爱"梅"之人前来驻足、缅怀。

除了"梅兰芳故居"外，梅先生在北京的住处还有很多：1907 年，梅先生举家迁至珠市口东大街北桥湾道北的北芦草园，此时梅家的经济状况正处于窘迫时期，故该住处是梅先生一生居所中最简陋的一处；1909 年，

梅兰芳纪念馆

梅先生搬到鞭子巷头条（后更名为锦绣头条），在此宅院结婚生子；1912年，又搬到鞭子巷三条（后改为锦绣三条）26号一座四合院，此时的梅先生得到谭鑫培提携，于天乐园首次与谭合演《桑园寄子》，身价倍增；1915年和1916年，梅先生的儿子大永、女儿五十相继不幸在此宅中因病夭折，梅先生夫妇大为悲痛，决定另觅新居；及至1916年，梅先生以两千几百两银元典了北芦草园逛西青云巷8号（现青云胡同29号）的一所宅院，一住就是六年。可以说，青云胡同29号院，曾见证了梅先生事业上的发展和转折。

青云胡同，原名庆云巷胡同、庆云大院，据《北京市崇文区地名志》记载，该胡同北起西兴隆街，南至南芦草园胡同。至于该胡同的名称由来，清《京师坊巷志稿》对此有记载，即："在大小崇真观与北芦草园之间有庆云庵。"也就是说，该胡同因庵而得名。1965年庆云大院、十间楼并入，统称为青云胡同。

青云胡同为南北走向，其29号院是东、西两所打通的并列四合院落。两个院落的格局几乎相同。街门设在东院，倒座南房面阔五间，东侧间辟为门道，街门面向南开，使北房成为正房。通过门道向西走，你会发现在两厢房南山墙间设置了一道障墙，将南房隔在外院。北房为上，面阔五间带前廊。通过北房前可以通向西院，南、北房也各为五间，均与东院房并连，北房也带前廊。东西厢房也各为两间，西房南侧辟为街门，临街为高庙胡同（也就是今天的长巷五条30号），平时这个门不开，东院之门是正门。

随着历史的变迁，昔日华美、精致的青云胡同已经失去了其往日的光辉。然而，每每想到一代京剧大师梅兰芳先生当年曾在这里生活过，就令人不由自主地感怀不已。


## 帘子库胡同："垂帘听政"的帘子制造地

帘子，又被称为"堂帘"，在严寒的冬天，通常会使用棉帘、毡子帘、皮帘、蒲草帘等；在酷热的夏天，则通常会使用竹帘、纱帘或珠帘等。旧时的老北京城里，宫殿、王府及大四合院的房宇前都建有走廊，其屋门外冬天多安装个挡风门或挂个厚厚的棉帘子，入夏后拆下风门挂上竹帘。对此，有专门描述这种帘子的诗作，如《都门竹枝词》云："帘卷空阶日影斜，蜂声满院静槐衙。"描述的就是老北京城夏天挂帘子的场景。

说起挂帘子，最有名的莫过于大清慈禧太后的帘子了。这里说的就是她"垂帘听政"的事儿。据史料记载，当年由于清光绪皇帝登基时年龄非常小，还无法独立处理朝政，慈禧太后在杀害八大顾命大臣后，想出"垂帘听政"的法子，以掌控朝廷大权，统治了大清半个世纪之久。

那么，当年慈禧太后"垂帘听政"的帘子制造地是哪儿呢？据说就是

慈禧太后垂帘听政处

在帘子库胡同。

帘子库胡同，位于地安门内大街东侧，呈南北的走向，北起东吉祥胡同，南止黄化门街，东与东板桥西巷、锥把胡同相通，西与慈慧胡同相通，全长 188 米。

该胡同在清朝的时候属于皇城地带，在清宣统年间被称为"帘子库"；在民国的时候，沿用了这个称呼。直至 1949 年，才被改名为"帘子库胡同"。如今该胡同内有黄化门小学等单位，其余的房屋都已经成为普通民居。

说起帘子库胡同的名称由来，很有意思，主要是因为这个地方原是皇宫储存帘子的地方。皇宫中包括慈禧太后"垂帘听政"所使用的帘子都是由工匠精选南方的上等慈竹为原料，经过十几道工序精工编织而成的。可是，再精细的竹帘也有破旧伤损的时候，以新换旧是免不了的。换下了的旧帘子因为是皇家用过的，不可能卖给平民百姓使用，只能设立个地方存储，于是就有了帘子库，而帘子库所在的这条胡同就成了"帘子库胡同"。

北京城内除了帘子库胡同外，还有很多带"帘子"字眼的胡同。很多人可能会以为，北京城内其他的带"帘子"字眼的胡同，也都是因有制作帘子的作坊在那里或者那里是存放皇家帘子的地方，而也被称为什么"帘子"胡同的。其实，事实不是这样的。比如，位于国家大剧院西侧，和平门内北新华街东西两侧的东新帘子、西新帘子、东旧帘子、西旧帘子胡同，就与帘子的制作没有任何的关系。这几个胡同在元朝的时候被合称为"莲子胡同"，因为这一带地势比较低，慢慢地便形成了"水塘"，而塘里盛产莲子，所以被称为"莲子胡同"。及至明朝的永乐年间，因要重建内城的城墙而将元朝时的城墙向南移动，所以原水道被断流，导致那地势低洼的水塘逐渐成为死水坑，里面最后也没有莲子生长了，当时的人都改其名为"臭沟胡同"。直到清朝时期，因为这条死水沟的臭气非常大，周围的人家便都在门前和窗前挂起卷帘子以遮挡臭气，渐渐地，人们便改其名为"帘子胡同"。

# 老北京胡同里都有哪些摆设

在老北京的胡同里，老百姓们通常都有设置一些摆设，如泰山石敢当、栅栏、上马石、拴马桩、水窝子、牌楼、过街楼等。

### 1. 泰山石敢当

"泰山石敢当"是五个字的长方形石碑，在老百姓的心目中，具有辟邪保平安之意。

远在上古的时候，就有很多禁忌和崇拜，石崇拜就是其中很特别的一种崇拜方式，意思是将小石碑（或小石人）立于桥道要冲或砌于房屋墙壁，上刻（或书）"石敢当"或"泰山石敢当"等字眼，以表镇压不祥之物、保佑本家平安之意，在当时的胡同民居中特别流行。

关于"石敢当"的文字记载，最早见于西汉史游的《急就章》："师猛虎，石敢当，所不侵，龙未央。"颜师古注："卫有石蜡、石买、石恶，郑有石制，皆为石氏；周有石速，齐有石之纷如，其后以命族。敢当，所向无敌也。"颜氏认为，石是姓，敢当为所向无敌意。其实，"石敢当"是我国古代民间传说中的石神，据说他原本是古代的一个大力士，后来被人们神化了。在老百姓的心目中，"石敢当"如果与"泰山"相结合，则胡同和宅院就可以保平安了。所以，在北京的老胡同里，几乎家家大门口或者房屋的墙壁上，都会有"泰山石敢当"。

**东绒线胡同沧桑的木门与门环门钹**

### 2. 栅栏

"栅栏"，顾名思义，就是栅栏门。栅栏在我们的生产和生活中应用十分广泛，有花园栅栏、公路栅栏、市政栅栏等。目前，在很多城市流行私家别墅和庭院栅栏，多以木制板材为主。胡同如果没有坊墙防护，则是敞开的，会很不安全，如果设置了栅栏，则可起到一层屏障、保护作用。

在明清时代，为了防盗，很多街巷胡同口都会安装一些木制的或铁制的栅栏。这些栅栏白天开启，夜晚关闭。随着时代的更迭，老北京的这些栅栏都渐渐地消失了，有的成了地名，如"大栅栏"。

### 3. 上马石

"上马石"，也被称为"下马石"，是以马代步时代用来上马、下马的石头，大多左右对称地摆在宅门的两侧，它从侧面看呈"∟"形，是一个具有两步台阶(有的是三步，以两步居多)的石头，第一步台阶高约30厘米，第二步台阶高约60厘米，通常材质为青石或花岗石。一般只有大户人家的宅门前才会设置上马石，因为并不是所有的人家都有马骑或可以骑马。

### 4. 水窝子

在老北京的一些胡同里，有一些水井，在水井的旁边，通常会有一些窝棚，这些窝棚就被称为"水窝子"。水窝子是看井并为大户人家挑水送水的人住的地方。在清朝，胡同里的水井被称为"官井"，由兵营里的火夫管理。清朝的统治结束后，原来管理水井的火夫开始承租水井，成为"井主"。井主雇水夫送水，水夫则在水井旁搭建窝棚作为住处。

### 5. 拴马桩

拴马桩，顾名思义，就是用来拴马的桩子。常见的拴马桩有两种，一种是独立式的石柱或石碑，再一种是"石洞式"拴马桩，它固定在宅院倒座房的后檐柱上。拴马桩不仅是胡同宅院建筑的有机构成，也如门前的石狮一样，有装点建筑、炫耀富有、避邪镇宅的意义，所以被称为"小户人家的华表"。

# 北京会馆中唯一以"祠"命名的会馆是哪一座

在北京前门附近一个不起眼的胡同里，与京城著名的烤鸭店全聚德比邻而居的是一座戏楼，这座戏楼被称为"中国戏楼活化石"，具有极高的参观价值和文物价值。它就是北京会馆中唯一以"祠"命名的会馆，即正乙祠戏楼。

正乙祠，又被称为"浙江银业会馆"，是京城不多的工商会馆之一。在明朝的时候，正乙祠原址原本是一座寺院，后在清朝的康熙六年（1667年），由当时浙江在京的银号商人们集资建造而成，主要是为了供奉正乙玄坛老祖也就是财神赵公明。对此，同治四年所编撰的《重修正乙祠碑记》有明确的记载，即"浙人懋迁于京创祀之，以奉神明、立商约、联商谊、助游燕也"。

最初的正乙祠的规模还很小。清康熙四十九年（1710年），浙商们一致同意扩大规模，遂再次集资购买了土地，扩建该祠堂。在进行扩建的同

正乙祠戏楼的戏台

时，他们加盖了戏楼，该戏楼于1712年建成，它就是如今赫赫有名的正乙祠戏楼。

正乙祠戏楼的历史非常悠久，距今已有300多年的历史，是北京唯一保留至今的基本完好无损的纯木质结构戏楼，是中国戏剧发展史上的里程碑，是中国历史上第一座整体木结构的室内剧场，在会馆戏楼中别具特色，见证了京剧表演艺术从诞生、发展到辉煌的整个历程，众多梨园界前辈都曾在此登台献艺。据清代、民国的一些笔记和戏单记载，梅氏家族几代人均曾经在正乙祠戏楼登台演出过，形成了京剧世家与古戏楼颇深的历史渊源。除此之外，京剧创始人程长庚、卢胜奎、谭鑫培和京剧大师王瑶卿也曾在此献艺。

可是，正乙祠戏楼曾经辉煌过，也曾经失落过，它能够历经300多年而屹立不倒，实属一件非常不易的事情。

在此后的岁月里，正乙祠一直在走下坡路，正乙祠戏楼的经历也变得异常艰难。

据史料记载：抗日战争时期，正乙祠被日本人霸占当了仓库；1945年日本投降后，正乙祠被国民党军队控制，充当伤兵营，经常有各种棺材出入，搞得非常不吉利；中华人民共和国成立前夕，正乙祠又先后成为"金银首饰业同业公会"、会计学校、煤铺，在这种过程中，它的院落也渐渐地被民居"蚕食"，最终面积只剩下当初的六分之一；1954年，正乙祠戏楼被改建为招待所，其厅堂被改建为食堂；1984年，北京市某局曾与招待所洽谈合作拆改翻建，欲将正乙祠翻建为居民楼，后未能成交；1986年，正乙祠被定为宣武区文物保护单位；1994年，正乙祠被一位来自浙江的企业家王宇鸣购买，王深爱京戏，便出资修缮经营正乙祠，但最终因经营不善而以失败告终，却重新连接了正乙祠戏楼和京剧的缘分；2005年8月，戏楼关闭进行修缮；2012年4月起，正乙祠戏楼推出新戏《凤戏游龙》。

从1712年落成至今，正乙祠戏楼经历了300多年的复杂历史，不但没有被拆改，反而凭借着老戏园子的韵味而越来越受到老百姓们的喜爱。如今的正乙祠在几经易主之后，再一次开张纳客，上演京剧曲目，成为京剧爱好者的一个新据点。

## "京城第一大会馆"在哪里

北京的众多会馆，大小、规模不一，其中最大的是安徽会馆。该会馆因其建筑雕梁画栋、富丽堂皇、高阁飞檐、气宇轩昂、回阑清池、竹石垂杨，而被誉为"京城第一会馆"，曾一度成为北京和安徽名流"朝夕栖止、交往聚议、欢歌宴饮"之处。

安徽会馆位于北京市西城区后孙公园胡同3号、25号和27号，是老北京城最著名的会馆之一，它始建于清朝的同治八年（1869年）。

在安徽会馆修建以前，在北京只建有安徽一些府、州、县的会馆，而没有安徽省全省的大型会馆。当时这些府、州、县的会馆规模较小，一旦遇上大型的集会，就要借用他省的会馆，非常不方便。清朝末年，以李鸿章为代表的安徽籍人以军功或科举考试得富贵、功名者甚多，他们迫切需要一所大型会馆作为安徽籍人在京活动的场所。

**古老的建筑透出几分沧桑**

在清同治五年（1866年），当时李鸿章已经主政多年，安徽籍京官吴廷栋、鲍源深等人借"以军功和乡谊得富贵者甚众"为由，联名倡议为联系同乡友谊在京城修建一所安徽省全省的大型会馆，即北京安徽会馆。清同治七年（1868年），该倡议得到了湖广总督李鸿章的重视，以李鸿章为首的安徽籍官员和淮军将领154人捐款集资，并于清同治八年（1869年）二月开始修建，最终在同治十年（1871年）落成，耗资28000两白银。

初建成的安徽会馆规模非常小，后来又经历了两次扩建，才有了今天的规模。这两次扩建的时间分别是清同治十一年（1872年）和光绪十年（1884年）。和京城其他省籍的会馆不同的是，它既不是专为进京赶考的举子设立的，也不是促进工商业发展的行业会馆，而是专供安徽籍在职的州、县级官员和副参将以上的实权人物在京活动的场所。

除此之外，安徽会馆的建筑也非常有特色，属于庙堂式建筑，为中、东、西三路三大套院，每路皆为四进，还有清式戏楼、思敬堂、藤闲吟屋、龙光燕誉堂等，可谓富丽堂皇、气势宏伟。

安徽会馆原是明末清初学者孙承泽寓所"孙公园"的其中一个部分。其实在清朝的时候，除了孙承泽，还有很多名人曾经在安徽会馆居住过，如乾隆朝内阁大学士翁方纲、刑部员外郎孙星衍、以藏有甲戌本脂批《红楼梦》而闻名的刘位坦等。

除了这些名人曾经居住在这里外，晚清一些著名的事件也与该会馆有关。1895年，康有为和梁启超开展维新变法运动，当时他二人在北京创办的选登"阁抄"、翻译记录新闻、介绍西学的"万国公报"报社就设在这座会馆里。不仅如此，康有为所创立的中国近代史上第一个改革派的政治团体"强学会"的会址也设在这里。

曾经有过很多辉煌历史的安徽会馆，如今的命运却很令人惋惜，它面临着被拆损。据了解，北京市已筹资修复了该会馆的少数建筑，但目前原馆的80%以上仍为100多家居民及后孙公园小学占用。

对这座"京城第一座会馆"的保护可谓任重而道远。

# 什刹海沿岸名人故居知多少

北京作为一个古老的文化之都，分布着很多名人故居，仅美丽的什刹海沿岸就有多处，如梅兰芳故居、宋庆龄故居、张伯驹故居、郭沫若故居、丁玲故居、马海德故居、梁漱溟故居、萧军故居、杨沫故居等。

（1）梅兰芳故居。梅兰芳是我国著名的京剧大师，其故居位于护国寺街9号院，现如今为梅兰芳纪念馆，收藏着大量的珍贵文物资料。梅兰芳纪念馆，原本是清末庆亲王奕劻王府的一部分，中华人民共和国成立后经过修缮，梅兰芳搬到这里居住，一直住到去世。正是在这座幽静、安适的四合院里，梅先生度过了他人生的最后十年。梅兰芳逝世后，在该住所处建立了梅兰芳纪念馆，并于1986年对外开放。如今朱漆的大门上，还悬挂着邓小平亲笔书写的匾额"梅兰芳纪念馆"。

（2）宋庆龄故居。宋庆龄是中华人民共和国名誉主席，其故居位于后

什刹海风光

海北沿 46 号，原本是清朝的醇亲王载沣也就是清末代皇帝溥仪之父的府邸，是一座非常古典的园林，在园中种植着各种花草树木，还有各式各样的古典建筑，如畅襟斋、听鹂轩、观花室、恩波亭等，尽显中国古建筑之美。宋庆龄是从 20 世纪 60 年代开始在这里居住的，直至她去世。

（3）张伯驹故居。张伯驹和张学良、溥侗、袁克文一起被称为"民国四公子"，是一位集收藏鉴赏家、书画家、诗词学家、京剧艺术研究家于一身的"奇才名士"。张伯驹故居位于后海南沿 26 号，院子紧邻后海，环境清雅。张伯驹于 20 世纪 50 年代迁居于此，一直住到他 1982 年去世。与其他的故居相比，风格非常独特。因为该故居并非典型的四合院结构，它坐南朝北，有五间北房，在院子的南部有一方亭和廊房。北房的东间是主人的卧室，西间是客房，居中三间是客厅兼画室。

（4）郭沫若故居。郭沫若是我国伟大的文学家，其故居位于前海西街 18 号，是一座二进四合院，在其前院有小山和一株高大的银杏树，阶前的廊下，种植着腊梅、海棠、紫藤等植物。如今的郭沫若故居为郭沫若纪念馆。

（5）丁玲故居。丁玲是我国当代著名的作家、社会活动家，主要代表作是《太阳照在桑干河上》。丁玲故居位于大翔凤胡同 3 号。两排平房各踞南北，西面是一栋两层小楼，环境静谧优雅。丁玲晚年曾经在此居住，如今是《民族文学》杂志社所在地。

（6）马海德故居。马海德是阿拉伯裔美国人，性病和麻风病专家。他早年即投身中国革命，中华人民共和国成立后，协助组建中央皮肤性病研究所，致力于性病和麻风病的防治和研究。他毕生为这些病的患者解除病痛，为在中国消灭性病和在 2000 年全国争取达到基本消灭麻风病做出了贡献。其故居位于后海北沿 24 号，他是从 20 世纪 50 年代搬到这里来的。该院子呈坐北朝南方向，有五间北房，分别用作餐厅和卧室。东厢房是秘书室和客厅，西厢房是子女们的居室。

（7）梁漱溟故居。梁漱溟是我国著名的思想家、哲学家、教育家、社会活动家、爱国民主人士、学者、国学大师，主要研究人生问题和社会问题，现代新儒家的早期代表人物之一，有"中国最后一位儒家"之称。其故居位于西海西沿 2 号。梁漱溟是在 20 世纪 50 年代，从借住的颐和园搬到这里来的。故居为歇山顶门楼、砖砌影壁，与近处的汇通祠相望，风景清旷。

（8）萧军故居。萧军是中国现当代著名作家，是"东北作家群"的领军人物。其故居位于西城区鸦儿胡同 6 号，是一栋砖木结构的两层西式小楼，也是北京最古老的胡同建筑之一。萧军是在 20 世纪 50 年代初从沈阳迁到这里来的，当时这处宅院被称为"银锭桥西海北楼"。

（9）田间故居。田间，原名童天鉴，安徽省无为县羊山乡人，是我国著名的诗人，主要代表作有《未明集》《中国牧歌》《中国农村的故事》《给战斗者》等，享誉诗坛。他提倡诗歌要民族化、大众化、战斗化。为了更好地集中精力工作和写作，他在 1954 年用稿费购买了后海北沿 38 号院作为自己的居所，一直住到他逝世那一天。田间故居是一座四合院，呈坐北朝南方向。北房五间，分别为书库、卧室、客厅。西厢房为办公室，东厢房为餐厅。

（10）杨沫故居。杨沫是我国著名作家，其主要代表作是俘虏了众多年轻人之心的长篇小说《青春之歌》，其中鲜明、生动地刻画了林道静等一系列青年知识分子形象。杨沫故居位于柳荫街 29 号，该院原本是涛贝勒府的其中一部分。建筑风格相对传统，院中有花坛，种植着一些老树。

# 曹雪芹在哪里写出了他的《红楼梦》

曹雪芹故居位于海淀区四季青乡正白旗村 39 号，是他晚年居住的地方。1983 年 4 月 22 日开馆，傅杰题写匾额"曹雪芹纪念馆"。馆舍是一排坐北朝南的清式平房，占地面积约 3000 平方米，建筑面积 300 平方米。馆藏主要有与曹雪芹身世相关的文物，曹雪芹一家与正白旗村有关的文物，以及名著《红楼梦》所描述的实物仿制品等。

**曹雪芹故居**

说起曹雪芹，很多人都能说出一二来。大家之所以对他这么熟悉，无不是因为这部鸿篇巨著——《红楼梦》。据说，当年曹雪芹就是在这个故居里写出《红楼梦》的。

满纸荒唐言，一把辛酸泪。

都云作者痴，谁解其中味。

这是放在《红楼梦》最前边的小诗，算是作者曹雪芹的自我评价吧。

曹雪芹的《红楼梦》是中国最伟大的一部小说，是一部用血泪写成的巨著，因为作家曾经历过，也体会过。曹雪芹原来是一个世代贵族子弟。他的曾祖曹玺是康熙皇帝的宠臣，被派到南方当江宁织造。曹玺死后，曹雪芹的祖父曹寅、父亲曹頫（音 fǔ）接替了这个差使，一家三代前后做了六七十年织造官，不用说家产越来越富，成了一个豪门。

康熙的儿子雍正即位后，因为皇室内部的问题，牵连到曹家，不但革了曹頫的职，还下令查抄了他们的家。那时候，曹雪芹已是个十岁出头的孩子，看到家庭遭到这样大的灾难，幼小的心灵受到很大打击。曹家在曹雪芹十三岁左右时迁到北京居住，先在崇文门外蒜市口居住，几经搬迁，于乾隆九年（1744年）左右回归香山正白旗祖居。他在这里过着清贫的生活，并遭中年丧妻、晚年天子之痛。曹雪芹童年时过着锦衣纨绔的生活，后家道衰败，曾以教书为生，晚年移居西山，在这里开始了他《红楼梦》的创作。1971年在香山地区正白旗村发现的一座带有几组题壁诗的老式民居被部分专家认为是他著书之所，后以此为基础建成了该纪念馆。

　　我们可以看出曹雪芹的一生是由盛而衰的一生。少年时候是"锦衣纨绔"的奢华，居北京之后到晚年的生活都是困苦的。在由社会上层一下跌入几乎不能忍受的底层的巨大变化中，他饱尝了世态炎凉，体察到了社会上贫富悬殊的尖锐对立，也清醒地看到了自己以前所处阶级的腐朽和罪恶。于是他开始以他过去的生活作为蓝本，进行创作与反思。

　　那本足可光耀千年的文学巨著写于曹雪芹凄凉困苦的晚年，创作过程十分艰苦。如第一回里说的那样，"曹雪芹于悼红轩中，批阅十载，增减五次"，真是"字字看来皆是血，十年辛苦不寻常"，可惜没有最终成稿，曹雪芹因幼子夭折，忧伤成疾，就于贫病交迫中搁笔长逝了。他绝没有想到，他为后世留下了无价之宝。

　　第一，在文学史上，《红楼梦》的成功让人惊讶，到如今，中国还没有哪一部小说可以超越它。它的布局如大海般宽阔，描写细腻深刻，使得几百个人物都有自己的性格，只要听他们说话，就可分辨出是哪位。只要分辨出哪位，就可知道他们的特征，并让读者的感情随人物的心情发生相应变化。世界上还找不到另外一本小说能像《红楼梦》一样，包括这么多人，而又描写得如此细致。

　　第二，在语言上，《红楼梦》使用的是北京话。北京话词汇丰富，适合书写，比如书中贾宝玉的丫头小红，她能快速地把讲述一群身份和关系互不相同的人的一些凌乱言语用北京话表达清楚。

　　第三，在社会史上，《红楼梦》更是一个包罗万象的顶级宝库，可以说它是对中国两千年来封建社会的总解剖，让人可以通过它，认识封建专制和儒家思想下的社会结构、家庭结构和个人意识形态等，所有社会问题在里边都有非常丰富和详细的说明。所以专家说，随着年龄智慧的增长，心理背景及社会背景的不同，每一次阅读，都有一次新的发现。

　　也的确如此。曹雪芹死后，他的小说稿本经过朋友们传抄，就渐渐流传开来。许多人读了这本小说，那种赞叹和惊愕几乎无法用言语来表达。后来，又有一个文学家高鹗，续写了后四十回，使《红楼梦》成了一部趋于完整的小说。完整后的《红楼梦》，更是越传越广，它对读者的感染力非常大，直到 20 世纪初期，男青年还都以贾宝玉自居，女青年还都以林黛玉自居。从国内到世界各国，都有许多学者研究、考证这部伟大著作，形成"红学"这一文学派别。

这部伟大的现实主义著作，是曹雪芹自己生活的写照，他满怀深情地描写了宝玉、黛玉这些美好形象，不难看出作者的良苦用心——表达社会、家庭给他带来的辛酸悲苦。这些悲苦深刻地反映了曹雪芹多难的人生和痛苦的心境。

第六章

# 老北京风味饮食故事

# 京菜为何没有进八大菜系

提及中国菜，很多人都会提及著名的八大菜系，分别是：山东菜、四川菜、湖南菜、江苏菜、浙江菜、安徽菜、广东菜和福建菜。然而，令人称奇的是，其中并没有北京菜。要知道"北京以吃名天下"，北京人可是最讲究吃、最会吃的啊！

最讲究吃、最会吃的北京人为什么没有使北京菜挤入中国八大菜系的行列中呢？

其实最主要的原因就是北京菜品种的多样化，汇集了众家之长，品种虽然非常多，但没有形成自己独特的风味。所以，没有被纳入著名的八大菜系中。

然而，现实生活中，有人将北京菜列入了"八大菜系"中。其实，这并不准确。因为若要形成菜系，首先就要和自己的本土文化相吻合，具备一定的独特性。除此之外，在品种、规模、制作方法、食用方法等方面，也要形成自己的一整套东西，因为只有形成系统了才能称其为菜系。然而，北京菜却不具备"独特性"和"系统性"这些特点。

据老辈人讲，在过去，北京的餐饮业中数山东菜馆最多。当时比较有名的餐馆中有"十大堂"和"八大居"之说。所谓的"十大堂"即指金鱼胡同的福寿堂、东皇城根的隆丰堂、西单报子街的聚贤堂、东四钱粮胡同的聚寿堂、总布胡同的燕寿堂、地安门外大街的庆和堂、什刹海北岸的会贤堂、前门外打磨厂的福寿堂以及前门外大栅栏的惠丰堂和天福堂；而"八大居"是指前门外的福兴居、万兴居、同兴居、东兴居（此四家又称"四大兴"），大栅栏的万福居，菜市口北半截胡同的广和居，西四的同和居，西单的砂锅居。除了"十大堂"和"八大居"之外，还有"八大楼"和"八大春"之说，其中大多是山东风味，足见北京菜中被纳入了很多山东菜元素。

老北京除了山东餐馆比较多外，淮扬菜也比较多。主要是因为在北洋政府时期，各部长、署长、国会议员等官员以及各大学的很多教授大多来自江浙，他们要吃自己的家乡菜，就这样，淮扬菜在北京就扎根发展起来。甚至出现这样的盛况：在20世纪二三十年代的西长安街，尤其是西单附近，至少有十二家经营淮扬菜的餐馆，被人称为"长安十二春"。所以，北京菜中也被纳入了很多淮南菜元素。

另外，从历史的角度看，也验证了北京菜的繁杂、多样化。在旧时，北京有皇家、王公贵族、达官贵人、巨商大贾和文人雅士等各方面人士，因而社会交往可谓比较复杂。再加上社交礼仪、节令及日常餐饮的需要，各种餐馆非常多，甚至各个宫廷、官府、大宅门内，都雇用了自己专门的厨师。而这些个厨师来自全国各地，很自然地也会把自己家乡的饮食风味带进北京，这样就导致北京菜"鱼龙混杂"、博采众家之长。这对北京饮食业的发展有很大的好处，但一个弊端就是太多的地方元素融进了北京，导致北京菜缺少了独特的个性。

如今，北京菜虽然没有被纳入八大菜系，但也发展得不错，也有自己引以为豪的菜，如北京烤鸭、涮羊肉等。而且随着社会的发展，尤其是商品经济的勃兴，北京菜的发展空间会越来越大，会发展得越来越好！

## 老北京的宫廷菜知多少

宫廷菜，又被称为仿膳菜，其最大的特点可以用八个字来形容，那就是"稀贵、奇珍、古雅、怪异"。与其他菜色相比，宫廷菜无论在色、质，还是味、形、器上，都特别有讲究，极尽皇家雍容华贵之美。也正因为这份雍容华贵，宫廷菜通常会是招待外宾、贵客的首选。

宫廷菜的发展史特别长，从商周时期就有了。经过多年的发展，已经成为中国古代烹饪技艺的经典和集大成者，备受中外人士的欢迎和喜欢。

几千年来，中国悠长的历史长河中，朝代有很多，宫廷菜的风味也有

仿膳菜品

很多。但如今大家所说的宫廷菜多是指清代的宫廷风味菜，主要是在山东风味、满族风味和苏杭风味这三种各具特色的风味菜的基础上发展而来的。

具体来说，清代的宫廷菜具备如下几个特点：

首先，原料的选择方式非常独特。它可以随意选取民间上品烹调原料，各地进贡的名优土特产品，广收博取天下万物中的稀世之珍。燕窝、鱼翅、鲍鱼、斑鸠、雉鸡、鹌鹑、野鸡、野兔、猩唇、熊掌、鹿茸、鹿脯等，各地出产的山珍海味、珍禽异兽、鲜蔬名果，应有尽有，不仅品种繁多、齐全，还对这些原料产地、质地、大小、部位，都有严格的要求。例如宫廷名肴"一品麒麟面"必须以麋鹿的鼻子为主要原料；"清汤虎丹"必须以小兴安岭的雄虎睾丸为主要原料。当然，为了调剂菜式的口味，有时也会用一些比较常见的原材料，但在烹调的方式方法上会非常讲究，其烹调之精细，辅料之昂贵，实非普通老百姓的家常菜式的做法可比拟。

其次，原料的多样化。清代宫廷菜最忌讳的就是原材料的单一，一般都要求由两种或两种以上的菜肴品种拼制组合而成。不仅如此，在原材料的大小规格和加工切配上也有很严格的要求：大小规格上要求"不大不小，不多不少，入口恰好"；加工切配上要求"不仅要根据原料的特性进行造型，

148

还要注重烹制时的易于入味"。

再次，菜肴造型的独特。清代宫廷菜比较追求造型的美观，而为了达到这种美观，当时的厨师们可谓想尽了各种方法，最终发明出了独特的"围、配、镶、酿"等工艺方法。所谓"围"，是指以素围荤、以小围大；所谓"配"，是要求将两种造型不同的原料成双结对地搭配在一起，从而赋予一种特定的寓意；所谓"镶"，是指在一种原料中点缀上另一种经特殊加工的原料，使菜肴更富有逼真的形象；所谓"酿"，就是将经精加工过的各种原料填抹在整形原料内，使菜肴的外形更加完整饱满，滋味更加鲜美。在运用这几种手法时，厨师们要懂得融会贯通、互为辅助，这样才会使菜肴更加美味。

## 老北京人口中的"吃秋"是怎么回事儿

在老北京人中间有这样一种说法，那就是一入秋就得"吃秋"。什么是吃秋呢？所谓吃秋，也被叫作"贴秋膘儿"，就是指在入秋时，要吃些有营养的美食，以滋养身体。如今老北京城还有"立秋炖大肉"的说法。

老北京人为什么讲究"吃秋"呢？

主要有两个原因。一个原因是，老祖宗们都把炎热的夏天叫作恶季，就是因为每逢夏天，生活环境会变坏，苍蝇、蚊子等虫类横生，会带来并传播各种疾病，再加上夏天天气闷热，会影响人进食的胃口，导致人一到夏天就容易营养流失，出现胃口不佳、精神萎靡等症状，也因此民间有"一夏无病三分虚"的说法。而入秋了，正是补充人体所缺的各种营养的好时机，正所谓"秋季补得好，冬天病不找"。另一个原因是，秋天是收获的季节，待到庄稼成熟时，京郊的玉米、稻谷、高粱、大枣、核桃、梨等应时上市，老百姓们有了丰盛的吃食，胃口也会见好，就开始关注这贴秋膘的事儿了。

那么，老北京人"吃秋"都吃些啥呢？

其实不同阶层的人吃法也不同。通常生活比较富裕的人家会经常烹制

**老北京烤肉**

一些鱼啊肉啊的吃食，如红烧肉、红烧鱼、炖牛羊肉、炖鸡鸭等富含蛋白质的肉类佳肴；而生活比较穷苦的老百姓则多吃蔬菜和面食，如大白菜、土豆、油菜、玉米面、高粱米等，家庭稍微宽裕时，还会偶尔买点肉和新上市的韭菜、茴香、小白菜制作出馋人的水饺、菜团子等；最讲究"吃秋"的还是那些社会名流、文人墨客、演艺界名伶，他们在入秋时，通常会携家人或约好友下馆子，吃些烤鸭、烤肉、涮肉等名吃。

除了以上吃食外，老北京人在入秋时还喜欢吃这几样儿：

1. 玉米棒

立秋前后，成熟的作物还不多。但有一种作物会提前进入收割期，那就是京郊的农民朋友专为售卖而提前种植的玉米棒。一入秋，老百姓们就会去市集上买一些颗粒饱满的青玉米，拿回家中放入大锅里用清水煮沸，待青玉米被煮成了金黄色白玉般的老玉米后，那香味甭提多诱人了。

2. 羊头肉

羊头肉具有丰富的营养，味甘、性热，是温补脾胃肝肾、补血温经的好食物，最适合在入秋时节进食。《燕都小食品杂咏》就曾对羊头肉有如下记载："十月燕京冷朔风，羊头上市味无穷。盐花洒得如飞雪，薄薄切成与纸同。"

3. 甜枣

入秋时节，最让孩子们喜欢的吃食非甜枣莫属了。老北京较大的四合院栽种枣树的人家很多，每逢入秋，甜枣成熟，累累的果实挂满了枝头，玛瑙般的枣儿让人们喜出望外。民间就有"七月十五枣红圈，八月十五枣摆杆"的说法。

### 4. 煮毛豆、煮花生

农历八九月份，是煮毛豆和煮花生流行的季节。这时候，京郊的农民朋友会把毛豆、花生拉到菜市场销售。市民将买回的毛豆、花生用锅煮熟，趁热放入花椒、大料、食盐，捞出来便可食用。这两种吃食的味道十分可口，在老百姓中广受欢迎。

秋天是成熟的季节，可吃的东西真是太多了。这时候老百姓们都会利用这大好时机，多进食一些营养丰富的肉类、蔬菜瓜果、五谷杂粮，以求得一个健康长寿的身体。

## 老北京人的年夜饭都有什么

中国人的传统里有各式各样的饭局：亲戚的、朋友的、同学的、老乡的、客户的……但天字一号重要的当数除夕晚上的那顿年夜饭。

年夜饭代表着至高无上，就连古时的一些贤明圣祖都十分在意，在除夕这天也会特赦犯人们回家去吃顿年夜饭，因为这顿饭代表着一个人活在世上至高无上的权力，对于中国人而言这是无可替代的。难怪有人说："除夕年夜饭是国人一年最隆重的一顿饭。其意义之重，饭菜之排场，吃饭时间之长，都可谓是'一餐独秀'。"

年夜饭对国人如此重要，对重视吃食的老北京人更是如此。

以前，除夕晚上，从皇宫、王府、大宅门到普通民居、四合院，乃至五行八作混居的大杂院，都分外重视这顿年夜饭。清史记载，乾隆时期紫禁城的年夜饭常在保和殿或乾清宫内举行，在金龙大宴桌上摆满各种美味佳肴，以及各式糕点汤膳。

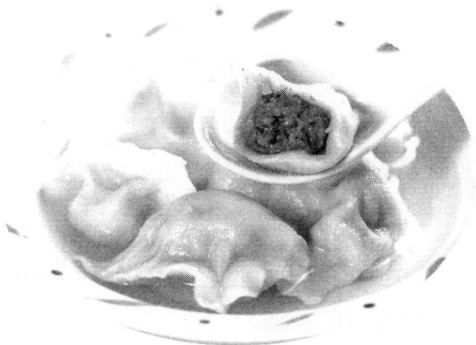

**饺子是老北京人年夜饭里必不可少的**

老北京人说话比较幽默，提及这顿特殊意义的年夜饭，他们有诸多的说辞，什么"宁可穷一年，不能穷一餐"，"打一千，骂一万，不要忘了三十儿晚上这顿饭"。甚至还有这么一段单弦岔曲，唱的就是过大年、年夜饭："十冬腊月好冷的天儿，缩着脖子抱着肩儿。进茶馆、靠炉台儿。找朋友、借俩钱儿，又买肉、又买盐、又称面、又剁馅、又娶媳妇又过年儿。"让人听着感觉多有意思呀！不仅有生活趣味在里头，还能从中感知到北京人对年夜饭的重视和热爱。

说起老北京人的年夜饭有啥，不得不提一首民谣："小孩小孩你别馋，过了腊八就是年，腊八粥，喝几天，哩哩啦啦二十三，二十三，糖瓜粘，二十四，扫房子，二十五，炸豆腐，二十六，炖羊肉，二十七，杀公鸡，二十八，把面发，二十九，蒸馒头，三十晚上熬一宿，大年初一扭一扭……"民谣中列举的腊八粥、炸豆腐、炖羊肉等，都是老北京人的年夜饭主要吃食。

但是，年夜饭仅有以上几种吃食，当然不算是丰富。还必须有另外两样，那就是"年糕"和"更岁饺子"。"年糕"寓意"年年高"。"更岁饺子"可以除夕包，但煮与吃，必须在除夕夜的子时，在新年与旧年的交替之时，"子时交"与"饺子"谐音，故称"更岁饺子"。北京传统的"更岁饺子"都是素馅——黄花、木耳、粉丝、蘑菇、春韭、鸡蛋、炸排叉、少许白菜或菠菜，清香不腻，配着腊八蒜吃着，可真是香、美！

在更岁饺子、年糕这些众所周知的年夜饭之外，老北京人家还要打"豆儿酱"——一种由肉皮、豆腐干、黄豆、青豆、水芥等做成的凉菜，色如琥珀，类似于"肉冻儿"。此外还有"芥末墩儿"，这是用来佐酒和开胃的凉菜。蜜供、萨其马也是必不可少的。一些小康的北京人，昔日还有除夕夜食鱼的习俗，但鱼必须是鲤鱼，最初是以祭神为名目，后来则与"吉庆有余"的吉祥话相联，鱼既是美食，也是供品。

当各式荤素大菜已备齐后，北京人还要备糖果、干果、瓜子和"杂拌儿"。所谓"杂拌儿"即今日之什锦果脯。当年这些小食品是人们围炉闲坐、守岁辞岁时的美食。

其实，老北京人的年夜饭，准备情况还要视自家的经济情况而定。平民百姓和王府大宅门根本没法相比。但因为对这顿饭的重视，老北京人还是倾尽全力，就是借债也要准备得尽可能丰盛全面，而且必须遵循传统的固定套子，就是必须有冷荤小菜、鸡鸭鱼肉大件菜、清口菜、佐餐的酱菜、甜菜、腊八醋蒜、年糕、八宝饭。

"历朝历代，年夜饭对中国人来说，不仅是一顿丰美的晚宴，更是一种庄重的仪式，一种精神寄托。"对老北京人来说，更是如此。

如今，随着人们生活水平的提高和工作的日益繁忙，很多北京人选择在高级酒店吃年夜饭，庆祝除夕，但总少了那份年味儿。炮竹声声中，曾经一家人围在飘着香气、热气、喜气的自家桌前吃年夜饭的时光总让人难以忘怀，那种味道真是花钱难买啊！

## 满汉全席都有哪些菜式

说起清朝的饮食，不得不提"满汉全席"。满汉全席是清代宫廷中举办宴会时满族人和汉族人合做的一种全席，其兴起于中国著名盛世之一的清代乾隆年间，是我国一种具有浓郁民族色彩的巨型筵宴。满汉全席既有宫廷肴馔之特色，又有地方风味之精华，菜点精美，礼仪讲究，集满族与汉族菜点之精华，因此成了历史上最著名的中华盛宴。

说起满汉全席的由来，需要追溯到清朝入关以后。乾隆甲申年间李斗所著《扬州画舫录》中记有一份满汉全席食单，是关于满汉全席的最早记载。另一本记载有满汉全席的书，是乾隆年间著名诗人袁枚所著的《随园食单》。袁枚在其《随园食单》中写道："今官场之菜……又有满汉全席之称……用于新亲上门，上司入境。""满菜多烧煮，汉菜多羹汤，均自幼习之。"由以上两书的记载可知，满汉全席大约形成于清朝乾隆年间。

据说，清朝入关前，宫廷的宴席十分简单。通常是在一块露天的地方，铺上一些兽皮，参宴者们围着坐在兽皮上用餐。对此，《满文老档》有记载，其中有这样的话："贝勒们设宴时，尚不设桌案，都席地而坐。"当时的宴席，不仅对坐席没有讲究，对吃食和规模更是要求不高。从吃食上看，通常都

清宫宴饮

是火锅配以炖肉，肉类主要是猪肉、牛羊肉或者猎来的兽肉；从规模上看，都不怎么大，即便是皇帝出席的国宴，也不过设十几桌、几十桌。

入关后，随着清王朝的强大和昌盛，满族与汉族及其他各民族在政治、经济、文化等各方面的交融越来越多，其饮食文化也随之发生了一定的变化，深受汉族饮食的影响。康熙五十二年（1713年），康熙帝首开千叟宴，令满汉等各民族共享一宴，便是清人在饮食文化上发生变化的一大佐证。当然，汉族的饮食文化也受到了满族饮食文化的影响，满族的一些食品也为汉族人所喜爱。除了深受汉族饮食的影响外，满族饮食文化发生变化的另一个重要原因就是国力的日渐强大。由于经济的不断发展，满族统治者在饮食上变得大大考究起来，从宫廷到民间，浮华之风大盛，这就为满族统治者举办豪华的盛宴提供了经济支撑。

最初满汉饮食文化的交融，只体现为相互间彼此的欣赏，但在举行盛大宴席的时候，满汉是不合席的，对此，《大清会典·光禄寺则例》中有记载。但是随着时间的推移，汉族人在朝中为官的人越来越多，所以朝廷在举行盛宴时也不得不考虑汉族人的饮食需要，后来发展为先吃满菜席再吃汉菜席，这种吃法被称为"翻台"。然而翻台却也带来一种结果，即制作满席和汉席的厨师为了使得自己的吃食更加精美可口，开始相互竞争且相互吸取对方的长处，人们遂将两席的菜肴去粗存精拼为一席，称为"满汉全席"，满汉全席之名由此而来。

满汉全席的取材非常广泛，用料十分精细，山珍海味无所不包，其中有满族菜肴的特殊风味，例如擅于烧烤、火锅、涮锅，但同时又显示出了汉族的烹调特色，例如扒、炸、炒、熘、烧等皆备，菜品口味可谓异常丰富。

满汉全席的规模非常大，菜肴繁多，一般情况下，上菜起码得 108 种，南菜和北菜各 54 道。南菜 54 道：30 道江浙菜，12 道福建菜，12 道广东菜。北菜 54 道：12 道满族菜，12 道北京菜，30 道山东菜。满汉全席一夕之间不能尽餐，需分全日（早、中、晚）进行，或分两日吃完，多者可延长到三日才可终席。

老百姓中很多人知道满汉全席有 108 道菜式，但具体是哪 108 道菜式，却又说不上来。其实，具体的菜式因为席类的不同，也会有很大的区别。

满汉全席因出于不同的目的和场合，以及参加者的地位不同而有 6 大不同的分类，主要有蒙古亲藩宴、廷臣宴、万寿宴、千叟宴、九白宴、节令宴等 6 种。

### 1. 蒙古亲藩宴

蒙古亲藩宴主要是清帝为了款待与皇室联姻的蒙古亲族所设的御宴。该宴通常设在正大光明殿，由满族一、二品大臣坐陪。每朝的皇帝都非常重视蒙古亲藩宴，每年都会循例举行，因为其关系到皇家与蒙古亲族的友好相处，江山社稷的长久安定。

### 2. 廷臣宴

该宴通常会在每年的正月十六举办，主要的参加人员为皇帝钦点的大学士、九卿中有功勋者、蒙古王公等，主要是皇帝为了笼络大臣、封其功禄而设置的。该宴有一个特点，即座位皆采用高椅，参加者在宴会上可以作诗饮酒，气氛相对活跃。

### 3. 万寿宴

该宴主要是为了庆祝皇帝的寿辰而设置的，属于内廷中比较盛大的宴会之一。参加人员主要为后宫后妃、王公贵族、文武百官。该宴会通常会非常热闹，乐舞宴饮一应俱全。

### 4. 千叟宴

该宴是清宫中规模最大的宴会，参加者人数最多、菜肴最丰富。康熙五十二年第一次举办，当时康熙帝还专门为其赋诗一首，即后世有名的《千叟宴》，该宴名也由此而来。后人称千叟宴是"恩隆礼洽，为万古未有之举"。

### 5. 九白宴

该宴兴起于清朝康熙年间，主要是皇帝为了款待向清廷进贡的蒙古部落使臣而举办的。据传，康熙帝初定蒙古外萨克等四部落时，这些部落为表投诚忠心，每年以九白为贡，即白骆驼一匹、白马八匹，以此为信。

### 6. 节令宴

该宴主要是清宫内廷按固定的年节时令而举办的，其中比较有名的宴会主要有元日宴、端午宴、中秋宴、除夕宴等。

## 焦圈儿的故事

谈及北京的各色小吃，很多人会首先想起焦圈儿，许多人称"边喝豆汁边吃焦圈儿是一种享受"。

什么是焦圈儿呢？所谓焦圈儿，又被称为"小油鬼"，色泽深黄，形如手镯，焦香酥脆，风味独特。别看这焦圈儿非常普通，人家可是从清宫御膳房传出来的食品呢！

据《北京土语辞典》记载："作环状，大小如锻，特别酥脆。"这讲的就是焦圈儿。除此记载之外，宋朝诗人苏东坡还曾专门为焦圈儿写过一首赞美诗："纤手搓成玉数寻，碧油煎出嫩黄深。夜来春睡无轻重，压扁佳人缠臂金。"足见焦圈儿的好吃、好看。

可以说，焦圈儿是老北京人爱吃、爱看的名小吃。其实，除了耐吃、耐看之外，焦圈儿身上还发生过很多有趣的故事，其中最有名的当数很多名厨因焦圈儿而被称为"焦圈儿王"。

在这些封"王"的历史中，最有名的是"焦圈儿俊王"。"焦圈儿俊王"

是老北京食客对光绪年间德顺斋创始人王国瑞的美称，因他长得非常白净英俊，故送给他这一个封号，如今王家的手艺已经传到了第五代。

除了"焦圈儿俊王"之外，还有一个"王"不得不提，他就是北京比较有名的兴盛馆的邹殿元。邹殿元的师傅孙德山是清宫御膳房专做焦圈儿的厨师，后来又有百年老号顺德斋"焦圈儿俊王"的相传，制作的焦圈儿可谓又酥又脆，非常受欢迎，甚至有的食客说："吃上一辈子都不腻口啊！"

如今，北京比较有名的焦圈儿售卖店是护国寺小吃店和群芳小吃店，它们制作的焦圈儿深受老百姓的喜爱，还于 1997 年 12 月被中国烹饪协会授予首届"全国中华名小吃"称号。

## 豆汁的由来

提起北京小吃，很多人会马上想起豆汁。而提起豆汁，很多人会马上想起北京的城墙宫宇、老街胡同。由此可见豆汁和北京的渊源之深。

作为早已家喻户晓的"中华名小吃"和国际友人身临北京"必尝"的几样名吃之一，别看豆汁其貌不扬，却一直是众人尤其是老北京人的香饽饽，爱新觉罗·恒兰还专门撰写了一本有关豆汁的书，书名叫《豆汁儿与御膳房》。人们为什么这么喜欢豆汁呢？一个主要的原因就是豆汁极富蛋白质、维生素 C、粗纤维和糖，并有祛暑、清热、温阳、健脾、开胃、去毒、除燥等功效。

北京城里从哪年开始有了卖豆汁儿的呢？据说有好多种说法。

爱新觉罗·恒兰在其所著的《豆汁儿与御膳房》中，曾这样写道：乾隆十八年也就是 1753 年的夏天，民间一个作坊偶然发现用绿豆磨成的粉浆发酵变酸，尝起来酸甜可口，熬熟后味道更浓。于是，在民间开始饮用，逐渐在北京流行起来。

后来这种粉浆传到了皇宫中，深受乾隆帝的喜欢。乾隆帝还曾下谕："近日新兴豆汁儿一物，已派伊立布检查，是否清洁可饮，如无不洁之物，着蕴布招募豆汁儿匠二三名，派在御膳房当差。"于是，源于民间的豆汁成了

豆汁

御膳。

其实不仅乾隆帝，极挑剔的慈禧太后也非常爱喝豆汁。传说慈禧幼年的时候，家就在北京的新街口。当时她家非常贫寒，经常吃不起蔬菜，为了补充孩子的营养，她母亲就经常用豆汁代替蔬菜。后来慈禧进宫后，就专门请人来御膳房制作豆汁。久而久之，豆汁成为当时清宫御膳中的一种饮料。

照这么算来，北京人喝豆汁儿已经有几百年的历史了。

可是虽然有几百年的历史，还是有很多人不知道豆汁的味道。早些年，京城有一个京剧非常火，这个京剧叫《豆汁记》，又叫《金玉奴》或《棒打薄情郎》。很多人看了，不知"豆汁"为何物，以为即是豆腐浆。其实，豆汁的制作工艺比豆腐浆要复杂得多。豆汁实际上是制作绿豆淀粉或粉丝的下脚料。它用绿豆浸泡到可捻去皮后捞出，加水磨成细浆，倒入大缸内发酵，沉入缸底者为淀粉，上层飘浮者即为豆汁。发酵后的豆汁须用大砂锅先加水烧开，兑进发酵的豆汁再烧开，再用小火保温，随吃随盛。

喝豆汁也讲究缘分。和豆汁没缘的外地人，第一次见到豆汁，就会被那味儿给弄晕了，犹如泔水般的气味使他们难以下咽，以致质疑怎么那么多北京人爱喝豆汁。

北京人通常会把喝豆汁当成是一种享受。他们第一次喝豆汁时也会难受，但捏着鼻子喝两次，感受就不同一般了。有些人竟能上瘾，到处寻觅，就是排队也非喝不可。

《燕都小食品杂咏》就曾记载说：

"糟粕居然可作粥，老浆风味论稀稠。无分男女齐来坐，适口酸盐各一瓯。"

"得味在酸咸之外，食者自知，可谓精妙绝伦。"

豆汁儿是具有独特风味的北京传统小吃，也是老北京文化不可缺少的一部分。北京人自有着一身对自己传统文化的赤胆忠贞，只要纯正的北京文化没有完全被外来文化异化掉，豆汁的味道就仍会在北京城里飘来荡去，让人心醉神迷。

## 炒肝儿的由来

去包子铺吃饭的人，偶尔能看到隔壁桌上有一个人在吃一碗黑乎乎的黏稠状食物，汤汁油亮酱红，肝香肠肥，让人忍不住也来一份尝尝。这种黑乎乎的黏稠状食物是什么？就是北京名吃炒肝儿。

炒肝儿是北京特色风味小吃，由宋代民间食品"熬肝"和"炒肺"发展而来，以猪的肝脏、大肠等为主料，以蒜等为辅料，以淀粉勾芡而成，其味浓不腻、稀而不澥，颇得北京人的喜爱。

说起炒肝儿，北京人几乎人人都知道。但说起其来历，很多人就开不了口了。追溯炒肝儿的历史，要从清朝同治年间前门鲜鱼口胡同的会仙居开始说起。

当时，会仙居由三位姓刘的兄弟经营，主要经营白水杂碎生意。这三兄弟都是非常勤劳的人，他们起早贪黑地干，一点也不敢偷懒，可生意就是不景气。于是，这三兄弟便商量着如何提升店铺的人气，在老大的提议下，他们决定改进白水杂碎的做法。

说来也巧，当时《北京新报》的主持人杨曼青和这三兄弟的交情非常好，得知他们的想法后，便给他们提议说："你们既然想改进，何不大刀阔斧地改！你们把

炒肝儿

白水杂碎的心肺去掉，加上酱色后勾芡，名字可不能叫烩肥肠，就叫炒肝儿，这样或许更能吸引人一些。"

三兄弟听了，都觉得这想法不错。想了一会儿后，老三说："那人家问为何叫'炒肝儿'时，我们可怎么说啊？"

杨曼青听了哈哈大笑："老三你可真是个大实诚人！你们大可以说肝被炒过啊。这样吧，为了提升你们的名气，我在报上也帮你们宣传宣传。"

三兄弟听了，别提多开心了，与杨曼青话别后，便照他的提议行动。

三兄弟把鲜肥的猪肠用碱、盐浸泡揉搓，然后用清水加醋洗净，用文火炖；等肠子烂熟之后将其切成小段，鲜猪肝则片成柳叶状的条儿。在制作炒肝儿之前，他们先把作料和口蘑汤做好。

别看作料和口蘑汤不是主原料，可也不能小看，它们影响着整个炒肝儿成品的品质。他们先将锅温热放油，把大料炸透，然后放入生蒜，等蒜变黄时就放入黄酱，然后炒几下，蒜酱便做好了。除了精心制作作料外，还要精心制作口蘑汤备用。

待一切准备好后，就可以制作炒肝儿了。先将切好的熟肠段放入沸汤中，然后放入蒜酱、葱花、姜末和口蘑汤，之后放入切好的生猪肝，马上勾芡，最后撒上蒜泥，炒肝就做好了。汤汁晶莹透亮，猪肠肥滑软烂，肝嫩鲜香，清淡不腻，醇厚味美。

会仙居的炒肝儿一经推出，便吸引了众多顾客。他们争相来买炒肝儿，不久会仙居的名声在当地便是响当当的了！

会仙居的炒肝儿出名后，京城的各大饭店、各个小吃店也跟着做炒肝儿的生意。随着岁月的流逝，炒肝儿发展成为京城的一大名吃，流传到了现在。

## 卤煮火烧的由来

卤煮火烧是老北京的一道传统小吃，地道的北京人中估计没有几个人不喜欢吃。火烧切井字刀，豆腐切三角，小肠、肺头剁小块，从锅里舀一勺老汤往碗里一浇，再来点蒜泥、辣椒油、豆腐乳、韭菜花。热腾腾的一碗端上来，犹如品尝人间美味。

如此美妙的食物可是老北京土生土长的物什，甚至比京剧都还要地道。为什么这么说呢？因为最初的卤煮出自清宫廷的"苏造肉"。

相传，清朝乾隆帝

卤煮火烧

在一次赴南方微服私访时，曾住在大臣陈元龙的家里。陈府里的厨师张东官做得一手好菜，颇对乾隆的口味。于是乾隆帝在私访结束回京时，向陈云龙讨要了张东官，将他安置在宫中御膳房。

张东官是一个非常聪明的人，他知道乾隆帝喜爱厚味饮食，就用五花肉加丁香、官桂、甘草、砂仁、桂皮、蔻仁、肉桂等香料烹制出一道肉菜供膳。香料按照春、夏、秋、冬四季区分，分量随之变化。这样配制的香料煮成的肉汤，因张东官是苏州人，就称为"苏造汤"，其中的肉就被称为"苏造肉"。后来"苏造肉"传到了民间，受到老百姓的深深喜爱。《燕都小食品杂咏》对此有记载，其中有一首诗就是专门为"苏造肉"而创作的："苏造肥鲜饱志馋，火烧汤渍肉来嵌。纵然饕餮人称腻，一脔膏油已满衫。"由此可感知"苏造肉"的美味。

然而，"苏造肉"又是如何演变为卤煮火烧的呢？这要归功于"小肠陈"的创始人陈兆恩。陈兆恩当时就是售卖"苏造肉"的。那时的"苏造肉"是用五花肉煮制的，所以价格非常贵，只有那些达官贵人才吃得起，而普通的老百姓根本买不起。为了让更多的老百姓都能吃上可口的"苏造肉"，陈兆恩便苦思妙策，最后决定用价格低廉的猪头肉取代价格昂贵的五花肉，同时加入价格更便宜的猪下水进行煮制。没想到用猪头肉和猪下水煮制的"苏造肉"竟然在老百姓中大受欢迎，成为当时一绝。

这给了陈兆恩很大的鼓舞和信心。为了让更多的老百姓都能吃上更可口的"苏造肉"，陈兆恩主张加入火烧一起卤煮。火烧与烧饼十分相似，但火烧表面上没有芝麻仁。而卤煮指的是"卤煮猪下水",卤煮火烧是将整个火烧放入卤煮猪下水的大锅中同煮,食用时捞起来切块,与卤猪下水同食,可加香菜及辣椒油。

卤煮火烧的开创,不仅便利了当时的老百姓,丰富了老百姓的日常生活,而且为老北京特色食谱添加了一道亮丽的风景线。

# 北京烤鸭的由来

北京烤鸭肉质鲜嫩,汁液丰富,气味芳香,且易于消化,营养丰富。国内各地人士以及外国友人,大凡到北京来的,都要一尝风味独特的北京烤鸭,北京烤鸭可谓名闻中外。

然而说起北京烤鸭的起源及名称来历,则众说纷纭,至今没有一个统一的说法。大致归纳总结一下,具有代表性的历来有三种传说。

第一种说法是北京说。北京说也即土生土长说。相传在 800 多年前,金朝把都城建在了北京。当时的北京还没有现在这么繁华、门庭若市,还是一片山野,林木环绕着小河、沟渠、溪流,风景优美。当时的农夫都乐于养鸭,由于这里水草丰美,鸭也都肉厚油肥。再加上山林里游荡着一批野鸭,这些野鸭生于这样的环境中,也都只只健硕肉美。而金朝的女真人比较擅长狩猎,所以经常会去山林里打一些鸭子回来烤食。后来,金朝强大后,后宫的御厨厨艺也大为增长。宫廷师傅们对打来的鸭子增加了烤炙程序,精其味料,做成最初的烤鸭。后历经北京厨工改良烤法,形成一套固定工艺,成就了今日的北京烤鸭,所以有人说北京烤鸭是土生土长的北京菜肴。

**北京烤鸭**

第二种说法是杭州

说。杭州说也叫元代说。相传，关于烤鸭的形成，早在公元 400 多年的南北朝时期的《食珍录》中即有"炙鸭"字样出现，南宋时，"炙鸭"已为临安（今日的杭州）"市食"中的名品。当时烤鸭不但已成为民间美味，同时也是士大夫家中的珍馐。后来，临安被攻破，元军俘虏了许多临安的名厨到大都（今日的北京），炙鸭因此在北京落下脚。由此，烤鸭技术就传到北京。后来，随着岁月的流逝、朝代的更迭，烤鸭成为明、清宫廷的美味。明朝时，烤鸭是宫中庆祝节日必备的菜肴，北京有名的烤鸭店"便宜坊"，便是明朝时开业的。清朝时，烤鸭成为众皇亲国戚的厚爱佳品，据说康熙帝和慈禧太后就十分喜欢吃烤鸭，"北京烤鸭"之名也逐渐定名。官吏们常常收购北京烤鸭，供亲属享用。据《竹叶亭杂记》记载："亲戚寿日，必以烧鸭相馈遣。"烧就是烤，可见烤鸭还成了当时勋戚贵族间往来的必送礼品。

第三种说法是南京说。南京说也叫明代说。相传，明朝建都南京的时候，当时的南京和金朝时的北京一样，没有今日的繁华，多山野和湖泊，盛产湖鸭。由于湖鸭众多，明宫的御膳房师傅们便借地缘优势，研究起鸭菜来。他们通过精心的研制，发明了盐水鸭、香酥鸭、腊鸭、烤鸭，一鸭百味，均由此出。后明成祖将都城迁到了北京，御厨师傅们也便将鸭菜的做法带到了北京，当然其中就有烤鸭的做法。后来，又从御厨传到了民间，经过岁月的磨砺，成就了一道北京名吃——北京烤鸭。

中华人民共和国成立后，北京烤鸭的名气越来越大，驰名中外，甚至成为中国饮食的代表，可见北京烤鸭的受欢迎度。

## 酸梅汤的由来

酸梅汤，古时候被称为"土贡梅煎"，是老北京传统的解暑饮品。在天气炎热的夏天，老北京人通常会买一些乌梅（或者杨梅）来自行熬制，里边放上些白糖去除乌梅（或者杨梅）的酸味，冰镇以后饮用。

酸梅汤的营养成分非常高，能清热解毒、安心止痛，甚至可以治咳嗽、霍乱、痢疾。对此项功能，经典神话小说《白蛇传》就曾有"乌梅辟疫"

老北京卖酸梅汤的小贩

这一故事。

对酸梅汤的功用和流行，民国时期的徐凌霄描述得最为形象，他在自己的作品《旧都百话》中曾这样描写酸梅汤："暑天之冰，以冰梅汤最为流行，大街小巷，干鲜果铺的门口，都可以看见'冰镇梅汤'四字的木檐横额。有的黄底黑字，甚为工致，迎风招展，好似酒家的帘子一样，使过往的热人，望梅止渴，富于吸引力。昔年京朝大老、贵客雅流，有闲工夫，常常要到琉璃厂逛逛书铺，品品古董，考考版本，消磨长昼。天热口干，辄以信远斋的梅汤为解渴之需。"足见酸梅汤在当时的流行。

说起酸梅汤的历史，可谓久远，可追溯到清朝乾隆时期。有诗为证，乾隆年间的诗人郝懿在作品《都门竹枝词》就曾写过这样的诗句："铜碗声声街里唤，一瓯冰水和梅汤。"

今天老北京人喝的酸梅汤是从清宫御膳房传到民间来的，所以，民间素有"清宫异宝，御制乌梅汤"这样的说法。

清朝时期，酸梅汤在皇宫内十分流行，乾隆皇帝尤其喜欢喝。很多人不禁会问，酸梅汤为什么在清宫这么受欢迎？其实这有着很深的历史渊源。

相传，满族人十分喜欢喝酸的东西。当时的他们以狩猎为生，肉食是其主要食物。为了解除吃过肉食后的那种油腻味，他们发明了酸汤子这种满族食品。所谓的酸汤子，主要原料是玉米面，是玉米面发酵后做成的。满族人在吃完油腻的肉食后，再喝点清爽可口的酸汤子，无异于品尝到了人间美味。

后来满族人入关后，酸汤子也随之传到了北京城。由于生活的环境发生了变化，他们逐渐放弃了狩猎的主要生活方式，所以其身体等方面也随之产生了变化。由于酸汤子的主要原料是玉米面，玉米面的糖分非常高，如果食用过多而运动量较少的话，身体里的糖分就会过高，从而转化成脂肪，增加身体体重，影响身体的健康。针对这一现象，素来喜欢喝酸汤子的乾隆皇帝便下旨改进。

御膳房的厨师们接到乾隆帝的旨意后，丝毫不敢懈怠，夜以继日地研究，终于熬制出了能替代酸汤子的饮品，它就是我们今天所说的酸梅汤。

酸梅汤的主要做法是：将乌梅、桂花、甘草、山楂、冰糖掺杂在一起进行熬制。由于乌梅具有去油解腻的功用，桂花具有化痰散瘀的功用，甘草能清热解毒，山楂能降脂降压，冰糖能益气润肺，所以这几样原料掺杂在一起熬制而成的酸梅汤功用非常大，不仅能够去油解腻，还含有丰富的有机酸、枸橼酸、维生素 B2 和粗纤维等营养元素。

酸梅汤一经研发成功，就受到了乾隆皇帝的嘉许，据说，乾隆皇帝每天都会喝上一碗酸梅汤。乾隆帝对酸梅汤的这份喜爱之情，再加上酸梅汤本身味美、富有营养的特性，吸引了众多的老百姓来品尝酸梅汤，酸梅汤遂逐渐在民间流行起来。

## 涮羊肉的由来

一到寒冬腊月，老北京人除了注意添衣保暖外，还有一个事儿绝对落不下，那就是吃一些既好吃又暖身的美食。而提起既好吃又暖身的美食，莫过于涮羊肉了。寒冬腊月，外面天寒地冻，约上三五好友去火锅店里吃顿涮羊肉，那可是人生的一大美事！

说起涮羊肉的历史，可谓非常久远。相传，涮羊肉起源于元代，和元世祖忽必烈还有很深的渊源呢！

当年，忽必烈带领军队远征。途中大家又累又饿，一个个再也不想走了。忽必烈也非常饿，看到手下们的样子，便下令暂停休息。

看着手下一个个没精打采的，忽必烈心想，什么食物最能解乏、增加能量呢？突然他想到了家乡的名吃——炖羊肉。于是他吩咐伙夫赶紧杀羊烧火。

就在伙夫宰羊割肉的时候，有手下疾奔来报，说敌军已经逼近，形势非常危急。忽必烈听了非常着急，但又非常饿，心里一直记挂着吃羊肉。于是，他边命令手下准备，边喊着："羊肉！羊肉！"

伙夫知道忽必烈是个非常急躁的人，想吃羊肉那就得马上向他提供羊肉，可羊肉得费点儿工夫才能煮好啊。怎么办呢？伙夫想了想，马上想到了一个办法。只见他飞快地切了十多片薄肉，放在沸水里搅拌了几下，待肉色一变，马上捞入碗中，撒下细盐，送给忽必烈吃。忽必烈吃后，觉得很可口，接连几碗之后，翻身上马，率军迎敌，最终凯旋。

在和将帅们举行庆功宴时，忽必烈马上想起了之前吃的那道羊肉片，便命伙夫去做。伙夫选了上好的嫩羊肉，切成了薄片，再配上各种作料，还专门准备了一锅鲜汤，请忽必烈和众将帅涮着吃。将帅们吃了，各个称赞不已。

伙夫见忽必烈喜欢，心里也非常高兴，便上前请忽必烈赐名。忽必烈一边涮着羊肉片，一边笑答："我看就叫'涮羊肉'吧，既形象也好听！"从此，"涮羊肉"就在皇宫里流行起来，深得皇帝和嫔妃们的喜爱。

那么，涮羊肉又是如何传到民间来的呢？

相传在清朝光绪年间，北京名小吃店东来顺羊肉馆的掌柜，为了使自己的餐馆更红火，拿钱贿赂了皇宫里的太监，请他从皇宫御膳房里偷出了涮羊肉的食谱。这掌柜的在御膳房食谱的基础上又进行了创新，逐渐开创了独具特色的涮羊肉，深受顾客的欢迎，涮羊肉这一吃食便在民间开始流传起来。

如今的涮羊肉得到了良好的发展，无论是在片法还是原料上都有了很大的改进，除了羊肉，还有人喜欢涮羊脑、羊腰、羊尾、羊宝等，花样繁多。

寒冷的冬天，吃涮羊肉是个理想的美食选择。但也需注意的是，羊肉不能食用过多，否则容易"上火"。所以，要适量地吃羊肉，尽量多搭配一些蔬菜吃，这样不仅吃得美味，还能增加营养、健身强体。

第七章

# 老北京风俗娱乐故事

# 北京人眼中的元宵节由来

　　老北京人都知道，在一年中，老北京最热闹的节日不是看节，而是从农历正月十三到正月十七，历时五昼夜的元宵节。说到元宵节的日子，很多人会有这样的疑惑：元宵节的正日子不是正月十五吗？怎么老北京人那么心急从正月十三就开始过上了，而且还一连过五天？这您就不知道了，其实这五天的欢庆日还只是清朝时候的老北京人过元宵节的规矩，早前唐朝的时候，老百姓们在元宵节要欢庆十昼夜呢！从中可以看出，从古到今，老百姓对元宵节的喜欢和重视。说句通俗的话，它就是咱老百姓的狂欢节。有一首《上元诗》真实地描绘出了旧时北京的元宵之夜："满城灯火耀街红，弦管笙歌到处同。真是升平良夜景，万家楼阁月明中。"

**卖元宵**

　　元宵节，也被称为"灯节""灯夕"，因其节俗活动在一年第一个月（元）的十五夜（宵）举行而得了"元宵节"这个名。除此之外，还有人称元宵节为"上元""上元节"，这是一种道教的说法。在道教理念中，存在所谓的"三元"神，即上元天官、中元地官、下元水官，这三官神分别以正月、七月、十月十五为诞辰，所以信奉道教的人喜欢把这三个日子分别称为上元、中元、下元，称元宵节为上元节。

　　在老北京人中，关于元宵节俗的形成，存在很多说法，如有的老北京人认为元宵节的由来是东汉明帝点灯敬佛的结果。那时候，明帝提倡佛教，听说佛教有正月十五僧人观佛舍利、点灯敬佛的做法，就命令这天夜里在皇宫和寺庙里点灯敬佛，令士族庶民都挂灯。渐渐地，这种命令演变成一种节日，由宫廷传到民间，它就是我们今天所说的元宵节。有的老北京人认为元宵节起源于"火把节"。据说这是远古人的一种耕种习惯。老百姓们为了使庄稼免于虫害，来年获得好收成，便在这天晚上手持火把到乡间田野驱赶虫兽，及至后来，由手持火把演变成成群结队高举火把在田头或晒谷场跳舞。渐渐地，加入这种仪式的人越来越多，演变成一个盛大的节日，它就是元宵节。其实，在多种说法中，老北京人广为接受的是另一种说法，即元宵节是汉文帝为纪念平吕而设的。汉高祖刘邦死后，吕后之子刘盈登基为汉惠帝。由于惠帝生性懦弱、优柔寡断，大权渐渐落在吕后手中。后来，惠帝病死，吕后独揽朝政，把刘氏天下变成了吕氏天下。对此，朝中大臣和刘氏宗室愤怒无比，但敢怒不敢言。吕后死后，诸吕密谋叛乱，夺取刘氏江山。这件事被刘氏宗室齐王知道后，他为保刘氏江山，联合开国老臣周勃、陈平，发起了"平诸吕之乱"运动，最终平定了叛乱。之后，刘邦的第二个儿子刘恒继位，是为汉文帝。文帝深感太平盛世来之不易，再加上平定"诸吕之乱"的日子正是正月十五，所以此后每逢正月十五夜晚，文帝都要出宫游玩，与民同乐，从此，正月十五便成了一个普天同庆的民间节日——元宵节。汉武帝时，汉室要祭祀一位叫"太一"的神明。《太平御览》引《史记·乐书》云："汉家常以正月上元祭祀太一甘泉，以昏时夜祀，至明而终。"太一也叫"泰一""泰乙""太乙"，早在战国时期即被人所奉祀，宋玉《高唐赋》就有"醮诸神，礼泰一"的记载。汉武帝将"太一神"的祭祀活动定在正月十五。司马迁创建"太初历"时，就已将元宵节确定为重大节日。

## "破五"这天除了吃饺子之外还有哪些习俗

农历正月初五，老北京人又称之为"破五"，是春节后的一个重要节日，在这天，民间有吃饺子的习俗。

关于"破五"的来历，民间有很多种说法，其中以下四种说法比较盛行。

第一种说法是为送祖宗而设。老北京人认为，除夕夜是要把祖宗请回来一道过节的，怎么请呢？方法就是在堂屋的正中高挂祖宗的牌位，烧上香供上贡品。而到了初五那天，老祖宗在家里也待了几天了，好吃的好玩的都尝了个遍，所以要将他们送"回去"了。他们回去也不能空手回去呀！所以在这一天老北京人都要烧香、烧纸钱、摆宴席、放鞭炮、吃饺子，让祖宗们风风光光、满载而归。

第二种说法与姜子牙的老婆有关。相传，姜子牙在封神的时候，将自己的老婆封为了"穷神"，并令她"见破即归"。在神话传说中，姜子牙的老婆是一个非常令人讨厌的角色，她背叛了自己的丈夫。被丈夫封为穷神后，她就更加惹人厌恶了。人们为了躲避她，就一致商议在初五这天"破"她，让她"即归"，也就是"马上滚回去"的意思。久而久之，人们便将这天称为"破五"。

第三种说法也和姜子牙的老婆有关，但故事内容不一样。据说，除夕这天请神的时候，漏掉了脏神也就是姜子牙的老婆。姜子牙的老婆可是个不好惹的人，她非常生气，便找弥勒佛闹事。弥勒佛只是满脸堆笑，并不说什么，把这脏神气得一顿叫嚷。眼见事情闹得越来越大，弥勒佛这才开口了，他说："为了挽回你的面子，你看这样行不行？就是在初五的那天，让民间的老百姓们再为你放几个炮，包一次饺子，破费一次吧！"脏神听了，也只能这样了，便什么也没说就走了。后来，民间便有了初五这天放炮、吃饺子的习俗，俗称"破五"。

第四种说法是初五为财神爷的生日。财神爷人人都喜欢，它的生日据说就是在初五这天。民间的老百姓为了庆贺财神爷的生日，在这天放炮、设宴、吃饺子，还组织各种娱乐活动，以此为财神爷贺寿，寓意是迎接财神爷的到来。

关于破五，老北京城有很多有趣的习俗和忌讳。

习俗一：吃饺子。这天，民间通行的食俗是吃饺子。"破五"吃饺子包含四重意思，第一是吃饺子又被俗称为"捏小人嘴"，据说这样可免除谗言之祸；第二种是吃饺子承载了老北京人的新春期盼，那就是在新的一年里，不辞劳苦勤勤恳恳便能过上好日子；第三种是初五为牛日，休息四天以后破土动工，预示着咱们春耕即将开始了；第四种是初一到初四，一般是吃素的地方多，初五开始可以破素吃荤了。老北京人在吃饺子上还有讲究呢！那就是"破五"吃的饺子馅儿必须是肉馅儿，而且还必须是自家剁的，这样预示着自家的来年一切顺利，将不顺的东西都给剁没了。

习俗二：送穷。这一天要"破"穷神，让她"即归"，所以老北京人有"送穷"的习俗，这是我国古代民间特有的一种岁时风俗。怎么个"送"法

**破五放爆竹**

呢？主要是在这天，家家户户在黎明的时候就要起来放鞭炮、打扫卫生。鞭炮从每间房屋里往外头放，边放边往门外走，意思是将一切不吉利的东西、一切妖魔鬼怪都轰将出去，让它们离家远远的。另外，由于从大年除

夕夜到正月初五以前，是不允许打扫卫生的，要扫也只能在屋里扫，垃圾放在屋内的门口拐角处。而到初五这天则需要进行彻底的大扫除了，将垃圾扫出大门后，堆成一堆，将点燃的鞭炮扔到垃圾堆上，待一阵"噼里啪啦"的鞭炮声响后，送穷仪式就算结束了。

习俗三：开市。按照老北京的春节习惯，从大年初一开始，各大小店铺都要关门了，直到正月初五才开始营业。为什么选在初五这天呢？据说主要是因为初五这天是财神爷的生日，选择这一天开市比较吉利，预示着生意兴隆、财源滚滚。

禁忌：不能用生米做饭，不准妇女串门。对于这项禁忌，《燕京岁时记》和《清裨类钞》中有明确的记载。《燕京岁时记》中说："初五日谓之'破五'，'破五'之内不得以生米为炊，妇女不得出门。至初六日，则王妃贵主以及宦官等冠帔往来，互相道贺。新婚女子亦于当日归宁，而诸商亦渐次开张贸易矣。"《清裨类钞》也载："正月初五日为破五，妇女不得出门。"

# 老北京人过春节的传统习俗有什么

日落日升，斗转星移，回首往昔，历史为我们留下了太多的系念和玄想，而这"岁时礼俗"就是其中之一。比如，春节习俗成了我国最大的传统民俗节日。春节指的是阴历的正月初一，预示着万物复苏、春天降临、新年新开始，所以这个节日向来是中国人最为重视的节日，是最隆重、年事活动最丰富多彩、持续时间也最长的一个民俗节日。在早年的传统中，它从腊月的五祭就拉开了序幕，直到元宵节还余声未断，几乎占去了农历腊月和正月的一大半，足见它在中国老百姓心中的分量。

中国老百姓过春节的历史非常久远。据说从夏朝的时候起就有这个节日了，那时我们的祖先把农历的正月初一定为一年的岁首。及至西周时期，出现了一年一度欢庆农业丰收活动，在新旧岁时交替间，平民百姓都要在家中生火烧暖房子和炕头，用烟熏走老鼠，全家人团聚在一起杀鸡宰羊，祝酒共贺。及至汉代，将此日定为农历年，并称作夏历年，从此便世代相

守岁图

传延续到今天。也是在汉代，春节的庆贺礼仪才有了正式的仪式，在除夕之夜，民众要举行一种击鼓驱鬼除瘟的舞蹈仪式。但是在那时候，春节并非今天这个名字，而是被称为"元日""元旦"。后来在辛亥革命时期，我国开始施用公历纪年法，才把正月初一正式定名为"春节"。

北京作为古都，在政治、经济、文化、宗教、礼仪等方面深受帝王将相、各行各业不同阶层人群的客观影响，所以其关于春节的民俗习情有着独特的个性。就北京地区来说，从腊月初八起家家户户要泡腊八醋（蒜），就开始有了"年味"。民谣讲："老太太别心烦，过了腊八就是年。腊八粥，喝几天？哩哩啦啦二十三……"腊月二十三又称"小年"。有一首歌谣唱道："糖瓜祭灶，新年来到，丫头要花，小子要炮……"从这一天开始，北京人更加忙活了，要祭灶，扫房子，蒸馒头，置办年货，贴"福"字，贴年画，剪窗花，贴对联，贴门神，贴挂钱，一直忙活到除夕，开始过大年。

具体来说，老北京人过春节都有哪些传统习俗呢？

（1）除夕贴春联、上供、"踩岁"。旧历除夕，人们送旧迎新的主要活动都集中在这一天进行。为了点缀点景，烘托"纳福迎新"的气氛，家家户户都要贴春联，在红纸上写吉利话，还要贴门神、贴挂钱等。贴完后鞭炮齐鸣，非常热闹！除此之外还要供佛龛、神像，祖宗牌位前摆上九堂大供，家境一般的也要摆三堂或五堂供品。家宅六神，如灶王、财神、土地等都要上供、烧香。因灶王爷腊月二十三焚化升天去了，这一天要请一张新的灶王爷像贴上，以便常年奉祀"保平安"。除此之外还要在院子里铺满松枝、芝麻秸等，名为"踩岁"，取岁岁平安之寓意。

（2）吃年夜饭。除夕的晚上，无论当官的、做工的，都要早点回家过年。哪怕远在千里之外的游子，也要赶回家来团圆，合家欢聚已是中华民族传统习惯。掌灯时分，各家各户的人们准备吃年夜饭。老北京人除夕晚上的年夜饭也称团圆饭，是必不可少的，也是全年最丰盛的一次家宴。除夕的年夜饭要有荤有素，有冷荤、大件和清口菜。冷荤有冷炖猪、炖羊肉、冷炖鸡、鸭。大件有：红烧肉、扣肉、米粉肉、红白丸子、四喜丸子。清口菜一般有豆腐、青菜等。主食多以荤素水饺为主。供奉祖宗牌位的还要在供桌前供上一碗"年夜饭"，在饭上插上松枝，在松枝上挂上铜钱、小纸元宝等，宛如一棵摇钱树。中华人民共和国刚成立时老北京还残留着一些封建民俗，吃饭之前先要请财神，接灶王。人们摆上供品，燃香点蜡，以求福寿平安、生活美满。然后，在阵阵爆竹声中，家人开始吃团圆饭。除夕晚饭家人要齐，所谓"团圆饭"。菜饭尽可能丰富些，预示来年丰衣足食，席间要多说彼此祝愿的话，充满欢乐气氛，这顿饭可以慢慢吃，有的一直吃到深夜，接下来"守岁"。

（3）守岁。老北京人有除夕守岁的风俗，饭后至夜间接神、拜年之前不能就寝，要"守岁"至次日凌晨。守岁最早起源于晋代，主要包含两层意思，年岁大的是在辞旧之际有珍惜时光之意，年轻人守岁则有为父母延寿之意，所以凡是父母健在的人都必须守岁。

（4）吃饺子。老北京人在除夕夜和大年初一这天都要吃饺子，取其"更岁交子之义"。老北京人喜欢把饺子包成元宝形，在饺子中放进糖、铜钱、花生、枣、栗子等。如吃到糖意味着日后生活甜蜜；吃到铜钱意味着有钱花；吃到花生意味着长寿，因花生又名长生果；吃到枣和栗子意味着早生子……吃下来，一大家子人都会乐开了花。

（5）放鞭炮。大年初一天还没有亮时，老百姓起来后的第一件事就是放鞭炮，取"迎新年，驱邪气"之意。

（6）拜年。在老北京，有一句话非常流行，那就是"大年初一满街走"。这句讲的是什么呢？讲的就是老百姓大年初一拜年的事儿。拜年一般从家里先开始，全家要先在祖宗牌位前磕头拜年，然后晚辈再给长辈磕头拜年，祝福长辈健康长寿。长辈受拜后，要将事先准备好的压岁钱分给晚辈。给压岁钱的习俗起于清代，为的是体现长辈对晚辈的慈爱之情。家里的拜年活动结束后，还要出门去拜年串邻居，互相说些吉利话。

（7）串亲访友。初一到初五，老北京人会串亲走友、请客送礼、逛庙会、逛厂甸。到了初五也就是北京人口中的"破五"那天，百姓"送穷"、商人"开市"。直到这天，老北京人才算是过完了春节。

（8）娱乐活动频繁。在老北京，每逢春节的正月初一到十五，是文化娱乐活动最频繁、最火热的时段。那时候，京城里的戏园子会人满为患。八大庙会也盛况空前、游人不断，而且各个庙会都有独特的地方。在西郊的大钟寺庙会，人们击打永乐大钟，用钟声迎接新岁的来临；在白云观庙会，可以摸石猴、打金钱眼，用娱乐活动寄托对来年美好生活的希冀与憧憬。除此之外还有很多走街串巷的高跷会、小车会。可以说，那些天整个京城都弥漫在一片欢乐、祥和的氛围里。

在每个老北京人的心目中，都有一份对春节的念想。春节作为一种传统的民俗文化，蕴含着家人团聚的温馨、辞旧迎新的喜悦，已经扎根于老北京人的心里。也正因为这份绵延不断的念想，春节这个传统的节日才能延续2000多年至今，相信它还会继续在京城延续下去，给北京人带来欢乐和幸福。

# 老北京人"过小年"都有哪些讲究

腊月二十三，又被称为"过小年"，是一年正式结束的日子。从这天开始，就要为过大年（除夕）而做准备了。

　　"过小年"的风俗有很多，最主要的风俗是祭灶，所以很多老北京人一提起"过小年"，就会说这是祭祀灶君的节日。祭灶的风俗由来甚久，据说在夏朝的时候灶君就存在了。记述春秋时孔丘言行的《论语》中，就有"与其媚舆奥，宁媚与灶"的句子。据说在这天，家家户户供的灶君要上天向玉皇大帝禀报这家人的善恶，行善的人玉皇大帝会予以奖赏，作恶的人玉皇大帝会施以惩罚。因此在这天送灶的时候，家家户户都会刻意地"讨好"灶君，在其像前的桌案上摆上一些糖果、清水、料豆、秣草。其中的清水、料豆、秣草是为灶君升天的坐骑备下的料。另外，还有一个讲究，就是在祭灶的时候，还要把关东糖用火融化，然后将其涂在灶君的嘴部，防止他在玉皇大帝跟前说这家人的坏话。将灶君送走后，再开始祭拜祖宗。

　　除了最重要的祭灶习俗外，在"过小年"这天还有很多比较有特色的习俗，如写春联、扫尘、蒸花馍、洗浴理发等。

　　（1）写春联。到了小年这一天，老北京人家家都开始写春联了。在春联方面，老北京人讲究全面，要做到"有神必贴，每门必贴，每物必贴"，这样这家人来年的生活才会如春联上的联语一样幸福、安康。说起写春联，最主要的就是春联的内容了，它寄托着这家人对好生活的向往和期待。老北京人家中比较流行的春联内容有：天地神联如"天恩深似海，地德重如山"；土地神联如"土中生白玉，地内出黄金"；财神联如"天上财源主，人间福禄神"；井神联如"井能通四

**写春联**

海，家可达三江"；面粮仓、畜圈等处的春联如"五谷丰登，六畜兴旺""牛似南山虎、马如北海龙"等。另外还有一些单联如"抬头见喜""旺气冲天""满院生金"等。从这些承载着老北京人期望和祝福的春联中，我们可以看出他们对生活的热爱和期待。

（2）扫尘。民间老百姓过春节都喜欢家里头干干净净的，老北京人也不例外。而小年离除夕只有短短六七天的时间，所以，在小年这天或者过了小年，家家都开始扫尘这一活动了。将房间内、院子里打扫得干干净净，寓意除旧迎新、拔除不祥。

（3）剪窗花。在小年的各种习俗中，剪窗花是其中比较有特色的一种。老北京人习惯在小年这一天开始剪。窗花的形状、花样非常多，如三羊（阳）开泰、五蝠（福）捧寿、二龙戏珠、喜鹊登梅、燕穿桃柳、孔雀戏牡丹、狮子滚绣球、鹿鹤桐椿（六合同春）等。而且，新娶了媳妇的人家，那新媳妇还要将自己亲自裁剪好的窗花带回婆家，请邻居们前来观赏点评。

（4）蒸花馍。小年这天开始，老北京人家家都开始蒸花馍了。有的花馍是用来上供，有的是用来看望亲戚用。上供用的花馍做得庄重，而用来看望亲戚用的则相对花哨一些。而且一家在蒸花馍的时候，周围的邻居都会前来帮忙，所以有"一家蒸花馍，四邻来帮忙"的说法。

（5）洗浴、理发。小年这天开始，老北京人家的大人小孩们都开始为自己的头忙活了，洗浴的洗浴，理发的理发，因此民间有"有钱没钱，剃头过年"的说法。

（6）赶乱婚。过了小年，老北京人都认为诸神上了天，所以凡间的老百姓做什么事情都没有禁忌了。所以在这天，娶媳妇、聘闺女都不用专门挑日子了，过小年后的每一天都适合举行婚礼，称为赶乱婚。所以在老北京城，年底结婚的人特别多。

# 老北京人对于春联都有哪些讲究

　　"新年新月共新春，花红对联贴满门。"每逢春节时张贴春联是老北京民间传统习俗，几乎家家都忘不了往大门上贴一副春联。在爆竹声声中，家家户户的人儿喜笑颜开地相互簇拥着，把用大红纸写成的春联贴到门框上或门心里。一副、两副、三副……不一会儿，大街小巷里就贴满了喜庆的春联。春联不仅美化了北京这座古城，还为老北京人带来了喜气和春意。

　　春联，也被称为"门对""春贴"，是对联的一种，因在春节时张贴，所以被称为"春联"。春联是一种在春节时使用的传统装饰物，它以工整、对偶、简洁、精巧的文字描绘时代背景，抒发美好愿望，是中国的文学形式。每逢春节，人们都会贴春贴，以增强节日的喜庆气氛。

　　说起春联的历史，还很久远呢！据说最早起源于古代的桃符。什么是桃符呢？据《后汉书·礼仪志》所载，桃符长六寸，宽三寸，桃木板上书降鬼大神"神荼""郁垒"的名字。"正月一日，造桃符著户，名仙木，百鬼所畏。"具体是指，在古代的神话传说里，东海度朔山有大桃树，在大桃树的下面生活着两位神仙，分别是神荼和郁垒。这两位神仙神通广大，能辟百鬼。所以老百姓便认为桃木能够帮助他们驱鬼，他们将桃木制成两块木板，左边一块绘上神荼的像，右边一块绘上郁垒的像，绘有两位神像的桃木板就是"桃符"。每逢过年，老百姓就将这两块桃符放在家门口两边，用来驱鬼辟邪。

　　对此，清朝的《燕京岁时记》也曾经有记载："春联者，即桃符也。"

**卖春联**

及至五代十国时期，当时的宫廷里流行在桃符上题写联语。《宋史·蜀世家》记载：后蜀主孟昶令学士辛寅逊题桃木板，"以其非工，自命笔题云：'新年纳余庆，嘉节号长春'"，这便是中国的第一副春联。由此可知，在这个时候，桃符就是我们日后所说的春联。

一直到宋代前期，春联都被称为"桃符"。我国著名的诗人王安石就曾经在自己的诗中提到过桃符，诗曰："千门万户曈曈日，总把新桃换旧符。"但是在宋朝的中晚期，"春联"这个名称被渐渐地叫开了。名称的改变主要是源于用材的变化——由桃木板被改为纸张。随着纸桃符的流行，桃符被渐渐地称为"春联"了。

到了明代，民间贴春联之风已很盛。据说春联的流行还得益于明太祖朱元璋的大力提倡呢！据史书记载，朱元璋酷爱对联，不仅自己挥毫书写，还常常鼓励臣子书写。他在金陵（今天的南京）定都后，在一年的除夕前夕下了一道谕旨："公卿士庶家，门上须加春联一副。"第二天，朱元璋开始微服私访，在城内观赏各家对联，以为娱乐。后来他发现有一家的门上没有贴春联，过去一问才知，原来这家主人是个屠夫，他不会写字，还没有来得及请人代写。朱元璋听后，立即叫侍从取来文房四宝，当场为这家书写了春联。朱元璋此举被后世人传为佳话。在朱元璋的影响下，当时的文人墨客也把题联作对当成文雅的乐事，写春联便成为一时的社会风尚，一直延续到现在。

在老北京人的心目中，春联不仅是节日的装饰，也是人们对未来的寄托，对新春的祝颂。在旧京时，还兼打广告的作用呢！那时候，各个行业都会想办法利用春联来招揽顾客并宣传自家的生意。由于店铺经营内容的不同，其春联的内容也会有不同，如药铺常用的春联是"调剂有方俾相业，虔修有法体天心"，绸缎庄常用的春联是"此中多锦绣，以外无经纶"，粮店常用的春联是"风雨调合岁月，稻粮狼藉丰年"，酒店常用的春联是"香闻十里春无价，醉卖三杯梦亦甜"……这些春联无不表达了大家对美好未来的寄托和向往。

按照各地习俗的不同，贴春联的方法也稍有差异。这里介绍一下老北京贴春联的讲究。

（1）首先是联语选择上的讲究。老北京人认为，要根据场地、爱好和主人身份的不同而选择不同的联语，如老年人住的屋子要选择张贴那些带有"福禄寿"词语的春联，小孩子住的屋子要选择张贴那些带有"学习、成才"等字眼的春联，而一对夫妻住的屋子要选择张贴那些带有"恩爱、和睦"等字眼的春联……院子里的大树需贴上类似"树大根深"字眼的春联，院子里的墙面需贴上类似"春光明媚"字眼的春联，家里靠炕的墙上需贴上类似"幸福健康"字眼的春联，厨房里需贴上类似"勤俭节约"字眼的春联，等等。

（2）春联的张贴要得法。要按照传统张贴对联的"人朝门立，右手为上，左手为下"的口诀，即对联的出句应贴在右手边（即门的左边），对句应贴在左手边（即门的右边）。这是因为按古代读法直书是从右向左读的。

（3）春联的张贴要符合传统的规矩。在张贴春联上，老北京有这样一些规矩，如上下联不可贴反，上下联具有因果关系，从春联上句和下句的平仄上就可以判断出上下联来，春联的尺寸大小要与自家的门户相协调，等等。

# 关于"二十四，扫房子"的说法和门道

在老北京城，流传着这样一句民谚，那就是："二十四，扫房子。"意思就是在腊月二十四这天，京城的家家户户都要清扫房屋，为迎接过年做准备。

从古至今，老北京民间一直沿袭着腊月二十四这天"扫房"的习俗，腊月二十四这天也因此称为"扫房日"。在这天，或者这天的附近几天里，家家户户都要打扫环境，清洗各种器具，拆洗被褥窗帘，洒扫六闾庭院，掸拂尘垢蛛网，疏浚明渠暗沟，整个北京城各处都洋溢着欢欢喜喜搞卫生、干干净净迎新春的气氛。

为什么要有"扫房日"呢？主要是因为在平时的时候，大家工作都非常忙，几乎没什么时间进行家庭大扫除。一年下来，房子难免会落下灰尘。另一方面，按照老北京人的说法，"尘"与"陈"谐音，在农历正月新年前，扫去家中的一切尘土，意味着去除旧一年的陈旧东西，把不好的"穷运""晦气"统统扫出门，以此来迎接新的一年。这一习俗充分寄托了人们破旧立新的美好愿望和辞旧迎新的强烈祈求。

其实，关于春节扫房子的习俗，有着悠久的历史。据史料记载，远在尧舜时代，人们就有这种年终扫除的习惯了。《吕览注》中说："岁除日，击鼓驱疠疫鬼，谓之逐除。"这种岁末大扫除还有驱除疫病的含义。

灶君

春节扫房子的习俗在唐宋时期非常盛行，宋人吴自牧在其所著的《梦粱录》中说："十二月尽……士庶家不论大小，俱洒扫门闾，去尘秽净庭户……以祈新岁之安。"《清嘉录》卷十二也有这样的记载："腊将残，择宪书宜扫舍宇日，去庭户尘秽。或有在二十三日、二十四日及二十七日者，俗呼'打尘埃'。"由此可见，腊月二十四这个"扫房日"其历史之悠久。

说起"二十四，扫房子"的民谚，还和一段传说故事有关呢。

相传，在每个人的身上都附有一个三尸神。这个三尸神犹如影子一般跟在人的后面，人走到哪里它也跟到哪里，目的就是专门记下人所犯的错误，然后，升天去向玉皇大帝汇报这个人一年来的善恶。这个三尸神心地非常歹毒，他特别喜欢在玉皇大帝面前造谣生事，将人描述得丑陋不堪。

一天，三尸神又在玉皇大帝面前胡说八道，说人间的很多人经常做各种恶事，惹得玉皇大帝非常生气，命令三尸神将这些做恶事的人的恶行通通记录在他家的墙壁上，再让蜘蛛张网遮掩以做记号，以便日后将这个人杀掉。

三尸神见玉皇大帝相信了自己的话，并且向自己下了这个命令，心里非常高兴，便在每户人家的墙壁上都做了记号。

谁承想，三尸神的诡计还是没有逃过一个神仙的眼睛，这个神仙就是灶君。灶君知道三尸神的恶行后，赶紧将各家的灶王爷召来，大家一起商量应对之策。

在大家的集思广益下，终于想出了一个好办法。这个办法就是，在腊月二十三送灶之日后的第二天即腊月二十四这天，家家户户都要把自家的房屋打扫干净，尤其是墙壁上，不能留下任何灰尘。如果哪户人家没有打扫干净，灶王爷就拒不进宅。

老百姓在灶王爷的指示下，在腊月二十四这天，都会打扫自家的房屋，清扫尘土，掸去蛛网，擦净门窗，把自家的宅院打扫得焕然一新。待王灵官除夕之夜奉旨下凡界查看时，发现每户人家的房屋都干净无比，人们在欢天喜地地过新年，呈现一片祥和的景象。

在对各家各户的墙壁进行检查时，王灵官没有找到一处表明做错事的记号。回到天上后，王灵官如实向玉皇大帝禀明了人间的事情，说人间美好，没有一个人有恶行。

玉皇大帝听了王灵官的话后，一方面为人间的美好而欣慰，另一方面为三尸神的欺骗而愤怒。他马上降旨拘押了三尸神，将它永远关在了天牢里。

正是灶君相救，才使人间百姓免受到三尸神的加害。老百姓们对灶君感激有加，为感谢灶君为他们除难消灾的行为，他们将腊月二十四这天定为"扫房日"。从此以后，民间就有了"二十四，扫房子"的说法。

如今，"二十四，扫房子"的习俗依然存在，但形式上有了很多变化。在以前的腊月二十四这天，是家家户户的"家庭卫生日"：全家老小都会行动起来，拿扫帚的拿扫帚，拿鸡毛掸子的拿鸡毛掸子，集中力量"大扫除"。如今，随着小家庭的普及，更多的是一家三口在自己的小家里打扫打扫，失去了以前那种大家庭"七八口人全上阵"的热闹。

令人欣慰的是，不管扫房子的形式发生了什么变化，但是"二十四，扫房子"这一约定俗成的习俗仍在北京城传承着。这也可以说人们沿袭的是中华民族一种抹不去的过年情结。

## 老北京的年画

老北京年节的民谣："二十三，糖瓜粘；二十四，扫房子。"扫房以后就该贴新年画了。

"画儿，买画儿嘞！"每年一进腊月，老北京胡同里便经常充斥着这样一种悠长的叫卖声。只见卖画的小贩身背一个长方的苇帘包的包袱，用一根根儿挑着系包袱的绳子，边走边拉着长声吆喝。如果有人要买，他便将包卷的苇帘展开，露出鲜艳夺目的年画来。一路走下来，来买年画的人有很多，因为，老北京人在这一年一度的欢庆日子里，都喜欢用年画点缀一下居室，表达家人对美好生活的期待。

年画是中国画的一种，是中华民族祈福迎新的一种民间工艺品，是一种承载着人民大众对未来美好憧憬的民间艺术表现形式。历史上，民间对年画有着多种称呼：宋朝叫"纸画"，明朝叫"画贴"，清朝叫"画片"，直到清朝道光年间，文人李光庭在文章中写道："扫舍之后，便贴年画，稚子之戏耳。"年画由此定名。

年画大都用于新年时张贴，装饰环境，含有祝福新年吉祥喜庆之意，因一年更换，或张贴后可供一年欣赏之用，故名。

年画是我国的一种古老民间艺术，和春联一样，起源于"门神"画。据传说，在很久很久以前，鬼魅横行，危害百姓。有两位名叫神荼、郁垒的兄弟为了解救百姓于水火之中，专门监督百鬼，凡发现有害的鬼便将其绑起来去喂老虎。黄帝听说了这个故事后，便命令各家各户

**买年画**

在大门外张贴神荼、郁垒的神像，用来防止鬼魅入侵。这个故事就是后来"门神"画产生的缘由。

关于"门神"画，还有一段有趣的传说呢！在唐太宗李世民时期，泾河龙王因违背天规而被玉皇大帝降旨处死，这个旨意的执行人就是民间唐代重臣魏征。泾河龙王得知旨意执行人是魏征之后，便来到唐太宗的梦中，请求他在自己被斩首之际拖住魏征，唐太宗答应了他的请求。斩首泾河龙王的日子到了，唐太宗在这天故意降旨请魏征前去皇宫下棋，魏征没有办法，就来到了皇宫。可是在下棋的过程中，他身体虽然在皇宫里，但魂灵渐渐地进入了自己的梦中，在梦里赶去将泾河龙王斩首示众。泾河龙王的魂魄非常气恼唐太宗，经常去找他索命。唐太宗因此生了一场大病，在梦里经常听到鬼哭神嚎之声，以致夜不成眠。就在这时候，大将秦叔宝、尉迟恭两人自告奋勇请求保护唐太宗，免其遭鬼魂侵扰。唐太宗非常感动两人的行为，答应了他们的请求。他两人便昼夜不分地全身披挂，站立宫门的两侧。泾河龙王的魂魄害怕秦叔宝、尉迟恭两将军的威相，便不敢侵扰唐太宗了。唐太宗的病也很快便好了。日子久了，两位将军由于日夜不息，逐渐支撑不下去，不能守夜了。唐太宗感念两位大将的辛苦，心中非常过意不去，便命画工将他两人的威武形象画下来，贴在宫门上，以此恐吓泾河龙王的魂魄，后世人称两位将军的画像为"门神"。后来，贴门神的习俗就慢慢地流传了下来。

据东汉蔡邕的《独断》记载，在汉代，民间就有门上贴"神荼""郁垒"神像的习俗。但从汉代到北宋的1000多年中，年画几乎都是手绘的，用木版印刷年画是从宋神宗熙宁五年（1072年）才开始的。那时，神宗皇帝命令将宫中收藏的、由吴道子手绘的钟馗像摹拓制版，印刷成年画，在除夕之夜分赐给亲近的大臣。这是用木版印刷年画的最早文献记载。后来，民间争相仿效，几经演变，形成了自己的独特风格，便是现在的年画了。

在老北京，由于老百姓家家都喜欢在过年的时候贴年画，所以买卖年画的人非常多。每年一进腊月，前门外打磨厂、琉璃厂一带的书画店铺，各庙会上的年画摊儿，街边搭起的卖年画的席棚，还有新华书店的店堂里，都悬挂起琳琅满目的各种年画，成为京城五彩缤纷的一道年景。

在北京，早期的年画大都来自天津的杨柳青和河北的武强县这两个北方传统的木版年画产地。木版年画多数与"神"有关，如门神、灶王、财神等，此外还有美女、娃娃、古代人物、戏曲人物等。直至20世纪40年代，机器大量印刷使得价格便宜的胶印年画代替木版年画成为老百姓的首选。与木版年画相比，胶印年画的题材非常广泛，表现故事内容的，有"司马光砸缸""许仙送伞""张生与崔莺莺""王祥卧鱼"等；表现吉庆的，有"吉庆有余""麒麟送子""花开富贵""五子登科"等；表现动物、花卉的，如"白猿献寿""金鱼戏水""四季花开"等。其中当时最流行的一种是"月份牌年画"，深受老百姓尤其是妇女们的喜爱，因为上面绝大多数画的是摩登美人、古代仕女，风格清新、活泼、温馨。及至20世纪50年代，老北京人过年贴年画的习俗仍在，但年画的面貌已经有所改变，从画法上看，吸收了国画、油画、水粉画及摄影等艺术形式，从内容上看，多为表现生产劳动、新人新事新风貌的画面。及至20世纪六七十年代，由于社会形势的变化，年画的内容也有了质的变化。

然而，随着时代的前进，以及京城老百姓居住环境的变化，年画作为传统的贺年方式，离人们的生活渐行渐远，逐渐成为老北京年景的追忆内容，实在令人深感惋惜！但童年贴年画、赏玩年画的快乐，却永远地留在了老一辈北京人的记忆中。

## 细说老北京"二月二，龙抬头"的习俗和谚语

在老北京人中，有一句口头禅特别流行，那就是："二月二，龙抬头。"

"二月二"是指刚过完新年的农历二月初二，在古代的时候，这天被称为"中和节"，民间的老百姓又俗称其为"龙抬头"。为什么有"龙抬头"这个说法呢？主要有两个来由。

一个来由与天文气象有关。据说这个词来源于中国古代天文学。按照古代天文学的要义，二十八宿被用来表示日月星辰在天空的位置，同时用

来判断季节。其中角、亢、氐、房、心、尾、箕七宿组成了一个完整的龙形星座，角宿恰似龙角。每到农历二月初二那天以后，龙角星便会从东方地平线上出现。古代的老百姓将这种情形称为"龙抬头"。

另一个来由与老百姓美好的期望有关。"二月二，龙抬头"的说法寄托了古代老百姓对好气候、好收成、好日子的向往。据说二月初二这天处于二十四节气中的"惊蛰"前后，正是春回大地、万物复苏的时节，蛰伏在泥土或洞穴里的昆虫蛇兽将从冬眠中醒来，传说中的龙也从沉睡中醒来。而二月初正处在"雨水""惊蛰""春分"之间，这是个既需要雨水，又可能有降雨的时期，人们希望通过对龙的祈求行为来实现降雨的目的。龙抬头了，意味着龙也行动起来了，要履行它降雨的职责了。所以久而久之老百姓中就有了"二月二，龙抬头"的说法。这种说法是对"二月二，龙抬头"的通常解释，通俗易懂，比较容易被老百姓接受。与天文气象有关的那个来由，由于有点深奥，往往被老百姓忽略掉。

但不管"二月二，龙抬头"说法的真正来由是什么，都改变不了老百姓对它的重视。

据史料记载，远在唐朝时期，民间就有过"二月二"的习俗。古代诗人白居易的一首诗中曾经提到过这个节日，诗曰："二月二日新雨晴，草芽菜甲一时生。轻衫细马春年少，十字津头一字行。"字里行间流露出了二月二时节的美丽、清新、生机勃勃。及至宋朝，二月二这天又被定为"花朝节"或者"桃荣节"，因为在这天十之八九会下雨，而雨水则有利于花草树木的成长。二月二成为民间老百姓踏春郊游的节日，是从元代开始的，欧阳玄在《渔家傲》中还专门描述了二月二的春景，即"二月都城春动野"。二月的春光里，隐含着多少美丽的景色啊！在明清时期，老百姓过二月二节日的气氛更加浓烈。明人沈榜《宛署杂记》中云："二月引龙，熏百虫。……乡民用灰自门外委婉布入宅厨，旋绕水缸，呼为引龙回。用面摊煎饼。熏床炕令百虫不生。"《明宫史》载："初二日……各家用黍面枣糕，以油煎之，或以面和稀，摊为煎饼，名曰熏虫。"清人富察郭崇《燕京岁时记》中也有这样的记载："二月二日，……今人呼为龙抬头。"从中足见明清老北京城对二月二节日的重视。

二月初二龙头节是老北京较大的民间节日。这天，老北京的民俗活动有很多，内容十分丰富，主要有如下几个方面：

（1）"撒灰引龙，引龙熏虫"的习俗。俗话说："二月二，照房梁，蝎子蜈蚣无处藏。"这天有"撒灰引龙，引龙熏虫"的习俗。古代老北京人认为，龙出则百虫伏藏，农作物可获得丰收，所以清《帝京岁时纪胜》云："乡民用灰自门外蜿蜒布入宅厨，旋绕水缸，呼为引龙回。"熏虫是防止害虫破坏捣乱，确保五谷丰登。这里用来引龙所撒的灰，一般是柴灰，也有用石灰或用糠的。将灰撒在家里不同的地方有着不同的寓意：撒在门前，寓意是"拦门辟灾"；撒在墙角，寓意是"辟除百虫"；撒在井边，寓意是"引龙回"，祈求来年风调雨顺、农业增收。

（2）"剃龙头"的习俗。老北京人认为，在除夕之前修剪过的头发，在整个正月里都不能再剪。因为在京城里传有"正月里剃头死舅舅"的说法，在正月里剪头对家庭的和谐、幸福非常不利。所以大家都等到二月初再剪。而二月初二有"二月二，龙抬头"的说法，在这天剪头发，正应了自己的头是"龙头"的寓意，非常吉利，所以大家都喜欢在这一天剪头发。

（3）二月二的食俗。节日不论大小，与吃食必定多少有些联系，二月二也是如此。这二月二这天，北京城有吃春饼的习俗。春饼是北京城比较流行的一种民俗食品，它是一种烙得很薄的面饼，一个比手掌大的春饼就像一片龙鳞，所以北京人吃春饼又被称为"吃龙鳞"。

（4）"接已经出嫁的姑奶奶"的习俗。在北京城有"二月二接宝贝儿，接不来掉眼泪儿"的说法，这里提及的"宝贝儿"，就是指已经出嫁的姑奶奶。将姑奶奶接回来以后，要拿春饼款待她们。

（5）"女人忌做针线活"的习俗。在北京城里有这样的习俗，即二月二这天，女人们是不能动针线的。如果动针线，就会伤了"龙目"。因此，人们在这一天把自己的女儿从婆家接回来，也是为了躲避女红。

除了习俗外，民间还有很多与这天有关的谚语，比较有意思的是这些：

（1）"二月二，龙抬头，龙不抬头我抬头。"二月二这天是个企盼学业

二月二时农民开始耕地

有成的日子。在旧时，私塾先生就喜欢在这天收学生，谓之"占鳌头"。而学生们也喜欢念叨："二月二，龙抬头，龙不抬头我抬头。"久而久之，这句谚语就传了下来。

（2）"二月二龙抬头，大家小户使耕牛。"对老北京的农村人来说，二月二是他们的农事节。二月是万物复苏的季节，休息了一个冬天的农民们开始了他们的农耕生活，所以有"二月二龙抬头，大家小户使耕牛"的说法。

除此之外，民间还有很多关于二月二的谚语，如"二月二，煎年糕，细些火，慢点烧，别把老公公的胡须烧着了""二月二，龙抬头，大仓满，小仓流""二月二，龙抬头，天子耕地臣赶牛；正宫娘娘来送饭，当朝大臣把种丢。春耕夏耘率天下，五谷丰登太平秋"等。

从这些习俗和民谚里，我们能够看到老北京人对生活的希望和热爱。

# 京剧里的"四大花旦"都有谁

京剧中有生、旦、净、丑四个行当。旦角是京剧的主要行当之一，女角色的统称。花旦是旦角中的一种，除了花旦外，旦角中还有正旦、武旦、老旦之分。花旦多为天真烂漫、性格开朗的妙龄女子，也有的是性格活泼或泼辣的青年或中年女性的形象。

花旦一词，来自元代夏庭芝的《青楼集》："凡妓，以墨点破其面者为花旦。"在元杂剧中就有花旦杂剧一类。京剧《赵盼儿风月救风尘》里的赵盼儿就是一个典型花旦的例子。

　　提起花旦一词，很多人都会想起赫赫有名的"四大花旦"。四大花旦主要是指我国20世纪20年代先后成名的四位京剧旦角演员，他们都是男性，但以扮相秀丽，真切、动人的塑造妇女形象而闻名于世。他们分别是梅兰芳、程砚秋、荀慧生、尚小云。

　　为什么独独他们四人被誉为"四大花旦"了呢？原来，其中还有一个评选过程。早在1927年，北京《顺天时报》就举办了一个评选"首届京剧旦角最佳演员"活动。在这次评选活动中，梅兰芳、程砚秋、尚小云、荀慧生顺利当选，被老百姓赞为京剧"四大花旦"。接着在1931年，上海《戏剧月刊》发起了征文评论梅、尚、程、荀"四大花旦"活动。在这次活动中，梅兰芳以565分的成绩名列榜首，而后是程砚秋、荀慧生、尚小云。这次征文评论活动，使得四人的名气更大。1932年，长城唱片公司约请他四人联合灌制了《四五花洞》唱片。正是通过这次联合灌制的活动，他们的"四大花旦"之名得到了社会的公认，而被载入了京剧史册。

### 1.梅兰芳

　　梅兰芳生于1894年，卒于1961年，名澜，又名鹤鸣，乳名裙姊，字畹华，别署缀玉轩主人，艺名兰芳。祖籍江苏泰州，生于北京的一个梨园世家，8岁时便进"云和堂"拜师学艺，工青衣，兼刀马旦。他集京剧旦角艺术的大成，综合青衣、花旦、刀马旦的表演特点，创造出自己特有的表演形式和唱腔——梅派，被誉为"四大花旦"之首，同时也是享有国际盛誉的表演艺术大师。他唱腔的最大特点是：嗓音高宽清

梅兰芳(饰虞姬)与杨小楼(饰霸王)的《霸王别姬》

亮、圆润甜脆俱备，音域宽广，音色极其纯净饱满，从不矜才使气，始终保持平静从容的气度，从而高音宽圆，低音坚实。代表作品主要有《霸王别姬》《四郎探母》《麻姑献寿》《上元夫人》《千金一笑》《穆桂英挂帅》等。

### 2. 程砚秋

程砚秋生于1904年，卒于1958年，生于北京，是满族正黄旗人。他原名承麟，后改为汉姓程，初名程菊侬，后改艳秋，字玉霜。成名后，因讨厌媚俗的"艳"字，便改名"砚秋"。他自幼学戏，是梅兰芳的学生，后创立了"程派"。程砚秋最大的特色是严守音韵规律，随着戏剧情节和人物情绪的发展变化，唱腔起伏跌宕，节奏多变，追求"声、情、美、永"，创造出一种幽咽婉转、起伏跌宕、若断若续、节奏多变的唱腔，形成独特的艺术风格，世称"程派"。代表作品主要有《荒山泪》《春闺梦》《窦娥冤》《祝英台抗婚》《玉堂春》等。程砚秋注重借鉴兄弟姊妹艺术，融合于自己的艺术创作之中，是众多艺术大师中较为突出的一位。

### 3. 荀慧生

荀慧生生于1900年，卒于1968年，初名秉超，后改名秉彝，又改名"词"，字慧声，号留香，艺名白牡丹，自从与"四大须生"之一余叔岩合演《打渔杀家》起，改用"荀慧生"这个名字。他特别擅长塑造天真、活泼、多情的少女形象，具有甜媚的风格，在旦行中有很大的影响，世称"荀派"。他唱腔的最大特点是：将河北梆子的唱腔、唱法、表演的精华融入京剧的演唱之中，嗓音甜媚，用嗓有特殊的技巧，善于用小颤音、半音和华丽的装饰音，又常以鼻音收腔来增添唱腔的韵致。主要代表作品有《红娘》《勘玉剑》《钗头凤》《十三妹》《金玉奴》等。

### 4. 尚小云

尚小云生于1900年，卒于1976年，河北南宫人。原名德泉，字绮霞。尚小云年幼的时候师从李春福学老生，是为"把手徒弟"。在他9岁的时候进入了"三乐社"科班，艺名为"三锡"，先习武生，又学花脸，后因师辈们见其扮相秀丽、英俊，遂让他改学旦行，师从青衣名家孙怡云，改艺名为"小云"。他最大的艺术特色为：唱腔刚劲有力、字正腔圆，善于使用颤音，峭拔高昂；念白爽朗明快，流利大方；做功身段寓刚健于婀娜，武功根底深厚，嗓音宽亮，世称"尚派"。代表作品主要有《玉堂春》《三娘教子》《御碑亭》《雷峰塔》《四郎探母》《王宝钏》《战金山》《银屏公主》等。他于1937年不惜变卖家产，创办了"荣春社"。教学中的他非常严谨，对人对己都要求很高，但在生活中却热情慷慨，深受学生喜欢。"荣春社"共培养学生两百余名，在京剧演出和京剧教育岗位上发挥了非常大的作用。

## 京剧里的"四大须生"都有谁

在京剧史上，有前四大须生和后四大须生的说法，其中马连良的榜上有名，故列名四大须生的著名京剧演员共七位。

### 1. 余叔岩

余叔岩生于1890年，卒于1943年，原名余第祺，又名余叔言，早年艺名小小余三胜，老生余三胜之孙，青衣余紫云之子，祖籍湖北罗田，生于北京。曾从师于吴连奎、薛凤池、李喜瑞、姚增禄。一度"倒仓"，嗓音变坏，不能演戏。嗓音恢复后，跟谭鑫培学过一出《战太平》、半出《失印救火》。在全面继承谭派艺术的基础上，以丰富的演唱技巧进行了较大的发展与创造，成为"新谭派"的代表人物，世称"余派"，以唱腔刚柔相济闻名。京剧界常用"云遮月"的说法来赞赏余叔岩的声音美，就是说，他的嗓音主要不靠亮度取胜，而是有厚度、挂"味儿"，字正腔圆、声情并茂、韵味清醇。其唱腔多方面体现着我国戏曲传统的精神法则和审美理想。另一方面，他塑造的音乐形象端庄大方、深沉凝重，具有清健的风骨，富有儒雅的气质。代表剧目有《搜孤救孤》《王佐断臂》《战太平》《空城计》《洪羊洞》《四郎探母》《打渔杀家》《二进宫》等。从1918年余叔岩重登舞台起直到他的晚年，潜心钻研学习余派艺术之人足踵相接、络绎不绝，包括谭富英、杨宝森、张伯驹、孟小冬和其他许多名演员和研究家。但是，他亲授弟子只有七人，也就是京剧界有名的"三小四少"，分别是：孟小冬、杨宝忠、谭富英、李少春、王少楼、吴彦衡、陈少霖。其中所获最多者，在演员中当首推他的得意弟子孟小冬。孟行腔吐字、举手投足，均能酷肖且形神具备，于规矩中显出功力，有清醇雅淡的韵味。就总的艺术成就来说，余叔岩作为一名唱念做打全面发展的艺术大师，演出了许多脍炙人口的优秀剧目，将京剧艺术推向了一个新的高峰。

### 2. 言菊朋

言菊朋生于 1890 年，蒙古正蓝旗世家子，生于北京。姓玛拉特，名延寿，字锡其，号仰山。延、言谐音，遂取以为汉姓。因为喜欢戏曲，遂自诩为梨园友，给自己取了"菊朋"这个名字。曾向钱金福、王长林学身段练武功，向红豆馆主和名琴师陈彦衡学习演唱，又得到杨小楼、王瑶卿的指点，专研谭派，被誉为"谭派须生"。后结合自身的嗓音特点，以谭派唱腔为本，大胆创造改革，创造了精巧细腻、跌宕婉约、在轻巧中见坚定、在朴拙中见华丽的"言派"风格。主要代表作品有脍炙人口的《战太平》《捉放曹》《南天门》等。言菊朋嗓音最大的特点是：唱腔的多变和字音的讲求。其中一个重要的特色是根据语言和声乐科学原理，正确处理字、声、腔的关系，遵循其"腔由字而生，字正而腔圆"的概括性的演唱实践，唱腔不骄不爆、苍劲有力、圆柔而多变化。言菊朋生性耿直、为人忠厚，他教授的学生弟子及传人有：长子言少朋、次子言小朋、张少楼、李家载、毕英琦、刘勉宗及其孙言兴朋等。

### 3. 高庆奎

高庆奎生于 1890 年，祖籍山西榆次，生于北京。原名镇山，字俊峰，号子君，其父高士杰为清末京剧丑角演员。曾师从贾丽川学文武老生，师从李鑫甫练武功学把子，在 12 岁的时候登台为谭鑫培配演娃娃生。后曾搭杨小朵"翊文社"、刘鸿升"陶永社"、谭鑫培"同庆社"、俞振庭"双庆社"演出。后与余叔岩、马连良被誉为须生"三大贤"。他的嗓音特点是：博采众长、全面发展，嗓音甜脆宽亮，高亢激越，世称"高派"。主要代表作品有《斩黄袍》《胭粉计》《赠绨袍》《七擒孟获》《铡判官》等。他的弟子有白家麟、王斌芬、虞仲衡、马少襄、王仲亭、范钧宏、李和曾及大女婿李盛藻。

### 4. 马连良

马连良字温如，生于 1901 年，回族，北京人，曾任北京京剧团团长。马连良幼年先习武生，后改学老生。曾经师从萧长华、蔡荣桂、贾洪林、孙菊仙、刘景然。虽采众家之长，却决不停留在摹学具体演唱技艺的水平上，而是通过自己的消化与理解，提取各家的神韵，使一腔字，一招一式，都显示出自己鲜明的特色。他的嗓音特点是唱腔委婉、俏丽新颖，善用鼻腔共鸣，念白清楚爽朗，声调铿锵，做工潇洒飘逸，形成独特的艺术，风格形成"马派"。主要代表作品有《九更天》《梅龙镇》《将相和》等。马派弟子和私淑者很多，较著名的有言少朋、周啸天、王和霖、梁益鸣、迟金声、张学津、冯志孝等。

### 5. 谭富英

谭富英生于 1906 年，卒于 1977 年。曾任北京京剧团副团长，出身京剧世家。祖父谭鑫培，父亲谭小培。曾师从萧长华、王喜秀、雷喜福等人。他嗓音最大的特点是：清亮甜脆，唱腔简洁、明快、洗炼，朴实自然，不追求花哨，行腔一气呵成，听来韵味醇厚、情绪饱满、痛快淋漓。总的来说，其唱腔继承了"谭（鑫培）派"和"余（叔岩）派"的风格，并发挥自己的特长，被誉为"新谭派"。谭富英擅长演出潭门本派剧目，既以唱工取胜又以武功见长，主要代表作品有《捉放曹》《桑园会》《秦香莲》《大保国》《探阴山》等。他的弟子有高宝贤、孙岳、李崇善、高寿鹏及其子谭元寿等。

### 6. 杨宝森

杨宝森生于 1909 年，卒于 1958 年，原籍安徽合肥，祖居北京，曾任天津市京剧团团长。祖父、伯父均为著名的京剧花旦，父演武生。曾经师从陈秀华、鲍吉祥等人。他的嗓音宽厚有余而高昂不足，根据这一特点加以变化，唱工清醇雅正，韵味朴实浓厚，做工稳健老练，称为"杨派"。他创造性地继承发展了谭派和余派艺术，使得"杨派"成为当今流传最广、影响最大的京剧流派之一，更造就了"十生九杨"的京剧生行格局。代表作品主要有《击鼓骂曹》《珠帘寨》《朱良记》等。其门徒和追随者有汪正华、梁庆云、马长礼、李鸣盛、蒋慕萍、程正泰、朱云鹏、叶蓬等人。

### 7. 奚啸伯

奚啸伯生于 1910 年，卒于 1977 年，出身清代末年的一个满族显宦之家，家族姓喜塔腊氏，隶满洲正白旗。他的家族与皇族关系甚近，连庆王府里的"九爷"，奚啸伯都要叫他一声"九叔"，而他的"九婶"便是那位颇得西太后恩宠、长年陪伴在"老佛爷"左右的"四格格"。奚啸伯自幼爱好京剧，曾得到京剧名老生言菊朋的赏识，后又潜心钻研谭派演唱艺术。他的唱腔特点是：吐字道而不浊，行腔新而不俗，戏路大而不伏，作风劲而不火，集诸子百家大成而独树一帜，自成"奚派"。主要代表作品有《范进中举》《十道本》《四郎探母》等，尤以《乌龙院》更负盛名。奚派名家主要有张建国、张军强、赵建忠、李伯培、杨志刚、赵淑华等人。

# 京剧的行当分哪些

戏曲里行当的划分由来已久，早在唐朝的参军戏中，就有"参军""苍鹘"两个固定角色。及至元杂剧时代，划分出了诸多行当。但是在当时，其名称并非"行当"，而是"脚色"，大体分为末、旦、净三类：末又细分为正末、外末、冲末；旦又细分为正旦、外旦、搽旦；净又细分为净和副净。及至 1790 年徽班进京时，徽剧中共有九类角色，即末、生、小生、外、旦、贴、夫、净、丑。在徽班的影响下，汉剧的角色也齐全起来，主要有十类，即末、净、生、旦、丑、外、小、贴、夫、杂——这是京剧形成前的行当划分状况。

京剧产生后，其行当的划分也经历了一个曲折的过程。在京剧形成的初期，共有十个行当，即生、旦、净、末、丑、副、外、杂、武、流。及至 20 世纪 20 年代，行当被分为"七行"。所谓"七行"，是指老生行、小生行、旦行、净行、丑行、武行、流行。这种"七行"的划分模式及至新中国成立后才有所改变。在新中国成立后，"七行"被简化为生、旦、净、丑四个行当。可以说，上千出的京剧剧目中，那些数不胜数的人物形象，都可以归入"生、旦、净、丑"四个行当中。

　　说到京剧的行当，很多人可能会提出一个观点，说京剧的行当应该有五种啊，即"生旦净末丑"。其实，在京剧形成的初期，确实存在"末"这一行当，而且由专攻末行的演员来出演，京昆十三绝中的张胜奎就是末行的代表人物，他在那张画像中扮演的《一捧雪》的莫成就是末行。可是，由于末行与生派老生非常相似，而且后来一些擅于演老生的演员

京剧里的净行

兼演末戏，一些演末的演员也兼演生行戏，两者的界限被打破，渐渐地，"末"行就被并入了"生"行，渐渐地消失于京剧行当的行列中。

1. 生行

　　生行简称"生"，是扮演男性角色的行当，属京剧中的重要行当之一，包括老生、小生、武生、红生、娃娃生等几个门类。所谓老生，也被称为"须生""胡子生""正生"，通常为富有正义感的男性中年或者老年人物，口戴胡子（髯口），因性格与身份的不同，可分为安工老生、靠把老生、衰派老生。值得一提的是，京剧史上有一些老生演员，文戏、武戏都擅长，唱功戏、做功戏、靠把戏都能演，后来就把这种戏路宽的老生演员称为"文武老生"，代表人物有程长庚、谭鑫培等人。所谓小生，是指剧中的翎子生、纱帽生、扇子生、穷生等青少年男子，不戴胡须，扮相俊美、清秀。根据人物性格、身份的不同特点，小生又分为袍带小生、扇子生、翎子生、穷生和武小生。所谓武生，指的是扮演擅长武艺的青壮年男子，穿厚底靴的叫长靠武生，穿薄底靴的称短打武生。猴戏中的孙悟空一般也由武生扮演。所谓红生，指的是勾红脸的老生，如扮演的关羽、赵匡胤等。所谓娃娃生，指的是戏中的儿童角色，通常都由童伶扮演。很多著名的京剧演员在年幼的时候都曾经唱过娃娃生。

### 2. 旦行

旦行简称"旦"，旦角全部为女性，其中按照人物的年龄、性格又可细分为许多行当，如青衣、花旦、武旦、刀马旦、老旦、花衫等。所谓青衣，又被称为"正旦"，因所扮演的角色常穿青色褶子而得名。青衣一般都是端庄、严肃、正派的人物，其中大多数是贤妻良母，或者旧社会的贞节烈女之类的人物，年龄一般为青年或者中年。表演特点是以唱功为主，动作幅度较小，行动较稳重。念韵白，唱功繁重，如《二进宫》中的李艳妃、《桑园会》中的罗敷女等。老式青衣一般都抱着肚子或捂着肚子唱。所谓花旦，多指的是性格活泼的妙龄女子，但也有一部分是悲剧和反面人物。身着短衣裳，如褂子、裤子、裙子、袄；有时穿长衣裳，也绣着色彩艳丽的花样。人物性格大都活泼开朗，动作敏捷伶俐。在表演上注重做工和念白，例如《红娘》中的红娘。所谓武旦，指的是擅长武打、勇武的女性。在表演上着重武打，尤其是使用特技"打出手"。穿短衣裳，重在武功，不重唱念，如《打焦赞》中的杨排风、《武松打店》中的孙二娘等。所谓刀马旦，指的是擅长武艺的青壮年妇女，一般是在马上，手持一把尺寸比较小的刀。与武旦相比，它没有那么激烈，并且不用"打出手"，较重唱、做和舞蹈。如《穆柯寨》中的穆桂英等。所谓老旦，指的是扮演中老年妇女的角色行当。为突出老年人的特点，老旦走路一般迈一种沉稳的横八字步，服装色调为色彩偏暗的秋香色、墨绿色，演唱用真声表现。所谓花衫，指的是介于青衣和花旦之间的行当，梳古装头。它是 20 世纪 20 年代以后，综合青衣、花旦、刀马旦的艺术特点，发展而成的新的旦角类型。

### 3. 净行

净行简称"净"，也被称为"花脸"。通常是指在性格、品行或者样貌等方面比较有特点的男性人物，多为正面角色，属于脸画彩图的花脸角色，看来并不干净，故反其意为"净"。可以细分为正净、副净和武净三类。所谓正净，又被俗称为"大花脸"或"唱功花脸"，以唱功为主，代表角色为《铡美案》中的包拯。所谓副净，又被称为"二花脸"或者"架子花脸"，也需要唱功基础，但以工架、念白、表演做功为主，代表人物是《算粮》中的魏虎。

所谓武净，又被俗称为"武花脸"和"武二花"，以跌扑摔打为主，代表人物为《白水滩》中的青面虎。

4. 丑行

丑行简称"丑"。剧中丑行勾脸，而勾画"三花脸"，面谱与花脸有很大区别。丑行扮演的角色既有阴险狡诈的人物，也有正直善良的形象，又具体细分为文丑和武丑。文丑，指的是京剧中的各类诙谐人物，分为方巾丑、袍带丑、茶衣丑、巾子丑、彩旦等。所谓方巾丑，指的是头戴方巾的文人，如儒生、书吏、谋士等；所谓袍带丑，指的是做官的人物，如文官、武官，正反面人物都有；所谓茶衣丑，指的是从事各种行业的底层劳动人民，因身穿短蓝布褂子（茶衣）而得名；所谓巾子丑，指的是介乎于方巾丑和茶衣丑之间、表演风格比茶衣丑略微严谨一些的人物；所谓彩旦，又被称为"丑婆子"，指的是由丑行扮演的妇女。武丑，指的是专演跌、打、翻、扑等武技角色的男性人物，又被称为"开口跳"，既要求有好武艺，也要求有好口才。

# 梅兰芳三改《霸王别姬》

要说起梅派戏曲的最经典剧目，非《霸王别姬》莫属，这是最能代表梅兰芳大师艺术追求的一出戏。

殊不知，《霸王别姬》原本不叫这个名字，而叫《楚汉争》；它也并非梅兰芳表演的剧目，而是杨小楼的，与梅兰芳一点儿关系都没有。可是怎么如今这剧目倒成了梅兰芳的代表作品了呢！

其实，这里面包含着一个"梅兰芳三改"的故事！故事是这样的：

在一次观看《楚汉争》表演的时候，梅兰芳听到有观众议论说："这《楚汉争》中并没有什么吸引人的矛盾冲突、是非之争啊，倒霉的是老百姓，可怜的是虞姬，她死得太冤枉了！"梅兰芳将这位观众的话记在了心里，他决定改编《霸王别姬》，使它的矛盾冲突更加突出，成为一部更能吸引观众的好剧目。对于此事，许姬传在《有关〈空城计〉、〈杨家将〉、〈霸王别姬〉的几点考证》一文中曾经有相关的记载："梅先生此戏创作于民国十年（1921

**梅派表演《霸王别姬》**

年），正值北洋军阀割据混战年代，编演此戏的目的是反战。"从这段记载中我们可以看出梅兰芳在戏剧舞台上的远大抱负。

梅兰芳是这样想的，也是这样做的。他马上和一直为自己量体裁衣写戏的齐如山达成共识，两人经过一番辛苦的更改后，将本子拿了出来。新剧本被改名为《霸王别姬》，并且，虞姬的地位一下子从三号人物上升到了主角，戏份也加重了很多。但与《楚汉争》一样，《霸王别姬》也是连赶两场才能演完。在经过几次认真的排演后，梅兰芳觉得是将《霸王别姬》示人的时候了！他请来了多位内行、票友、亲友前来观看。白天看前场，夜间看后场。整个看下来，大家都觉得非常好，没有提出什么意见。就在梅兰芳暗自高兴的时候，他突然看到坐在观众席角落里的一位老者在一个劲地倒抽凉气。这位老者，梅兰芳不认识，既非他的内行朋友，也非票友和朋友，看来是一位来蹭戏听的人。虽然是陌生人，认真的梅兰芳也没有忽视他，走过去征询他的意见。

梅兰芳问老者："老先生，您为什么一直在倒抽凉气啊！"

老者说："不是这戏不好，是我连看了两场戏，累得喘不过气来呀！"

梅兰芳听了，决定把周围的赞美之辞全都抛在一边，而吸收老者的意见，将连演两场的《霸王别姬》缩短为一场就演完的新版本。

经过一段时间的辛苦更改，缩短后的《霸王别姬》又面世了。首场演出后，获得了观众的阵阵喝彩。梅兰芳心里欣慰了很多。可是在接下来的一场演出中，他发现坐在第一排的一位老者看了连连摇头，显出不以为然的样子。

梅兰芳待演出一结束，就马上吩咐管事的打听这位不断摇头的老者是谁，想问问他对这出戏有什么意见，可是那位老者早走了。幸好，这位老者是个老"梅迷"，他在梅兰芳的下一次演出中又来了。梅兰芳赶紧吩咐管事的将那位老者安顿好，并打听清楚了他的姓名和住址，还说要择日去拜访他。

这位老者听了管事的话，非常惊讶，心想："人家堂堂大师怎么可能来看我这无名的老头子呢！"没想到，几天后，梅兰芳还真的去他家拜访了。几句寒暄过后，梅兰芳单刀直入，问他不断摇头的原因。原来这位老者他深谙剑术，他对梅兰芳说："你的舞剑路数和尚小云的舞剑路数完全一致。尚小云是武生的底子，他舞剑刚劲十足，你怎么比得了？再说虞姬是贤惠的女性，应以柔胜刚，整个路数都要改才好哇！"梅兰芳听了，觉得老者的话非常有道理，忙连声道谢。

从老者家里回来后，梅兰芳又投入了新的改动中，他请教了很多深谙剑术的人，在一番重新编排后，终于将虞姬的舞剑路数改好，这才形成现在的路数。

在演艺生涯中，梅兰芳经常说的一句话是："一师二友三观众。"他是这么说的，也是这么做的。从他三改《霸王别姬》的事情，就可以看出他的认真、谦卑、精益求精。这也是他之所以取得如此大成就的原因。

## 你知道太平鼓的历史吗

太平鼓，又被称为单鼓，是京郊门头沟地区老百姓打发农历腊月与正月农闲时间的一种自娱自乐的民间舞蹈，同时有借此祈愿"求太平、追太平"之意。清代李声振《百戏竹枝词》载，北京郊区流行打太平鼓："太平鼓。形圆平。覆以高丽纸，下垂十余铁环，击之则环声相应，曲名《太平年》，农人元夜之乐也。"这里所提及的"郊区"指的就是京郊的门头沟地区。历史上，门头沟很多村落的家家户户、男女老少几乎都会击打太平鼓，清代宫廷中旧历除夕也要击打太平鼓，取其"太平"之意，所以老北京人也称太平鼓为"迎年鼓"。

在长期的发展演变过程中，太平鼓形成了独特的、完整的一套民间肢体语言，如因过去妇女缠足形成的韵律特征"扭劲""颤劲"，男性舞者特

打太平鼓

有的"劲""艮劲",以及你追我赶、男追女逐的情趣。在耍鼓、步伐、队形变化方面均体现出了中国传统审美理念,这些都具有鲜明的地方色彩,成为门头沟地区具有强烈地域文化象征的器物,是当地老北京人认同的地方文化图标。

说起太平鼓的历史,可谓非常久远。据史料记载,它源于汉魏的《䫇舞》,是一种打击乐器,外形与团扇相似,多配合舞蹈动作敲击。对此,清代杨宾在其所著的《柳边记略》中这样记载:"满人有病必跳神……跳神者……以铃(腰铃)系臀后,摇之作声,而手击鼓,鼓以单牛皮冒铁圈,有环数十枚在柄,且击且摇,其声索索然。"另外,载涛、恽宝惠在其《清末贵族之生活》一文中也曾经这样描述:"萨满乃头戴神帽,身系腰铃,手击皮鼓(皮蒙于圆铁圈上,下有把可持)。"由此可见,太平鼓源于满族。

在宋朝的时候,太平鼓被称为"打断",在明代的时候,被称为"猎鼓"。传入京城的时间是在明朝,对此,明《帝京景物略》这样记载:"童子捶鼓,傍夕向晓,曰太平鼓。"在明朝的时候,太平鼓已经在京城非常流行,不过上述文字中所描述的那种"日夜玩鼓"的情形正处于明朝经济繁荣之时。及至清朝时期,流传的范围更加广阔,深受老北京人的喜爱。在乾隆时,汪启淑的《水曹清暇录》和钱载咏的《太平鼓》都描述了太平鼓在内外城的演出盛况。除此之外,徐珂的《清稗类钞》中也有这样的记载:"年鼓者,铁为圈,木为柄,柄系铁环,圈冒以皮,击之鼕鼕,名太平鼓,京师腊月有之,儿童之所乐也。"清人《竹枝词》中也曾经这样描述:"铁环振响鼓蓬蓬,跳舞成群岁渐终。"……从上述记载可知,太平鼓表演活动多在农历新年或正月里进行,参加者除了儿童外,还有很多妇女。

到了民国时期,玩太平鼓的人主要是妇女,她们多在自家院子里或者家附近的街巷里玩,很少组织大规模的表演活动。后来到了日伪时期,京城的老百姓生活在水深火热之中,根本没有心思组织和参加任何的娱乐活动,所以,在这个特殊时期,太平鼓几乎销声匿迹。及至新中国成立后,京城老百姓为了庆祝新中国的成立、庆祝人民当家做主,这才重新拿起了太平鼓,开始组织起太平鼓表演活动来,至此,太平鼓才重新出现在京城老百姓的视野中。

　　为了将门头沟区的太平鼓发扬光大，西店村的一名老艺人樊宝善在1953年专门举办了两期太平鼓学习班，编排了舞蹈《和平鼓》到北京市劳动人民文化宫参加了演出，从此太平鼓被搬上了舞台。后在1984年，门头沟区组织了多达300余人参加的太平鼓队伍，参加了国庆35周年的天安门游行表演。在1990年，太平鼓还以800人的阵容，出现在北京第十一届亚运会开幕式上，引起国内外媒体和观众的广泛关注。在2006年的春节，太平鼓开始走出国家，迈向世界，它参加了"北京风情舞动悉尼"表演，受到澳大利亚民众的热烈欢迎。

　　回首太平鼓的发展之路，我们可以看出，它源于生活，又高于生活；它不仅凝聚了京郊老北京人朴素的感情，还代表了他们对生活、对未来的热爱之情。在每个北京人的心里，都默默地希望太平鼓能够走得更稳、更远。

# 第八章

## 老北京商业传奇

# 老北京的百年老字号都有哪些

每一位走在北京大街小巷的游客,都很容易听到、看到"老北京"或"老字号"这两个词,尤其是在游客密集的一些名片式街道上,例如前门、王府井等地方,老北京标识更是随处可见。

我们不仅能看到传承百年的老字号,还能看到带着"老北京"名号的店铺和产品,有始于清康熙年间提供中医秘方秘药的同仁堂,有创建于清咸丰初期为皇亲国戚、朝廷文武百官制作朝靴的号称"中国布鞋第一家"的内联升,有为满足京城达官贵人穿戴讲究的需要而发展起来的瑞蚨祥绸布店,有以制作美味酱菜而闻名的六必居,还有都一处的烧麦,天福号的酱肘子,信远斋的酸梅汤,砂锅居的京味白肉和砂锅,正明斋的糕点,长春堂药店的药铺,吴裕泰的茶庄等,可谓不胜枚举。这里不做赘述,只对其中一二略做介绍。

1. 天福号

天福号有着 260 多年的历史,其最有名的商品就是酱肘子。由于其与众不同的制作工艺,酱肘子肉皮酱紫油亮、鲜香四溢。清朝的达官贵人都非常喜欢,慈禧太后尝过后,觉得这酱肘子"肥而不腻、瘦而不柴、皮不回性、浓香醇厚",赐给"天福号"一个腰牌,并规定每天定量送到宫中,天福号酱肘子遂成为清王朝的贡品,享誉京城。

吃好东西都讲究个方法,吃天福号的肘子也不例外,薄薄的烙饼,葱白切成丝,上好的甜面酱,把肘子切成片,趁热卷着吃,肉食入口无油腻之感,让人回味长久。

2. 吴裕泰

提起吴裕泰茶庄,北京人都知道,吴裕泰茶庄原名吴裕泰茶栈,始建于清朝光绪十三年（1887年），创办人是吴锡卿，当时是为吴氏家族茶庄进储茶叶而建。中华人民共和国成立后，"吴裕泰"一度不振，实行公私合营后，"吴裕泰茶栈"正式更名为"吴裕泰茶庄"，20世纪六七十年代，"吴裕泰茶庄"的牌匾曾被当成封建糟粕连夜摘取，"吴裕泰茶庄"被"红日茶店"代替。直到1995年，吴裕泰茶庄才又正式开业，并被授予"中华老字号"称号。经过多年的发展，逐步融入现代的管理方式和商业模式，并实现了信息化管理，2010年，吴裕泰成为上海世博特许商品生产商和零售商。

吴裕泰茶叶尤为有名的是其自拼茉莉花茶，自拼的几十种不同档次的茉莉花茶，不但质量上乘，而且货真价实，赢得了广大消费者的欢迎，在北京城及郊区享有盛誉。其特点为香气鲜灵持久，滋味醇厚回甘，汤色清澈明亮，耐泡，素有"裕泰香"的美誉，以至上至达官显贵，下至布衣百姓、三教九流，或品茶或会友，壶里杯中都少不了吴氏茶庄的茶叶。值得一提的是茶庄旁边开设的"吴裕泰茶社"，清幽雅致，吸引了社会各界人士。

这些北京老字号是经过数百年商业和手工业竞争而留下的精品。它们都各自经历了艰苦奋斗的发展史而最终统领一行。其品牌也是百姓公认的质量的代名词。历经数百年变迁发展，它们有着深厚的历史文化底蕴，是古都北京的宝贵遗产，是北京历史文化名城的重要标志之一，同时也是现代北京的特色名牌。它们犹如项链上的珍珠，是商脉和文脉的一个华丽载体，让北京这座历史文化名城的价值延绵不断，而它们正如历史文化延续的活化石，通过它们，人们更多地了解了这座城市，它们也成为中华民族悠久历史的一部分。

**茶香四溢**

## 王致和臭豆腐的由来

北京的老字号中，一提起王致和，几乎没有人不知道的，尤其是它的臭豆腐，更是无人不知、无人不晓。可谓是：王致和凭借着一个"臭"字名扬万里，传遍了全中国。那么，这闻着臭吃着香的臭豆腐是怎样的一个由来呢？

相传康熙年间，安徽青年王致和赴京应试落第后，决定留在京城，一边继续攻读，一边学做豆腐以谋生。可是，他毕竟是个年轻的读书人，没有做生意的经验。夏季的一天，他所做的豆腐剩下不少，只好用小缸把豆腐切块腌好。但日子一长，他竟忘了这缸豆腐，等到秋凉时想起来，腌豆腐已经变成了"臭豆腐"。王致和十分懊恼，正欲把这"臭气熏天"的豆腐扔掉时，转而一想，虽然臭了，但自己留着吃总还可以吧。于是，就忍着臭味吃了起来，然而，奇怪的是，臭豆腐闻起来虽有股臭味，吃起来却非常香。

于是，王致和便拿着自己的臭豆腐去给自己的朋友吃。好说歹说，别人才同意尝一口，没想到，所有人在捂着鼻子尝了以后，都赞不绝口，一致公认此豆腐美味可口。王致和借助这一错误，改行专门做臭豆腐，生意越做越大，而影响也越来越广。清末时，连慈禧太后也慕名前来尝一尝美味的臭豆腐，并对其大为赞赏。

从此，王致和臭豆腐身价倍增，还被列为御膳菜谱。直到今天，许多外国友人到了北京，都还点名要品尝这所谓"中国一绝"的王致和臭豆腐。

因为一次失败，王致和改变了自己的一生。

## 天福号酱肘子的传奇故事

"天福号"是具有 260 余年历史的"中华老字号"，是现今北京市天福号食品有限公司的前身，始创于清乾隆三年（1738 年），创始人是山东掖

**天福号**

县人刘凤翔。天福号最负盛名的商品是其酱肘子，曾经九城闻名，家喻户晓。肘子色呈糖色，皮贴在肉上，提拉起来不碎不散，肥而不腻，瘦而不柴，皮不回性，到口酥嫩。

北京人大都知道慈禧特别爱这口，这说起来还有一段掌故。

乾隆三年（1738年），山东掖县人刘凤翔带着子孙北上京城谋生，其间结识了一位山西客商，凭着自己做酱肉的手艺，便与山西客商合伙在西单牌楼东拐角处开了一家酱肉铺，主要经营酱肘子、酱肉和酱肚。由于店堂狭小，又无名无号，大家都不是很认可，所以生意一直不景气。山西客商觉得这次投资不能给自己带来收益，便撤股了，店铺由刘家独自经营。有一天，刘凤翔到市场进原料，在旧货摊上看到一块旧匾，上书"天福号"三个颜体楷书，笔锋苍劲有力。刘凤翔认为"天福号"含有"上天赐福"之意，作为店铺字号再好不过，于是买下牌匾，重新上漆，把牌匾粉饰了一遍，挂于酱肉铺的门楣上。有了字号的店铺，顾客渐渐多了起来，生意日渐兴隆，天福号也在京城有了名气。

有一次，刘凤翔的后人刘抵明看守锅灶，由于白天工作了一天，身心疲惫，夜间又无人与他聊天打发漫漫长夜，便打起了瞌睡，不知不觉就睡着了。等醒来时，发现锅里肘子煮过了，无法上柜，顿时急得满头大汗，急忙把师傅叫醒，看有什么办法能够找补回来。师傅对他一顿埋怨，但也没有什么好办法，便往锅里加汤加料，希望明天能够上柜。就这样折腾到天亮，肘子出锅时，和原来的样子完全不一样，而且味儿也跟从前的大不相同，勉强上柜，这时刘抵明直揪心，怕那些老主顾不认，正犯嘀咕时，经常买天福号肘子的一位刑部官员前来买肘子，看到与原来有些差别的酱肘子，便当场尝了一下，吃过后连声称好，不吝赞美之词，完全出乎刘抵明的意料。此后，刘抵明便如法炮制，结果大受欢迎。

勤于钻研的刘抵明认真研究，总结出一套独特的制作方法，并在选料、加工上严格把关。从此以后，酱肘子的质量越来越好，天福号的名气也越来越大，有好几位达官显贵和刑部大臣一道，成了"天福号"的老主顾，就连清宫里的慈禧太后也叫人专门来买酱肘子了。慈禧老佛爷吃后觉得天福号酱肘子又酥又嫩，不腻口不塞牙，一个劲地夸好。为了每天能尝鲜儿，慈禧便赐给天福号一块进宫的腰牌，规定每天按时按量把肘子送进宫，天福号的酱肘子遂成了清王朝的"贡品"，从此，名扬京城。

## "中华第一吃"全聚德知多少

说到全聚德，就让人想起烤鸭；想起全聚德烤鸭，有人就垂涎欲滴。国内外的游客来到北京都要品尝一下全聚德烤鸭，并对其赞扬有加："不到长城非好汉，不吃全聚德烤鸭真遗憾。"有的游客临走之时，还要买上几只烤鸭，带给自己的亲朋好友。多个国家和地区的元首、政要人员也曾光临过全聚德，并不吝赞美之词地表达对全聚德烤鸭的喜爱，足见全聚德的魅力和文化内涵。

那么，对于这样一个历经百年沧桑的老店，我们又知道多少呢？

全聚德，中华著名老字号，被称为"中华第一吃"，创建于清同治三年（1864年）。创始人杨寿山，字全仁，河北省冀县杨家寨人。杨寿山刚从河北来到北京时，在前门外肉市街做生鸡生鸭买卖，深谙贩鸭之道，生意做

**中华老字号全聚德**

得非常红火，再加上他过日子省吃俭用，积攒了不少银两。杨寿山每次出摊时，都会路经一家干果铺，名叫"德聚全"。这间铺子地理位置优越，招牌也醒目，本应门庭若市，生意红火，但其生意却不好，很少有人光顾。到了同治三年（1864年），经营状况更是不佳，近乎倒闭关张。精明的杨寿山把这一切都看在了眼里，便拿出贩卖鸡鸭这几年的积蓄，盘下了"德聚全"的店铺。

我们都知道，以前的钱庄、商店、客栈、商行等都会有自己的字号，杨寿山有了店铺之后，也想给自己的店铺起个字号，考虑半天也没有个定论，便请了一个风水先生前来商议，看看先生有没有什么高见。风水先生来到店铺中，在铺中转了两圈，对店铺的风水走向是大赞，并告诉杨寿山如果把旧字号"德聚全"倒过来，起名"全聚德"，除其先前晦气，前程将不可限量，生意必将红火。杨寿山听后非常满意，便把店铺名定为"全聚德"。后来请了一位颇有名气的秀才钱子龙，书写了"全聚德"三字，制成金字匾额挂在门楣之上。

"全聚德"闪光的金匾,一挂就是百余年,细心的朋友会有疑问,怎么匾额上的"全聚德"之"德"字少一笔横呢?

有人说杨寿山创店之时,为了让大家齐心协力把店铺的生意做大,故意让秀才钱子龙少写一笔,寓意大家心上不能安一把刀,要安心干活。还有人说是钱子龙笔误,杨寿山把秀才请来后,便好菜好酒款待,谁知这秀才不胜酒力,写字时精神恍惚,漏写了一笔。当然这些都是传说,无从考证,其实,"德"字在古代可以有一横,也可以没有这一横,喜欢书法的朋友可以在唐宋元明清一些书法家的笔迹中印证这一点,北宋真宗年间铸造的货币"景德通宝"的"德"字就没有横,而明宣宗年间铸造的货币"宣德通宝"的"德"字就有横。可见,"德"字有没有一横都可以认为是正确的,全聚德为了还原匾额的原貌,所以现在我们看到的匾额"全聚德"中的"德"字少一横。

全聚德在杨寿山的精心经营下,生意蒸蒸日上,正是验了风水先生的那句话。为了让生意更加兴隆,杨寿山花重金把在宫廷做御膳挂炉烤鸭的孙姓老师傅请到全聚德。孙师傅对挂炉做了一些改进,使烤出的鸭子不仅丰盈饱满、颜色鲜艳,而且皮脆肉嫩、鲜美酥香,为全聚德烤鸭赢得了"京师美馔,莫妙于鸭"的美誉。

如今的全聚德,不仅以烤鸭享誉海内外,全聚德的厨师在制作烤鸭的同时,还利用鸭的舌、脑、心、肝、胗、胰、肠、脯、翅、掌等为主料烹制不同的美味菜肴,形成了以芥末鸭掌、火燎鸭心、烩鸭四宝、芙蓉梅花鸭舌等为代表的"全聚德全鸭席"。现在,作为中华老字号的"全聚德"不仅仅是在做生意,它还在传播中华民族的饮食文化。

# 老字号"便宜坊"的故事

便宜坊烤鸭店是北京著名的"中华老字号"饭庄,创立于明朝永乐十四年(1416年),距今已有近600年的历史,是我国商务部首批认定并授予牌匾的"中华老字号"。

便宜坊的"焖炉烤鸭"是北京烤鸭两大流派之一，皮酥肉嫩，口味鲜美，享誉京城。又因其烤制过程中鸭子不见明火，保证烤鸭表面无杂质，而被现代人称为"绿色烤鸭"，可谓是馈赠之佳品。

很多顾客看了"便宜坊"这个名号，可能会觉得奇怪，说："'便宜坊'三个字让人乍一看是便宜货的意思，不好听呀！"其实，这个"便"是便利的"便"（biàn），这个名号本义是"便利人民，宜室宜家"。说起这个名字还是有来历的。

杨继盛像

据说，明嘉靖三十年（1552年），兵部员外郎杨继盛在朝堂之上劾奸相严嵩，却反被严嵩诬陷。等下了朝，感觉非常郁闷：奸臣当道，却得不到应有的惩处。他便在回去的路上漫无目的地走，以便化解心中的苦闷。当来到菜市口米市胡同时，忽闻一股香气扑鼻而来，见一小店，此时自己也是饥肠辘辘，便推门而入。进入店中，四下一看，店堂虽然不大，却干静优雅，宾客满堂，便找了个比较清静的桌子坐下，点了酒水、烤鸭及其他菜肴，把个烦闷与不快抛至九霄云外，大口吃肉，痛饮美酒。

此时，有人认出他是杨继盛，是爱国名臣良将，便告之掌柜。掌柜听说后，非常惊喜，赶紧上前伺候，端菜斟酒，对杨继盛表达钦佩之意。杨继盛也是一个性情耿直的人，两个人聊得非常投机。攀谈的过程中，杨继盛知道这个店的名号是便宜坊，又见店家待客非常周到，于是感叹道："此店真乃方便宜人，物超所值！"于是命人拿文房四宝来，等笔、墨、纸、砚备齐，杨继盛俯案一挥而就三个大字"便宜坊"！众人看了都拍手赞好。此后，杨继盛与众位同僚经常光顾这家店，品尝焖炉烤鸭。便宜坊也由此而名声远播。

如今的便宜坊烤鸭店，以焖炉烤鸭为招牌菜，以鲁菜为基础的菜品特色，已经是集团企业。旗下老字号品牌众多，除了以焖炉烤鸭技艺独树一帜的"便宜坊烤鸭店"，还有乾隆皇帝亲赐牌匾的"都一处烧麦馆"，光绪皇帝御驾光临的"壹条龙饭庄"，建于清道光二十三年（1843年）、有"北京八大楼之一"称号的"正阳楼饭庄"，店铺多达36家。

如今，便宜坊正秉承"便利人民，宜室宜家"的经营理念，坚定地走在老字号餐饮品牌的传承与创新发展之路上。

## 你了解"中华老字号"东来顺饭庄吗

东来顺是北京饮食业中享有盛誉的一个"中华老字号"，始建于1903年，创始人叫丁德山，字子清，回族，河北沧州人。

早年丁德山在北京出苦力谋生，路经东安市场。东安市场的前身是皇家的马场，清朝时，上朝的大臣来到东华门马石前，文官要下轿，武官要下马，武官的马便存放在这个马场。这个地方逐渐发展成了一个比较繁华的交易市场，人来车往，热闹非凡。丁德山觉得这个地方是个风水宝地，便用多年的积蓄，在东安市场里摆摊出售羊肉杂面和荞麦面切糕，后来又增添了贴饼子和粥。由于生意日渐兴隆，丁德山便利铺挂牌，取"来自京东，一切顺利"的意思，正式挂起"东来顺粥摊"的招牌。

粥铺规模虽然不是很大，只是一间小木棚，但在丁德山的苦心经营下，

东来顺的涮羊肉

生意蒸蒸日上。然而不幸的是，1912年，东安市场失火，粥铺在火灾中被毁。这场灾难并没有使丁德山灰心，市场重建以后，他又筹措资金，在粥铺原地址建了三间瓦房，改招牌为"东来顺羊肉馆"，重新开业，主要经营爆、烤、

涮羊肉。

涮羊肉，亦称羊肉火锅，相传已有数百年历史，为宫廷菜肴，明代《宋氏养生部》和清代《清稗类钞》均有相关记载。

丁德山重新兴业之后，勤俭节约，诚实守信，他店内的商品货真价实。尤其在涮羊肉经营上细心琢磨，发现涮羊肉要好，必须具备几个条件：第一就是在选料肉上要精。经过不断观察，丁德山选定了内蒙古的大尾巴绵羊。第二就是刀工细。当时，京城中在刀工方面最有名气的是正阳楼的一位切肉师傅，切出的肉片薄如纸、齐如线、美如花，放在盘中呈半透明状，隐约可见盘上花纹，丁德山不惜重金，把这位师傅从正阳楼挖过来，帮工传艺，使东来顺的肉片成为京城一绝。第三是调料绝。在这方面丁德山也没少下功夫，逐渐地形成了东来顺涮肉独特的风味。第四就是涮肉用的食具要讲究。东来顺涮羊肉用特制的铜火锅，碗和盘子均是青花瓷，十分精美。可以说在东来顺吃涮羊肉是一种享受，一些达官贵人、文人墨客经常出入东来顺，品尝涮羊肉的特色风味。从此，东来顺一发不可收，经营规模不断扩大，盖了能容纳几百人的小楼，经营品种也不断增加，形成了集爆、烤、炒、涮于一体的系列菜肴，后更名为东来顺饭庄。

近百年来，东来顺在秉承传统的同时，博采众长，精益求精，创造了独特的色、香、味、形、器的和谐统一，展现了中华美食文化中"盛情""典雅""精美""奇异""华贵"的独特风味和民族风情，众多政府要员和外交官员，都曾对东来顺的美味佳肴给予了极高的评价。

## "中华老字号"稻香村的名称由来

北京稻香村始建于清光绪二十一年（1895年），创办人叫郭玉生，始建于前门外观音寺，时称"稻香村南货店程南店"，主要生产南味食品，属京城第一家，而且颇具特色，前店后厂，又被称为"连体店"。1926年曾被迫关张，1984年复业，复业后的"稻香村"继承了南味食品的传统工艺，坚持"诚信为本、顾客为先"的服务理念，"以发展传统的民族食品工业，

稻香村点心礼盒

为社会创造价值"为企业历史使命，在北京迅速发展，至今，已经拥有22个直营店、24个加盟店、1个食品配送中心及位于昌平区北的7家高科技工业园的加工厂。

稻香村经营的特产种类也不再单一，不仅有精细考究的各式糕点，还有新鲜而且香气扑鼻的熟肉，豆制品所制全素宫廷菜，干果之类，稻香村营业部每天门庭若市。

在20世纪20年代左右，除了北京的稻香村，天津也出现了带有"稻香村"字样的糕点店，例如明记稻香村、何记稻香村，石家庄和保定也有了石家庄稻香村、保定稻香村，可以说，这些店铺对北京稻香村的生意带来了非常不好的影响，那么为什么大家都喜欢用"稻香村"字样呢？也许背后有经济利益的牵扯，这个我们暂且不论，但由此可见"稻香村"之名的惹人喜爱。这里我们就说一下"稻香村"的名称来历。

关于"稻香村"的由来，有一个具有神话色彩的传说。据说，在江苏、浙江有一个小店，经营熟食生意，生意清淡，勉强糊口。突然，一天晚上，店里来了一位讨饭的瘸腿汉子，老板心善，见此人残疾，觉得非常可怜，就送了些东西给他吃，并在店内一个角落里铺上稻草，留其住宿。第二天清早，瘸腿汉子却不辞而别，老板便把他睡过的稻草拿去烧火煮肉，谁知煮出的肉竟然香味扑鼻。于是老板便大肆宣扬，说瘸腿汉子不是凡人，而是"八仙"之一的铁拐李下凡，遂将店名改为"稻香村"。从此，他的生意逐渐兴旺，其字号"稻香村"也被人争相使用。郭玉生知道此事后，1895年，便带着几个熟知南味食品制作工艺的伙计北上京城，开创了生产经营南味食品的"第一家"，店名就叫"稻香村"。

上面这个传说故事流传得最广。其实，除了以上这种说法外，还有另外的说法。有说，"稻香村"之名取自曹雪芹的《红楼梦》中大观园的稻香村。也有说"稻香村"之名缘于"一畦春韭熟，十里稻花香""稻花香里说丰年，听取蛙声一片""新城粳稻，五里闻香"等诗词。还有人说稻香村之名来自徐珂的《清稗类钞》，因为书中有云："稻香村所鬻，为糕饵及蜜饯花果盐渍园蔬食物，盛于苏。"……关于稻香村的名字来历，至今未达成统一说法。不管到底哪种说法是真的，仅从这些诗词就可以看出，用"稻香"二字做糕点铺的字号，的确美妙，形、色、味兼具，这也难怪有那么多的人喜欢用"稻香村"之名了。

## 你了解同仁堂的发展历史吗

提起中药，就会让人想到同仁堂。同仁堂创办于清康熙八年（1669年），历经数代，载誉300余年。自雍正元年起，开始向清皇宫御药房供给药材，历经八代皇帝，长达188年，如今已经发展成为跨国经营的大型国有企业——同仁堂集团公司，成为全国中药行业著名的老字号。

同仁堂的创始人是乐显扬，号尊育，祖籍浙江宁波府慈溪县，今江北区慈城镇。乐显扬祖辈就开始行医，明永乐年间，他的曾祖父举家迁到北京，手摇串铃，奔走在大街小巷行医卖药，在当时被称为"铃医"，到乐显扬已经是乐家第四代传人。清朝初期，乐显扬出任清皇宫太医院的吏目，其间收集了大量的民间验方、祖传秘方及宫廷秘方。康熙八年，乐显扬辞官回家，在西打磨厂筹备创建了一个药室，由于他认为"同仁二字可以命堂名，吾喜其公而雅，需志之"，便为药室取名为"同仁堂"。

1702年，乐显扬的第三子乐凤鸣将药铺迁至前门大栅栏路南。乐凤鸣恪守祖训，持续祖业，在宫廷秘方、民间

同仁堂商标

验方、祖传配方基础之上，总结制药经验，写成《乐世代祖传丸散膏丹下料配方》一书，并提出训条："炮制虽繁必不敢省人工，品味虽贵必不敢减物力。"这使得同仁堂名声大振。1723年，皇帝钦定同仁堂供奉清宫御药房用药，独办官药。1900年，八国联军入侵北京，同仁堂药店被毁，损失巨大，经营状况艰难。

随着解放战争的一个个捷报，新中国成立前夕，乐氏第十三代传人乐松生接任同仁堂经理。1949年，同仁堂获得新生，重新装修店面。1954年，乐氏第十三代传人乐松生带头申请公私合营，并成为同仁堂合营后的首任经理。1957年，同仁堂又有一创举，开设中药提炼厂，实行中药西制。

1989年，国家工商行政管理局商标局将全国第一个驰名商标授予同仁堂，同年，"同仁堂"商标申请马德里国际注册的商标。

同仁堂以"弘扬中华医药文化，领导'绿色医药'潮流，提高人类生命与生活质量"为自己的使命，1991年，同仁堂制药厂荣升为国家一级企业，次年7月，中国北京同仁堂集团公司组建成立。

而今，同仁堂已经是规范化制度的责任有限公司，拥有现代制药业、零售商业和医疗服务三大板块，境内、境外两家上市公司，零售门店800余家，海外合资公司（门店）28家。

北京人买药，就认同仁堂，外地人到北京旅游观光，也喜欢到同仁堂看看这百年老店。同仁堂作为中华老字号，似一个中药文化博物馆，她带给人们的不只是一种产品，而是一种文化——重义、爱人、厚生的文化。


## 老字号鹤年堂的故事

说起北京的老字号，每个人都能举出很多名号，有的甚至还能详解一些老字号的故事，让听者啧啧称赞。这些老字号大都是几十年前乃至百年前出现的，如果按照创建时间先后顺序来算的话，在北京城中，最古老的当数位于菜市口的"鹤年堂"了，可以说是真正的老北京了，距今已经有600多年的历史，比故宫还要早10余年，比地坛要早120余年。在民间素

有"丸散膏丹同仁堂，汤剂饮
片鹤年堂"的美誉。1999年，
被授予"中华老字号"称号。

鹤年堂成立于永乐三年
（1405年），地址在现西城区菜
市口大街铁门胡同迤西路北，
与牛街相邻，与丞相胡同相对，
由著名诗人、医学养生大家丁
鹤年创建。

丁鹤年出身医药世家，深

**黑漆描金云龙药罐柜**

得中医药之精髓、养生之真谛。当时，战乱不断，百姓生活在水深火热之中，
再加上瘟疫肆虐，疾病横行，百姓生活更是困苦不堪。丁鹤年便立下了一
个志向，即成为一名好医者，不再让百姓受疾病的折磨。在行医的过程中，
他还积累了许多民间验方，并收集了许多民间中草药。在行医治病的同时，
他还与一些名人隐士谈诗论道，切磋易理，探讨养生之法。他以自己的医
疗实践经验对中医学核心理论——阴阳学说进行分析研究，并逐步有了自
己的一些独到的见解和认识。等天下安定之后，1405年，七十岁高龄的丁
鹤年便开始实现自己当年的大志，在牛街附近的菜市口创办药铺，取汉族
民俗"松鹤延年"之意，以自己的名字为药铺起名为鹤年堂。

鹤年堂立店以后，以其丰富的养生理论和方法充分发挥了中医药的作
用，效果显著，深受历朝历代皇亲国戚、名人嘉士及庶民百姓的推崇。其
中有名的，如抗倭英雄戚继光，为称赞鹤年堂药材品质之精良、药方之经典，
写下"撷披赤箭青芝品""制式灵枢玉版篇"。还曾亲笔书写体现鹤年堂养
生理念精髓的两个牌匾"调元气"和"养太和"。这两个牌匾中间悬挂的是
"鹤年堂"匾额，相传，此匾的三个大字"鹤年堂"是明朝首辅、权倾朝野
的严嵩亲笔手书。经过多年的发展，鹤年堂的养生理论和方法更加丰富和
完善，逐渐形成了食养、药膳、动调、中医诊疗于一体的中医药养生大家。
2005年底，国家有关部门正式宣布鹤年堂"京城养生老字号，历史悠久第

一家"，并颁发了匾额和证书。

有着600多年历史的鹤年堂，有着许多的历史典故和传说。其中有一个是关于血馒头的故事。说起这个故事就不得不说一下鹤年堂所处的位置——菜市口。菜市口早在唐朝就是个闹市区，到了明清，更是热闹，商铺茶楼林立，终日行人不断。而且好多名人都与其沾点边，严嵩、杨椒山宅邸都在附近；曾国藩、左宗棠、刘光第、蔡元培等曾住在原菜市口胡同；李大钊曾在胡同内创办《晨钟报》；谭嗣同、鲁迅、康有为等故居也在附近，与鹤年堂近在咫尺。鹤年堂就处在这个文人、政坛名流汇集的闹市区的中心地段，招牌非常醒目，据载，一度被作为方位标志，有"看见鹤年堂就算进了北京城"之说。

有人问了，这和血馒头、鹤年堂有什么关系呢？

我们知道，在中国历史上，将闹市作为法场历史悠久，那么如此热闹的菜市口也不例外。据说，官府在杀人的前日，会派人告知鹤年堂，让鹤年堂明日不得营业，备足酒菜，并告诫其切勿外传。到了第二天，监斩官、刽子手便先在鹤年堂里大吃大喝，待酒足饭饱后，才放置监斩台。到了午时三刻，监斩官只朱笔一圈，犯人便人头落地。此时，有的刽子手便用一个大馒头塞入死者的脖腔，其实这是一些犯人家属的迷信做法，以防死者人头落地之时鲜血溅出而阴魂不散，便在事前买通刽子手帮忙这么做的。行刑之后，刽子手一般会向鹤年堂要点安神药，而围观的群众常常是拥到法场中间，争抢绑犯人的绳子，据说拴牛拴马不会惊；有的则抢监斩官的朱笔，说此笔有驱魔避邪的作用；还有的抠取死者口中染着鲜血的馒头，认为对治疗痨病有奇效。我们都读过大作家鲁迅的小说《药》，里面就有类似的场景，相传鲁迅创作这篇小说时吸收了这个典故。

可以说，名人和历史典故演绎了鹤年堂600年的历史传奇，在这数百年的历史长河中，鹤年堂在几代继承人的带领下，对中华传统医药进行了孜孜不倦的追求，传承中医，发展出了独特的养生理论及治病处方，使鹤年堂以医术精湛、药力独到、养生有方而声名远播，成为历代名家救死扶伤的殿堂。

## 张一元茶庄是如何发展起来的

说起张一元茶庄，老北京人有一句顺口溜，说：吃点心找"正明斋"，买茶叶认"张一元"。可见百姓对张一元茶庄的认可。现在，张一元茶庄已经发展成为北京张一元茶叶有限责任公司，仍然深受百姓的喜爱。

张一元是北京著名的老字号，始建于清光绪二十六年（1900年），已有百余年的历史，创始人张昌翼，字文卿，原籍安徽省歙县定潭村。起初，店铺开在花市，起名"张玉元"。1906年在前门大栅栏观音寺开设的第二家店，才取名"张一元"，店名取自"一元复始万象更新"之意，寓意开业大吉，不断地发展创新。1908年在前门大栅栏街开设了第三家店，同样取名"张一元"，称"张一元文记"茶庄。

开了茶庄后，为了使买卖永远兴旺发达，不会衰落，张昌翼在福建开办茶场，并亲自熏制。他根据京城及北方人的口味，进行窖制、拼配，逐渐形成了具有汤清、味浓、入口芳香、回味无穷特色的茉莉花茶，而且，张一元茶庄茶叶品种齐全、质优而价廉，对待顾客态度和气，这些都深得老百姓认可。自然，茶庄的生意非常红火，直到张昌翼去世，虽然委托给

张一元茶庄

外人代管经营，但经营状况也毫不逊色。

然而，1937 年七七事变后，北京沦陷，各行各业都开始凋敝，张一元茶庄的营业便开始萧条下来，尤其是 1947 年的一场大火，让茶庄损失惨重。为了生计，店员便到街上去摆摊经营，直到中华人民共和国成立后，1952 年，观音寺张一元茶庄与大栅栏的张一元文记茶庄合并，才得以继续发扬老字号的优良经营传统，并在保证茶叶质量前提下，对茶叶品种进行了更新、改造、调整、增加，受到消费者的欢迎。

1992 年，以张一元茶庄为主成立了北京市张一元茶叶公司。公司成立后，不断创新经营，把握市场，并逐渐掌握消费结构的发展方向，多方努力，使茶庄传统风格的品种重新得到恢复和发展，弘扬了张一元老字号传统。

为了让更多的人了解到中国茶文化的博大精深，收获更多的茶文化知识，2006 年，公司建立了具有传统特色的书茶馆——张一元天桥茶馆，其内部装饰古色古香，散发着传统文化气息，让人们在品茶的同时，不仅能学到茶文化的知识，还能欣赏到相声、评书、戏曲等老天桥民俗文艺演出。

至今，茶庄还有"金般品质，百年承诺""一元复始，万象更新"老店的遗风，张一元仍然不断地努力，让中国的茶文化发扬光大，与中国的茶人一起，做有品质的茶，有文化内涵的茶，让中国茶的香味飘满世界。

## 北京内联升鞋业有哪些经营之道

老北京人有句口头禅：头顶马聚源，脚踩内联升，身穿八大祥，腰缠四大恒。这里说的"脚踩内联升"，即脚穿内联升的鞋子是对身份的象征。北京曾有句老话"爷不爷，先看鞋"，有双好鞋脸上才有面子，那么北京的好鞋在哪里呢？当然是在内联升了。

内联升的鞋不只是一件衣饰那么简单，已经是奢侈品了。这与其创业初期的客户定位不能说没有关系。内联升始建于清咸丰三年（1853 年），创始人赵廷，天津武清县人。他在一家鞋作坊里学得了手工制鞋的技术，并积累了一定的管理经验，在一位大将军的入股下，在东江米巷（今东交民巷）开办鞋店，起名内联升。
当时，专门为官员们做鞋子的店
铺非常少，赵廷便把客户群定位
在了皇亲国戚、朝廷文武百官上，
为他们制作朝靴，可以说内联升
走在了奢侈品行业的前沿。而且
其名字也有很好的寓意，"内"指
大内即宫廷，"联升"寓意顾客穿
上内联升制作的朝靴，可以在朝
廷官运亨通，连升三级。

内联升不仅定位精准，其制
作也非常精细。内联升制作的朝
靴鞋底厚达 32 层，每平方寸用麻
绳纳 80 余针，针码分布均匀美观。
还有其服务比较细致，凡是来过

**内联升鞋店**

店内买鞋的文武官员，内联升都把这些官员的靴鞋尺码、式样等逐一记载
在档，如果顾客再次买鞋，只要派人告知，便可根据档案按照要求很快做
好送去，这些记载都在《履中备载》中。再加上其用料比较讲究，所以内
联升的朝靴深受文武百官的喜爱。

内联升以其独特的经营理念，加上店名的吉祥寓意，声誉日渐显赫，
其生意也是蒸蒸日上，在东江米巷一待就是 47 年。然而，1900 年八国联
军入侵，东江米巷被焚，内联升在这次战火中也被毁掉。赵廷为了恢复内
联升，四处筹钱，后又在奶子府重新开业。但是不到 2 年，袁世凯在北京
发生兵变，内联升在兵乱中被洗劫一空，赵廷遭到了沉重的打击，不久便
去世。其子赵云书继承家业，把内联升搬到了廊坊。此时的内联升身处困境，
便把朝靴的制作技艺延伸到普通布鞋中，从专为达官贵人服务变为面向社
会大众，但是仍然采用传统的技艺，保留传统的特色。1956 年公私合营时，
内联升才又迁址到大栅栏街。

现在的内联升，已经是股份制公司，总店坐落在繁华的前门大栅栏商业街 34 号，是目前国内规模最大的手工制作布鞋的生产企业，销售形式为零售兼批发，被中国商业联合会授予"中国布鞋第一家"称号，2007 年被北京市政府列入重点保护《非物质文化遗产名录》。其千层底布鞋制作工艺继承了传统民间的工艺，精选纯棉、纯麻等天然材料，并在此基础上进行了大胆的创新，不仅工艺要求高，而且制作工序也多，纳底的花样多，绱鞋的绱法及样式多。其自产鞋的花色也是多种多样，适合各种人群，深受百姓的青睐。虽然服务于百姓，内联升任然坚持"以诚相待、童叟无欺"的经营理念。

# 你了解京城老字号荣宝斋吗

荣宝斋是驰名中外的"中华老字号"，至今已有 300 多年历史。其前身为"松竹斋"，始建于清朝康熙十一年（1672 年），创办者是一位浙江籍姓张的人，在北京做官，他用其在京做官的俸禄开办了一家小型南纸店，坐落在北京市和平门外琉璃厂西街。

创建之初，纸店主要经营纸张、笔、墨、砚台、墨盒等文房用具，喜庆寿屏，书画篆刻家的笔单，生意虽不是特别红火，但是收入还算稳定，比较可观，在琉璃厂小有名气。当时正值天下太平的时代，朝中的大臣也没有什么事，为了显示自己对国家之事的尽心，在审阅外省官吏的奏折时，多会提出一些问题，比如字不工楷正韵、款式不符、有涉当今圣上忌讳等。外省为官的官员大都谨慎上奏，稍有疏忽，如被朝中审阅奏折的大臣发现，轻则降职，重则乌纱难保，便从松竹斋选上上品为奏折。松竹斋深知奏折关系其人前程，对于此事十分留心，对质量严格把关，凡售出者，绝无丝毫毛病，用主买去准可放心。用过松竹斋产品的官员告知其他官吏，因而各省疆吏皆知松竹斋货物可靠，都纷纷从此处购买纸张、笔墨等。因其承办官卷、官折而得名，声名大噪，生意更见发达。

后来，松竹斋的店主对经营之道不精，又不上进，生意日渐败落，尤

荣宝斋

其是鸦片战争以后，中国的社会经济状况也每况愈下，各行各业都不景气，原来顾客盈门的松竹斋也濒于破落，到了难以维持的境地。店掌柜为了将这个信誉卓著的老店维持下去，下决心改革创新，专门聘请了当时广交京师名士的庄虎臣为经理，并于清光绪二十年（1894 年），将店名松竹斋改为荣宝斋，取"以文会友，荣名为宝"之意，请当时的名书法家陆润庠题写了荣宝斋的大字匾额，悬于门楣。这样，店铺才有了新的起色，生意蒸蒸日上。文人墨客们常聚此地，相互交流。

　　1896 年，荣宝斋又进行了一次大胆的尝试，开创木版水印事业，设"荣宝斋帖套作"机构。我们都知道，木版水印是中国特有的一种古老的手工印刷技术，用这种方法复制出来的画可以达到"乱真"的地步。荣宝斋做的木版水印，已经达到了中国木版水印的最高水平，无论是复制的小幅作品，还是大幅作品，都得到学者的美赞。其中最为著名的要数五代顾闳中的《韩熙载夜宴图》，此图制作历经 8 年之久，为后世公认的木版水印巅峰之作。

荣宝斋作为 300 年的文化老店，和中国传统文化艺术紧密地连在一起，以其精湛的装裱、装帧和古旧破损字画修复技术为世人称道，从 1954 年复制第一批古画起，至今已经有近百件古代书画瑰宝陆续复制问世，称得上是"前无古人"的辉煌业绩。2006 年，荣宝斋的木版水印技术，进入第一批国家级非物质文化遗产。

## 你了解以生产墨汁闻名的"一得阁"吗

"一得阁"由谢崧岱于清朝同治四年（1865 年）创建，至今已有 140 多年的历史，以生产墨汁而闻名。其产品以四川高色素炭黑、骨胶、冰片、麝香、苯酚为原材料，采用传统工艺精制而成，特点是墨迹光亮浓厚、含紫玉之光、书写流利、浓度适中、香味浓厚、写后易干、适宜揭裱、耐水性强、永不褪色、沉淀性小、不激纸、四季适用、有古墨之特点等，实用价值、历史文化价值和科学价值极高，是书画家创作艺术品的首选之品。老画家李苦禅先生曾赞誉："一得阁墨汁浓度适合，墨度以足，不滞不漆，用于书画咸宜，可

**文房四宝**

比美昔年之松烟也。"我国著名书法家启功曾为"一得阁"题词：

> 砚池旋转万千磨，终朝碗里费几多。
>
> 墨汁制从一得阁，书林谁不颂先河。

那么，"一得阁"有着怎样的历史渊源呢？先要从"一得阁"的鼻祖谢崧岱说起。

谢崧岱，字祐生，湖南湘乡人，曾任国子监典籍。清朝咸丰十年（1860年），谢崧岱从湖南前往北京，就读国子监。谢崧岱在国子监饱读圣人之书，却深受研墨之苦，便与朋友认真研究制墨的方法。经过多次试验，他终于选用油烟，再加上其他辅料，制成了可以与墨锭相媲美的墨汁，并亲自书写对联赞美墨汁："一艺足供天下用，得法多自古人书。"

墨汁试制成功后，谢崧岱于清同治四年（1865年）开办了墨汁店，并取对联的首字，定店名为"一得阁"，当时的王公贵族、文人雅士无不光顾，使"一得阁"生意日渐兴隆、声誉日臻。其经营规模也进一步扩大，在天津、上海、西安等大城市先后开设分号，买卖更加兴旺。

经历了近百年的风雨后，1956年，"一得阁"实现公私合营，组建了一得阁墨汁厂。2004年，一得阁墨汁厂改制为"北京一得阁墨业有限责任公司"，2006年被商务部授予"中华老字号"称号。


## 瑞蚨祥绸布店为何能够提供新中国第一面红旗的面料

中华人民共和国成立时，毛泽东主席在天安门城楼升起的第一面五星红旗的面料就是由瑞蚨祥提供的。为何瑞蚨祥有此资质呢？这不仅仅是其布料质地好这一单方面原因促成的，重要的是瑞蚨祥有着相当深厚的文化底蕴。

瑞蚨祥绸布店是享誉海内外的"中华老字号"，为旧京城"八大祥"之首，创始人叫孟鸿升，济南府章丘县旧军镇人，是孟子的后裔。成立初期，以经营土布为主，后规模逐渐扩大，在上海、天津等地设立好多分店，不仅如此，而且其经营的品种也向多元化方向发展，增加了绫罗绸缎、皮货等高档商品。

清道光元年（1821年），瑞蚨祥在周村大街挂牌。为什么取号"瑞蚨祥"呢？说起它的来历，很多人可能都不知道，相传这是店铺的掌门人经过仔细推敲，引用了"青蚨还钱"这一典故。

这一典故大概是这样的，说南方有一种叫作青蚨的昆虫，捉来以后，用昆虫的母血涂遍81枚钱币，再取子虫的血液涂满另外的81枚钱币，涂完之后，你就把涂了母血的81枚钱币拿去买东西，而将涂了子血的钱币放在家中，不久之后，你会惊奇地发现，你花掉的钱，会很神秘地一个一个地飞回来，反之，结果相同。当年老板取店名瑞蚨祥就是借"祥瑞"的吉祥之寓意，希望瑞蚨祥能够财源滚滚。

瑞蚨祥进入北京，是从它的第二代传人孟洛川开始的。1876年，瑞蚨祥掌门人孟洛川把目光投向了京城最繁华的商业区——大栅栏，在清光绪初年，由孟觐侯在前门外鲜鱼口内抄手胡同租房设庄，批发大捻布。清光绪十九年（1893年）以后，洋布大量涌入中国，孟觐侯向孟洛川建议，开设布店，孟洛川出资8万两银，在大栅栏买到铺面房，成立北京瑞蚨祥绸布店。开业后生意异常红火，发展极快，在京城绸布业中几乎占据垄断地位，一时名声大作。

1900年，瑞蚨祥毁于八国联军的洗劫，店内的货物和账目都化为灰烬，这是对瑞蚨祥的致命打击，然而在困难面前瑞蚨祥没有被击垮，不久重建开业。但是，当时正值连年战火、兵荒马乱，瑞蚨祥生意每况愈下，几乎到了破产的境地。

1949年，历经沧桑的瑞蚨祥和大栅栏的许多老字号一样迎来了民主的曙光。开国大典上徐徐升起的第一面五星红旗就是用瑞蚨祥提供的红绸制作的。从此，瑞蚨祥才从困境中解脱出来，在各级政府的关怀下获得了新生。恢复以后的瑞蚨祥仍继承百年老字号的优良传统，保持老店全、新、优的经营特色，以货品纯正、花色新颖著称，并自行设计花样，派专人、选厂家定产品，绣明"瑞蚨祥鸿记"字样。其优良的布匹、绸缎至今仍为海内外游客所称道。1985年被国内贸易部命名为"中华老字号"。瑞蚨祥已成为大栅栏街上一颗璀璨的明珠。

# 第九章

# 老北京民间工艺故事

## 你知道刘墉和捏面人的故事吗

捏面人，也称"面塑"，是一种传统的民间艺术。它以糯米面为原料，可以调成不同色彩，用手和简单工具，塑造各种栩栩如生的面人形象。面塑一般体积较小、便于携带，又经久不霉、不裂、不变形、不褪色，因此为很多人喜爱，是馈赠亲朋好友的纪念佳品。外国旅游者在参观面塑制作时，都为制作者那娴熟的技艺、活灵活现的面人形象所倾倒，交口称赞，称北京面塑为"中国的雕塑"。

说起捏面人的来历，据说和刘墉有很大关系。

刘墉是清朝乾隆皇帝的爱臣，山东人。自从刘墉的父亲在京做官后，便把家安在了北京，家里的老小包括仆役也全都被接到了北京。

这里单说在厨房里干活的一个姓刘的伙计。有一年，刘伙计收留了一

捏面人

个老乡。这老乡姓王，山东菏泽人，因家乡遭遇旱灾收成不好，想到了刘伙计，便来投奔了。这刘伙计本就孤身一人住在刘家的下房里，老王便也跟着刘伙计住在了下房里，在厨房帮着干些零工。

一次，老王帮着面工揉馒头，揉着揉着就来了兴致。他照着山东人过年节的习惯，把馒头揉成了各种形状。你还别说，别看老王是个大老爷们，

他的手比女人的手都巧，只见一疙瘩面在他手里三揉揉四捏捏，就成了仙桃、梅花、鱼儿、蝴蝶……而且上锅一蒸形状一点儿都不变，往饭桌上一端，引得刘家人爱不释手、人人说好。刘墉见了也非常有兴趣，便问是谁的手艺，并大大赞赏了一番。

这老王听说这事后，干得更起劲了，就想再显示一下其他的本事。于是他向人要了些糯米面，和好蒸熟，捏成了大丫头、小小子、鸡、狗等模样，又找来了胭脂和染料，给这些小玩意儿上了一点色，这么一来这些面品可就更耐看了。完工后，老王便托人将这些面品分送给刘家的内眷们，这更引起了大家的夸赞。

可巧，这次又让刘墉看着了。正好刘墉那天没什么事，就着人叫来老王，问他怎么学的这点技艺。老王说："俺们菏泽那里很穷，可再穷总得过日子呀，尤其是逢年过节时亲戚朋友要相互走动，这去别人家总不能空手去啊，可又买不起点心，就把面捏成各种玩意儿，蒸熟了当礼品，给小孩子边吃边玩。我也是从别人那里学来的。"

"那你们为什么用要糯米面而不用小麦面做呢？"刘墉问他。

"大人您也知道，糯米面比小麦面放的时间长，给小孩儿吃着玩着的东西就得放的时间长点才好啊！"

"嗯，亏你们还想得比较周全。那你除了花呀草呀动物什么的，还会捏别的吗？"

"还能凑活着捏一些别的花样，就是不知大人您喜欢什么样子的？"

刘墉随手指了指墙上挂的八仙上寿的画说："你能捏这画上的人儿吗？"

老王看了一会儿画上的人儿，点了点头说："那我就试着捏捏吧！"

别过刘墉后，老王就开始着手了。他把自己关在房里四五天，终于把画上八个人儿给捏出来了。刘墉一看，喜欢极了。只见那八个面人活灵活现、非常逼真，就高兴地对老王说："老王，我看你是个难得的心灵手巧之人。你不是一直在找营生做吗，我这里给你一个建议，你以后不妨就下心鼓捣这玩意吧。做好了拿到大街上、庙会上去卖，也能赚钱啊！"

"这也能卖钱？"老王惊讶地问。

"不试怎么知道呀！"刘墉说，"不过你若想买卖好些，得把东西做得更精细些。这样吧，我给你出点儿主意。你不是想让面人保存得更久吗，这样很容易，你只需在和面时往里加点儿蜂蜜。"他还让老王用冲的各种颜料的水来和面，再分别蒸熟，这样面本身就带色，比捏好了再上色可能要更好一些。

刘墉的话让老王激动万分，他连连道谢。回去后，老王就按照刘墉的法子，狠下了一番功夫琢磨着怎么把人物捏得更精细。他又试着做了几件工具，有了工具，他干活更麻利了。

二十几天后，老王的手艺有了飞速的长进，他将捏好的一套带色的八仙人送给刘墉看。刘墉一看，这次的八仙人儿比上次可好上了百倍，八个人物面目清晰、神态各异，又加上配的各种颜色，更显得活灵活现。糯米面蒸熟后本身就发亮，再加上蜂蜜，简直是半透明了，八个仙人好比粉雕玉砌似的。刘墉不自禁地连连夸赞。这时他突然想起，等几天就是乾隆的寿辰了。往年给皇上贺寿，各大臣都争相送礼，动辄花费成千上万两的银子，不仅费力费财，也不一定讨皇上喜欢，刘墉为此不知费了多少脑筋。

"这次我何不用老王捏的面人当作贺礼呢？既省钱又有新意，说不定皇上还喜欢。"刘墉心想。于是他对老王说："你能不能尽力将这八仙人捏大一些，有尺把高就行，我想派个大用场。"老王说我尽力试试吧。三天后，老王还真给捏出来了，而且别出心裁地捏了个老寿星。这下可好了，九个面人摆满了一张大桌子，看上去别提多好看了。

乾隆的寿辰到了。刘墉命人将九个面人好好装饰了一番，并盖上了一层红绸子，抬到了皇宫里。此刻的皇宫热闹非凡，众大臣正忙着向皇上献礼。这时刘墉信步走进殿来，身后跟着两名家人抬着个大抬盒。刘墉给乾隆行完礼后，就命人将礼物呈上。他亲自将大抬盒打开，然后一件件取出放在桌上。在场的人都惊呆了，连乾隆都瞪大了眼睛，只见九个仙人光彩夺目，压倒了所有礼品的光辉。

众人纷纷议论，都很好奇这物什的由来。乾隆忍不住问："刘爱卿，你这些东西是用多少钱买的啊？"

刘墉笑了笑，伸出五个手指头。乾隆说："噢，五千两！"刘墉摇摇头。"是五万两？"刘墉又摇摇头。"那到底用了多少啊？"刘墉一字一字地说道："白——银——五——两。"

众人听了都呆了，都摇头说不信，乾隆也摇了摇头。刘墉赶紧对乾隆说道："微臣怎敢欺骗皇上啊！这并非什么金呀玉呀的，是用面捏的，的确是五两买来的啊！"

乾隆好奇地打量一番，果真不像玉雕也不像牙雕。忍不住伸手拿起一个，嘿，很轻很柔，的确是面捏的。乾隆哈哈大笑，连声赞扬工艺高、刘墉聪明，大大犒赏了刘墉一番，并说："你的面人不错，我用十两银子买下了！"……

等离开皇宫后，众大臣连忙把刘墉围了个团团转，这个说要出高价买一套八仙面人，那个说要见识一下那个捏面高手……

刘墉回府后，叫过老王说："如今你可火了！现在有人出高价买你捏的八仙人了。我把刚才从万岁爷那儿得的十两银子交给你，你到外面租个地儿，做你的生意去吧！"老王听了喜出望外，赶快给刘墉磕头道谢。从此以后，他真干起了捏面人的营生，并且生意络绎不绝。

老王是个勤勉的人，他没有得意忘形，依然勤加钻研、练习，又琢磨出更多的花样儿来，生意越干越好，不久就积攒了不少钱，将全家老小从山东接到了北京。后来，为了不让手艺绝了，老王就把手艺传给了儿子，还收了几个徒弟。捏面人这门手艺也就一代一代地在北京城传了下来。


## 泥人张的传奇往事

"泥人张"是一种深得百姓厚爱的民间彩塑，在北方流传较广，始于清朝末年，至今已有180年的历史。

"泥人张"的创始人叫张明山，他所捏的泥人历经久远不燥不裂、形神毕肖、栩栩如生、须眉欲动，深受百姓的喜爱，而且在国际上也享有盛誉。

泥人张

因为他姓张，人们就亲切地称他为"泥人张"。这就是"泥人张"的由来。

张明山因其艺术独具一格而蜚声四海，成为一位著名的彩塑家，并不是偶然，背后他也付出了非常多的心血。张明山于道光六年生于天津，当时家境贫寒，从私塾辍学后，便跟着父亲以捏泥人为业。张明山心灵手巧，富于想象。他为了提高自己捏制泥人的水平，不仅在集市上观察各行各业的人，在戏院里看多种角色，偷偷地在袖口里捏制，而且还常常研究寺庙里的古代雕像和石刻。

在此期间，还有一个小故事。有一天，他在天庆馆里一边饮酒，一边观察各色人物。就在这个时候，从饭馆外进来三个人。其中有一位是大脑袋，中等个子，挺着肚子，穿得阔绰，牛气冲天，横冲直撞往里走。这位是谁呢？他叫张锦文，盛京将军海仁的义子，排行老五，人称"海张五"，在当时是当地的一霸，靠贩盐为业，赚了不少钱。所以当地人对他很"客气"，店小二一看他来了，紧忙着招呼往里请，又是端菜又是斟酒。张明山全然没有把海张五当个人物，只管饮酒、吃菜，西瞧东看。

海张五三人一边饮酒一边议论，议论张明山捏泥人的事情，尽是嘲讽之言，拿张明山找乐子。饭馆里的人全都听见了，都等着看张明山要怎么"回报"海张五。张明山听过他们的议论，没有说话。只见张明山左手伸到桌子下边，从鞋底抠下一块泥巴。右手依然端杯饮酒，眼睛依然瞅着桌上的酒菜，这左手便摆弄起这团泥巴来，几个手指飞快捏弄，非常灵巧。随后一停手，把这泥团往桌上一戳，起身去结账。

　　海张五一行人还在那里议论。饭馆里的其他客人往桌子上一看，一个活生生的海张五的脑袋泥塑，核桃般大小，小鼓眼，一脸狂气。大家都连声称好。海张五看着自己脑袋的塑像，朝着正走出门的张明山的背影开始挖苦起来。张明山头也不回就走了。

　　第二天，集市上的几个小杂货摊上，摆出来一排排海张五的这个泥像，还加了个身子，像模像样地坐在那里，足有一二百个。摊上还都贴着个白纸条，上边写着：贱卖海张五。街上来来往往的人，谁看了谁乐。乐完之后，转告朋友过来一起乐。

　　三天之后，海张五派人把这些泥人全买走。泥人是没了，可"贱卖海张五"这事却广为流传。

　　说完故事，还是说一下张明山吧。张明山经过长期刻苦的学习，细心揣摩和刻苦实践，练就了一手捏泥人的绝技。他捏制出来的泥人惟妙惟肖，甚至连人物的性格、思想和感情，都能表现出来，一时传为佳话。

　　就这样，张明山的名气越来越大，好多人都慕名而来，请他捏泥人。据说，光绪年间，慈禧太后听说有这么一位彩塑高手之后，即下旨召他进宫捏泥人。

泥人张传人制作的兔儿爷

张明山经过一番准备工作，捏出古代人物的形象，栩栩如生。慈禧太后观赏之后，赞不绝口，并经常叫张明山入宫为她捏泥人。

经过数十年的辛勤努力，张明山继承传统的泥塑艺术的同时，又从绘画、戏曲、民间木版年画等艺术中吸收营养，一生中创作了一万多件作品。而且，他的彩塑艺术一代一代地传授下去，到现在已经传到第五代了。其中，第四代传人在1958年创办"泥人张彩塑工作室"，把张家的独特技艺，传授给家族以外的人，进一步把泥塑艺术发扬光大，为国家培养了一批批的彩塑人才。


## 杂耍：老天桥艺人各有绝活儿

提起北京，就要说到天桥。北京天桥位于西城区东部正阳门外，因为是明、清两代皇帝去天坛、先农坛祭天的必经之路，所以称为天桥，后来逐渐形成天桥市场。天桥不仅仅是一个商业场所，在发展过程中，也逐渐地形成了一种天桥文化。众多的民间艺人也汇集到这个地方，有胡子拉碴却会学鸟叫的，有能用手指头碾碎石头的，有能让蛤蟆教书的，有驯狗熊的，有拉洋片的，有比真驴还惟妙惟肖的赛活驴，还有打拳的、说书的、唱曲的等，各式各样，个个技艺高超。说天桥是老北京民间艺术的发祥地一点不为过。

在天桥众多的民间艺术中，杂耍表演是天桥的一大特色，不仅项目繁多，而且技艺超群，让观众连连叫好，有时还为表演者捏一把汗。下面就列举几个例子给您做一下简单的介绍。

### 1. 拉弓

拉弓用的是硬弓。艺人在表演之前，先请观众中力气大的人试一下弓，说明要拉起来这个弓非常费劲。往往试拉者憋得脸红脖子粗也只能将弓拉开一半。等这之后，艺人开始表演，他能够很轻松地将弓拉开。而且难度也不断增加，开始拉一个弓，然后左右开弓，之后再增加两个甚至四个弓，一边挂在脖子上，另一边用脚蹬。这总共是六个弓，最后艺人同时都能够

拉硬弓

将弓轻松地拉开，观众看了之后连连称赞。

### 2. 举刀

它是显示臂力的表演。有双手托刀，还有单手托刀，这两种都是平着托，还能单手将刀竖着举起。最为出彩的就是把一二百斤重的刀舞动起来，舞得如车轮般飞转，其中有名的一位张姓艺人人称"大刀张"，舞动大刀的时候，那是喝彩声不断。

### 3. 抖空竹

空竹是北京民间的一种玩具，现在好多老年人，甚至一些年轻人都喜欢它，在北京的一些公园中您经常能看到抖空竹的人。据说，最先在天桥抖空竹表演的人叫德子，人称"空竹德子"，是光绪年间人。早年，他因为生活困难，就到天桥市场表演抖空竹挣钱。为了吸引更多的观众，他还研究出了很多新鲜的抖法。后来有个叫常立全的艺人，也是抖空竹的高手,不仅能抖空竹,还抖其他的物件,比如黑陶的长脖、大肚的盛酒容器、壶盖等。

### 4. 舞叉

它是我国民间的传统节目。北京人把舞叉又称为"开路"。天桥舞叉花样最多的,要算"飞叉谭俊川"。

### 5. 爬杆

爬杆据说在汉朝时就有,属于民间杂技。爬竿本身难度就比较大,能爬上去就已经不容易,表演的艺人爬上之后,还在竿顶表演复杂的动作,比如"扯顺风旗""倒立""站竿"等,十分精彩,也令观众出了一身冷汗。

### 6. 耍中幡

耍中幡是比较吸引人眼球的表演。中幡有三丈多高,由竹竿制成,竿顶有红罗伞,伞下挂着一面绣字的标旗。艺人将竿子竖起托在手中,做各种表演,比如,将幡竿竖于一个肘弯处,用力将幡竿颠起,用另一个肘弯接住;或用后脖窝、脑门接住;或用单手托住竿底,反腕将幡竿移到背后,再将竿抛起到前边,或用肘弯或用肩头将竿接住。其中最难的一招是将竿抛起,用下边的牙齿接住幡竿底部一个边,并且让它仍保持直立的姿态。艺人将这一些列动作做得行云流水,现场观众惊叫连连。耍中幡的一些动作还有比较好听的名字,例如"霸王举鼎""苏秦背剑""太公钓鱼""封侯挂帅""张飞骗马"等。

### 7. 硬气功

在天桥表演硬气功的人很多,看得直让人揪心。有"油锤贯顶",就是一个人头顶一摞砖,大约五六块,另一人用油锤猛击砖,将它们击碎。还有"睡钉板",就是将钉尖朝上的木板平放地上,表演者光着上身,仰躺在钉板上,胸前放一块石磨扇,另一人用大锤敲击磨扇,将它打碎,而表演者前胸后背均无恙。您说您看了这样的表演能不揪心吗?

### 8. 崩、捋、咬铁条

崩铁链,就是用铁链把表演者上身紧紧捆住,然后表演者运气将铁链崩断。捋铁条,就是将一根手指粗的铁条弄弯,放在火上烧红,然后用手将它捋直。咬铁条，就是把一根筷子粗细的铁条烧红，然后把一头放在嘴里一段一段地把它咬断。这些表演如果没有点功夫，是办不到的。在这方面比较有名的艺人叫马元凯。

### 9. 气功

其中名气比较大的艺人叫张文治。表演的时候，他仰卧地上，身上铺一块大板。他两肘着地，两手向上撑住木板，运气发功，然后汽车或者马车从板子上通过。

### 10. "飞飞飞"

"飞飞飞"的表演者叫曹鹏飞，十五岁时便在天桥卖艺，因身怀飞腾于空中的绝技。所以他的表演被人称为"飞飞飞"。

"飞飞飞"的表演场地比较大，方圆达两丈。四根笔直的高杆立于场地的四个角，每根高杆顶端各系一条丈余长的粗绳。场中空旷处，立一根单杠。场地入口处，高悬一块书有"飞飞飞"的狭长黑色木牌儿。表演一开始，表演者顺着高杆攀缘而上，双手抓住绳套，然后以脚蹬端木杆，向对角木杠处悠荡过去。荡到半空时，表演者突然撒开手中的绳索，全身凌空横起，瞬息间抓住对面的绳索，不待停稳，再次悠荡回去，最后稳稳当当地落在悬吊在空中的横木上。顿时，鼓掌声与喝彩声一起爆发，围观的群众无不交口称绝。

还有很多，比如摔跤、滑稽戏、耍猴儿、顶碗等，天桥不仅撂地的民间艺人多，还有一些从这里走向大雅之堂的艺术家。相声大师侯宝林曾在此说相声，评剧名角儿新凤霞来北京第一站就是天桥，这样的大艺术家非常多。

## 传统工艺雕漆的兴衰史

雕漆属漆器的一个品种，在工艺上与一般的漆器又有所不同。一般漆器的工艺主要是把漆涂在漆胎上，或是在漆器上刻花之后再涂一层漆。而雕漆则以雕刻为主要工序，其工艺是把天然漆料涂在漆胎上，涂一层晾干一层，然后再涂一层，层数少则几十多则三五百，等达到一定厚度后，用刀在堆起的平面漆胎上雕刻精美的花纹。雕漆工艺是北京传统工艺美术的精华之一，是中华民族传统工艺的瑰宝。

在京城，雕漆与景泰蓝、象牙雕刻、玉雕齐名，被誉为京城工艺"四大名旦"之一，其主要特点是造型古朴庄重、纹饰精美考究、色泽光润、形态典雅、防潮、抗热、耐酸碱、不变形、不变质。由于色彩的不同，雕漆又有"剔红""剔黄""剔绿""剔黑""剔彩"和"剔犀"之称，其中"剔红"为雕漆的代表。

雕漆和其他的传统工艺一样，也有其历史，据史料记载，雕漆工艺发源于唐代，兴于宋朝、元朝，盛于明朝、清朝，横跨五个朝代，至今已经有1000多年的历史。

据我国目前仅存的一部历史漆书《髹饰录》记载，雕漆在唐代就有，当时以"剔红"为主，多是象木刻印版似的、花纹与红色锦地平齐的做法，雕法古朴可赏。此外，在唐代也有"剔黑""剔黄""剔绿"等。

到了宋、元时期，雕漆工艺有了很大的发展，并有了刀法藏锋不露、磨工圆滑的风格。宋代雕漆器有少量传世，据《遵生八笺》记载："宋人雕红漆器，如宫中用盒，多以金银为胎。"元代出现了两位有名的漆工张成和杨茂，他们的作品是元代雕漆风格的代表，并对后代雕漆艺术有着深刻的影响。至今，故宫博物院及国外都收藏有两位雕漆巨匠的作品。

明、清两代是雕漆艺术极大发展的历史时代。明朝时期，雕漆工艺发展得非常快，是雕漆艺术成熟的时期，以明朝永乐、宣德两个时期为最盛，出现了好多技艺高超的名匠。明朝统治者在永乐年间在北京建立果园厂，集中了全国各地雕漆艺人，专门为宫廷制造雕漆工艺品。不仅生产的数量很大，而且在技艺制作上，在宋、元风格的基础上，也有了创新提高。当时的雕漆制品朱红含紫，稳重沉着；制胎则以木胎、锡胎为主；图案方面也多元化起来，有山水人物、花卉鸟兽等题材；刀法流畅，藏锋清楚，雕刻工细，表现形象生动。可以说，明朝的雕漆制品，无论是在艺术上还是在工艺上都超过了前朝，为雕漆工艺在北京地区发展奠定了基础。

到了明代末期，雕漆制作开始萎靡，清初，才又开始兴盛起来。清代雕漆制造达到极盛是在乾隆时期，乾隆皇帝曾亲自为一些雕漆制品策划、审定、题字。当时的雕漆制品品种非常丰富。与明朝的雕漆制品相比，清朝的雕漆的图案除了山水人物、花卉鸟兽之外，还有各种吉祥如意的图案，而且在构图上绵密多层次，有严谨、精致、华丽的特色。到了清朝末期，由于政治动荡，经济衰退，雕漆制造一度中断，据清宫档案记载：光绪二十年为筹办慈禧太后六十岁寿日所需雕漆器已经"无匠造办"。

由于清朝宫廷里还需要雕漆制品，光绪三十年（1904 年），几乎失传的雕漆艺术又开始发展起来，北京出现了中国现代商品雕漆的第一个制造作坊——北京"继古斋"。北京"继古斋"的艺术家们经过几年的努力，将清代雕漆的风格继承下来，并有了一些提高，刀法棱角清晰，题材以花鸟龙凤、山水人物、吉祥图案为多，使雕漆工艺更加丰富起来。

新中国成立之后，雕漆发展有了更好的环境，在发展和生产的过程中，出现了一大批雕漆艺术家。

# 北京传统珐琅手工艺品景泰蓝

景泰蓝是金属工艺品中的重要品种，又称"铜胎掐丝珐琅"，是一种将各种颜色的珐琅附在铜胎或是紫铜胎上烧制而成的瑰丽多彩的工艺美术品，距今已有 600 多年的历史。她与雕漆、玉器、象牙被称为北京工艺品的"四大名旦"，不仅造型典雅优美、色彩鲜艳夺目、图案华丽多姿，而且还有繁多的品种造型和精美华贵的视觉感受，是北京著名的传统手工艺品。

但说到景泰蓝的起源，众说纷纭，考古界至今没有统一的答案。一种观点认为景泰蓝诞生于唐代；另一种说法认为景泰蓝工艺是在元代从阿拉伯地区传入我国的。但是有一点是学术界公认的，那就是珐琅制品盛行于明代的宣德年间，并达到了一个顶峰时期，风格浑厚有力、自然豪放、简朴典雅，加上制作出的成品的釉色又多以蓝色调为主，"景泰蓝"一词便诞生了。

**景泰蓝千花瓷瓶**

景泰蓝在明清时达到了艺术上的高峰。明宣德年间，景泰蓝风格特征已形成。就品种来讲，有炉、瓶、盒、碗、盘、鼎、薰等器。在造型方面多仿觚、尊等青铜器或瓷器的造型。胎型上设计的纹样，多为蕉叶、饕餮、狮戏球和番莲等。釉料多呈蓝色，如天蓝、宝蓝等色，另外还有浅绿、深绿、红色或白色等。景泰年间，景泰蓝制品在工艺的质量方面比起宣德有了很大的提高，而且创造出许多新的色釉，仅蓝釉就有铬蓝、天蓝、宝蓝等，还有桃红、墨绿、粉绿、淡绿等多种颜色。品种上，除了瓶、炉、盒、盘、薰等之外，还有花盆、炭盆和蜡台等器。题材上不仅有了楼台、山水、人物、花鸟等描绘现实物象的题材，还有二龙戏珠、夔、凤等寓意性的题材。到了清朝初期，景泰蓝得到了很大的发展，清廷专门在武英殿附设的造办处中设"珐琅作"，用以制造宫廷专用器皿。到了清代中期，景泰蓝在表现内容上，走上了一个新的纪元。其装饰题材广泛，像勾子莲、龙凤、吉祥花鸟等图案，色彩丰富，造型精美。

如此精美的工艺品，自诞生以来就没有出过皇宫，具有纯正皇室血统的帝王级奢侈品，深受着皇家贵族的喜爱，是明清两代宫廷中的一种专用物品，象征着当时统治者的地位和权力。据史料记载，乾隆四十四年，除夕年夜饭时，只有乾隆皇帝的餐具是景泰蓝，底下人全部用瓷器。

景泰蓝出身高贵，气质典雅，工艺精美，作为一种宫廷艺术，其制作工艺十分复杂。制作景泰蓝先是制胎，制胎要选择延展性非常好的紫铜，选好料之后用铁锤敲打成各式各样的精美造型。接着工艺师在上面画图案，把事先做好的柔软、薄而细并具有韧性的紫铜丝在铜胎上根据所画的图案粘出花纹，这个过程叫"掐丝"。掐丝是景泰蓝制作过程中一个主要的工序，技艺巧妙，全凭操作者的一双巧手和纯熟的技艺，掐饰出妙趣横生、神韵生动的画面。然后就是点蓝，用色彩不同的珐琅釉料镶嵌在图案中，在点蓝之前，还要对胎体进行烧焊、酸洗、平活、正丝等处理，最后再经反复烧结，磨光镀金而成。

从景泰蓝的制作工艺中，我们能够看出它既运用了青铜工艺，又利用了瓷器工艺，同时大量引进了传统绘画和雕刻技艺。可以说，景泰蓝是集我国传统工艺中造型、色彩、装饰为一体的一种特殊工艺品，造型端庄厚重，色彩对比鲜明，色釉宛如宝石般晶莹深沉，外表富丽堂皇，彰显出景泰蓝大气祥和、富贵典雅的气质，所以在清末民初，外国人不惜重金收购北京珐琅工艺品。

现今的景泰蓝制作，仍经过制胎、掐丝、烧焊、点蓝、烧蓝、磨光及镀金等复杂工艺过程。但是有一点发生了变化，就是景泰蓝的使用人群不再是皇亲贵族。新中国成立以后，一批专家、教授对景泰蓝的形体、花样、颜色进行改良，为景泰蓝注入了艺术活力。这期间，有不少名作，景泰蓝金地"葫芦瓶"一直是这一行业的名牌保留产品，而且生产了许多景泰蓝器皿，壶、瓶、盘、烟具、文具等，老百姓也可以使用了，不再是少数尊贵人士专享的奢侈品。

## 小小鼻烟壶，释放大魅力

提到鼻烟壶，不少人就会联想到价值连城的艺术品。那么，鼻烟壶到底是个什么东西呢？简单说，就是盛鼻烟的容器，小可手握，便于携带。明末清初，鼻烟传入中国。现在人们嗜用鼻烟的习惯几近绝迹，但鼻烟壶却作为一种精美艺术品流传下来。鼻烟壶，作为精美的工艺品，集书画、雕刻、镶嵌、琢磨等技艺于一身，采用瓷、象牙、玉石、玛瑙、琥珀等材质，运用青花、五彩、雕瓷等技法，汲取了域内外多种工艺的优点，被雅好者视为珍贵文玩，在海内外享有盛誉，被誉为"集中各国多种工艺之大成的袖珍艺术品"。康熙、乾隆年间闻鼻烟风行一时，朝野上下皆嗜鼻烟，几乎视为第二生命。现在，鼻烟壶的爱好者也有很多，不论是国内的，还是国外的，好多人都在谈论、研究、收藏、玩赏它。小小的鼻烟壶，为何有如此大的魅力呢？

吸鼻烟的习俗，源自印第安人。大约在14世纪，意大利人用精选的烟叶，掺入薄荷、冰片等药材碾成粉，密封入窖陈化多年而生产商业化的鼻烟。汉人吸鼻烟始于明代，当时只有广东一个地方有吸鼻烟的，到了康熙时期，开放海禁后，西方传教士携带大量的鼻烟和盛装鼻烟的玻璃瓶进入中国。到了乾隆时期，乾隆皇帝常以鼻烟赐赏王公大臣，渐渐地吸鼻烟成为一种社会时尚，西方诸国相率进贡鼻烟和玻璃制的鼻烟瓶。

鼻烟壶，在最初作为盛烟容器进入中国时，并不称为鼻烟壶，只是内壁没有磨砂的透明玻璃瓶，没有图案，而且数量非常少，满足不了人们的需求，聪明的工匠便用各式各样的材料来制作精巧的鼻烟壶，并用特制的微小勾形画笔，在透明的壶内绘制图案。最初只是一些简单的画面和图案，比如龙、凤，以及简笔的山水、人物等，后来，艺人们用铁砂和金刚砂加水在鼻烟壶的内面来回地摇磨，使鼻烟壶的内壁细腻而不光滑，容易附着墨色，制作了很多比较精细的精美的鼻烟壶。再后来，内画鼻烟壶发展为诗书画并茂的艺术精品，并通过欧洲商人，罗马教皇的使节，各国的使节、传教士、官员们逐渐流传到国外。

关于内画鼻烟壶的出现，还有一个传说。乾隆末年，一位京外的小官吏进京办事。这个人非常正直，为官清廉，希望通过正常的途径而不是通过贿赂的方式把事情办了。谁知等了很长时间，他的事仍被一拖再拖。这时，地方小官吏的盘缠已经用尽，没有办法只好寄宿在京城的一所寺庙里。他有好吸鼻烟的习惯，当玻璃鼻烟壶中的鼻烟吸完的时候，他便用烟签去掏挖壶壁上粘有的鼻烟。这样，在鼻烟壶的内壁上就形成许多的划痕。寺院里的一个和尚把这一现象看在了眼里，便用竹签烤弯削出尖头，蘸上墨在透明的鼻烟壶的内壁上画上图画，就此，这种奇特的画就诞生了。

那么鼻烟壶作为传统的工艺品，除了欣赏、把玩、收藏，还有其他的什么作用吗？刚才已经说过，它里面所装的东西是鼻烟，而鼻烟的成分里有优质的烟草，还有其他一些药材，所以鼻烟壶有提神醒脑的作用。除此之外，在清雍正、乾隆时期嗅闻鼻烟和持有高档鼻烟壶成为炫耀身份和夸耀财富的标志。清代末期，又出现一种精美的内画，工艺技法变化无穷，各色精品美不胜收，这时，鼻烟壶在社交活动中又可作为互相馈赠的礼品。

当今内画鼻烟壶的大家有四派，这四派均起源于北京，其中：京派历史最为悠久，诗书画印并茂是其艺术风格；还有能够利用瓷器上用的釉彩在鼻烟壶的内壁上作画的鲁派；还有冀派，其内画的艺术特点是造型准确、风格典雅；还有发展比较晚的粤派，以艳丽的色彩和装饰风格被人所知。

## 你对玉雕艺术的发展史了解多少

北京玉雕历史悠久，造型浑厚、庄重，图纹工艺比较复杂，技艺精湛，以大件和摆件为主，在人物、山水、器皿、花卉等品种上都有独特的风格。在制作上因材施艺，尤以玛瑙俏色见长，材料多样，题材广博，具有宫廷艺术特色和皇家风范。

那么，什么是玉雕呢？玉雕的历史是什么样的呢？

玉雕就是玉石经加工雕琢而成的精美工艺品。古语说"玉不琢不成器"，任何一块优质的玉石，只有经过工艺师精心设计、反复琢磨、雕琢，才具有新的价值和魅力。我国玉雕工艺，源远流长。玉雕品种繁多，有人物、器具、鸟兽、花卉等大件作品，也有别针、戒指、饰物等小件作品。中国的玉雕作品在世界上享有很高的声誉。

玉雕是中国最古老的雕刻品种之一，是我国独有的技艺，具有鲜明的时代特征，不同的时期，玉雕有着不同的造型与特色。

早在新石器时代，人们就开始大量使用玉器。因为玉石比普通石头质地致密，比较坚韧，非常适合制成当时的生产工具，所以，最早的玉器是以生产工具的形式出现的。在这个时期，最有名的是良渚文化玉器和红山

**精美的古代玉器**

文化玉器。良渚文化玉器，可以说是良渚先民创造的物质、精神文化的精髓。根据出土的玉器发现，当时的玉器雕琢技艺精湛，尤以浅浮雕的装饰手法见长，线刻技艺达到了后世也几乎望尘莫及的地步。玉器品种也非常多，有璧、玉镯、玉管、玉珠、玉坠、柱形玉器、锥形玉器、玉带及环等。红山文化玉器与良渚文化玉器相比，就显得比较呆板，器型多数为动物造型的装饰品。

商周时期，玉雕工艺有了进一步的发展，琢磨精细，纹饰优美，并出现了有花、鸟、鱼、虫、兽等形象的玉雕佩饰。纹饰多样化，有夔龙纹、蟠螭纹、云雷纹、窃曲纹、方格纹等，特别是当时玉雕阳文线条的出现，是技法处理上的一大飞跃。这种技法消除了完全使用阴线的单调感，增强了图案花纹线条的立体感。

春秋战国时期，玉雕工艺走向精益求精，出现了浮雕和透雕的技法，品种日益增多。这个时期是玉雕艺术光辉灿烂的时期。春秋时的士大夫，从头到脚，都佩戴一系列的玉器饰品。尤其是腰下的玉佩系列更加复杂化。当时最能体现时代精神的是大量龙、凤、虎形玉佩，造型优美，富有动态，具有浓厚的民族特色。

两汉时期出现了心形佩、龙形佩、玉人、动物等玉佩。到了唐代，由于佛教的盛行，玉雕佛非常多，也出现了一些玉带方饰板、梳子背等，图案多为花卉、鸟兽、虫鱼、人物等。到了宋元时期，玉器光泽晶莹，质地精良，纹饰以龙凤呈祥为主，同时还有花卉、鱼水等图案。

至明清时期，我国的玉雕制作工艺发展到了顶峰。明代使用三层透雕法，受文人书画的影响，还发展了雕琢文人诗词和写意山水画的玉器。常见松、竹、梅、菊、麒麟、人物、鸟兽等纹饰。清代玉雕，在乾隆时期技艺成熟达到空前的高峰，在玉材选料、加工、磨光等工序上非常讲究，雕琢得精细玲珑，令人喜爱。

发展至今，当代玉雕工艺，出现了南北两派。南派包括长江沿岸及以南地区，玉雕一般采用软玉，色彩柔和，风格粗犷。北派以北京玉雕为代表，质地坚硬、晶莹细腻、色彩绚丽、玲珑剔透，雕刻注重造型，是原宫廷玉雕工艺的继承和发扬，所以北京玉雕深受收藏爱好者的喜爱。于是，一大批琢玉工匠齐聚京城，北京就成了中国的玉器中心。

## 北京牙雕是从什么时候开始流行的

牙雕，是一门古老的传统艺术，也是一门民间工艺美术。象牙质地细腻，硬度适中，表面滑润莹澈如玉，纹理细密规则，是制作高档工艺品的天然好材料。

中国象牙雕刻有着极其悠久的历史，始于新石器时代，有数千年的历史。山东大汶口就曾经出土了距今 5000 多年的象牙梳子、镂空的象牙筒和象牙琮等艺术品。北京牙雕即北京象牙雕刻，相传已有上千年的历史，其可考的历史要追溯到 2000 多年以前，在北京黄土坡出土的战国墓中就发现过象牙梳子。

北京牙雕自明朝开始盛行。到了清朝早中期，北京象牙雕才真正兴起。那时的象牙雕刻多是内廷御用作坊生产，牙雕工匠大都来自扬州、广州等地。他们在传统技法的基础上，把圆雕、浮雕和镂空雕等技法结合运用，并把古代绘画、石雕、泥塑等艺术形式运用在象牙雕中，逐渐形成了具有雍容华贵风格的宫廷艺术品格和工艺精湛、富丽堂皇、精致考究的独特风貌的北京牙雕。

到了清末，社会不稳定，经济衰退，北京的象牙雕刻的发展受到了非常大的影响，停滞不前。以前为宫廷制作牙雕的工匠纷纷转向了民间，开办作坊。到了民初，北京已有十几家这样的象牙作坊。

中华人民共和国成立以后，北京牙雕又达到了繁荣期。牙雕艺人在继承传统工艺的基础上，又做了大胆的创新，牙雕作品于细腻之中透着灵秀之气。

北京牙雕品种非常多，以仕女、人物、花卉等见长，发挥了象牙细腻的质感，使人物造型栩栩如生，以高雅、古朴、精细、遒劲的艺术风格闻名于世。制作要经过凿、铲、开脸、磨、彩熏等五道工序，具体点讲就是先开坯成形，然后精细加工和做人物面部细致表情，再就是做精细的抛光，最后是彩熏，根据不同的要求，对作品进行染色处理。